Alfred Kuen

Der Heilige Geist

Biblische Lehre
und menschliche Erfahrung

R. BROCKHAUS VERLAG WUPPERTAL

Bücher, die dieses Zeichen tragen, wollen die Botschaft von Jesus Christus in unserer Zeit glaubhaft bezeugen.

Das ABCteam-Programm umfaßt:
— ABCteam-Taschenbücher
— ABCteam-Paperbacks mit den Sonderreihen:
  Glauben und Denken (G + D) und Werkbücher (W)
— ABCteam-Jugendbücher (J)
— ABCteam-Geschenkbände

ABCteam-Bücher erscheinen in folgenden Verlagen:
Aussaat Verlag Wuppertal / R. Brockhaus Verlag Wuppertal
Brunnen Verlag Gießen / Bundes-Verlag Witten
Christliches Verlagshaus Stuttgart/Oncken Verlag Wuppertal
Schriftenmissions-Verlag Gladbeck
ABCteam-Bücher kann jede Buchhandlung besorgen.

Die französische Originalausgabe erschien
unter dem Titel »Le Saint-Esprit: Baptême et Plénitude«
im Verlag Editions Emmaüs, CH 1806 Saint-Légier, Schweiz

Deutsch von Dagmar Nicolaus

1980
Umschlaggrafik: Ralf Rudolph, Ratingen
Gesamtherstellung: Breklumer Druckerei Manfred Siegel

ISBN 3-417-12228-7

INHALT

Einführung 7

Kapitel I: *Die Schrift und die Erfahrung* 13
A. Die Schrift ist vom Heiligen Geist inspiriert 13
B. Die Bibel, die einzige normative Offenbarung 13
C. Der Heilige Geist und unsere christliche Erfahrung 16
D. Was sind Erfahrungen außerhalb der Bibel wert? 17

Kapitel II: *Die Verheißung des Heiligen Geistes* 21
A. In den synoptischen Evangelien 22
B. Im Johannesevangelium 23
  1. In der Begegnung mit Nikodemus 23
  2. Der noch zu erwartende Geist 23
  3. Der Beistand 25
  4. Der Dienst des Heiligen Geistes bei den Jüngern 26
  5. Der Dienst des Heiligen Geistes in der Welt 28
  6. Er verherrlicht mich 31
  7. Wann kommt der Heilige Geist? 31

Kapitel III: *Das Kommen des Geistes* 36
A. Eine einmalige Begebenheit 36
B. Pfingsten 37
  1. Bedeutung des jüdischen Pfingsten 37
  2. Das christliche Pfingsten 37
  3. Die außergewöhnlichen Elemente des Pfingstereignisses 38
  4. Welche Bedeutung hatte Pfingsten im Leben der Jünger? 41
C. Neue Pfingsten? 43

Kapitel IV: *Habt ihr den Heiligen Geist empfangen, als ihr gläubig wurdet?* ... 45
A. Eine wichtige Frage 45
B. Was ist das: Den Heiligen Geist empfangen? 47
  1. In den Evangelien und der Apostelgeschichte 47
  2. In den Briefen 47
  3. Die Gabe des Heiligen Geistes 48
  4. Durch den Glauben 49
  5. Die Person des Heiligen Geistes empfangen 49
  6. Die Vielfalt der biblischen Ausdrücke 50
C. Empfang des Geistes in zwei Stufen? 51
  1. Das Pfingsten der Samariter (Apg. 8) 51
  2. Die Bekehrung des Apostel Paulus 56
  3. Die zwölf Jünger von Ephesus (Apg. 19,1–17) 57

Kapitel V: *Die Geistestaufe*	63
A. Die Prophezeiung von Johannes dem Täufer	64
1. Reinigung von der Sünde	66
2. Zusätzliche Bedeutungen	68
3. Das wesentliche Werk des Messias	70
4. Feuertaufe	71
B. Die Geistestaufe in der Apostelgeschichte	72
1. Apg 1,4–8: Die Zusage der Geistestaufe	72
2. Apg. 2,1–36: Das Pfingsten der Hundertzwanzig	74
3. Apg 2,37–42: Das Pfingsten der Dreitausend	74
4. Apg. 10: Das Pfingsten der Heiden	76
C. Die Geistestaufe in den Briefen	78
1. Getauft in einem Geist, zu einem Leib – 1.Kor. 12,13	78
2. Eine von der Wiedergeburt unterschiedliche Wirkung?	82
3. Andere Aussagen über die Geistestaufe in den Briefen	83
4. Schlußfolgerungen über die Geistestaufe in den Briefen	88
5. Das Schweigen der Briefe	88
6. Was ist die Geistestaufe?	91
Kapitel VI: *Ist das Zungenreden das Zeichen der Geistestaufe?*	93
A. Die Evangelien	96
B. Apostelgeschichte	97
1. Apg. 2,4–13: Pfingsten	97
2. Apg. 8: Die Bekehrung der Samariter	100
3. Apg. 9: Die Bekehrung des Paulus	101
4. Apg. 10 und 11: Die Bekehrung des Kornelius	101
5. Apg. 19: Die Bekehrung der Epheser	103
C. Die Briefe	106
Kapitel VII: *Die Zeichen der Geistestaufe*	110
A. Christus bekennen	110
B. Im Lichte wandeln	112
C. Die Brüder lieben	113
Kapitel VIII: *Vom Heiligen Geist erfüllt*	116
A. Einige einleitende Feststellungen	117
B. Die Geistesfülle nach den Schriften des Lukas	118
C. Die Geistesfülle nach dem Epheserbrief	120
D. Die Geistesfülle nach Lukas und Paulus	126
1. Was sie nicht ist	126
2. Was ist also »Geistesfülle«?	127
E. Die Geistesfülle in den übrigen Schriften des NT	128

Kapitel IX: *Wie wird man vom Geist erfüllt?* ... 131
A. Falsche Fährten ... 131
B. Auf dem Weg zur Geistesfülle ... 133
C. Geistesfülle und Leben in der Gemeinde ... 139
D. Wie sich in der Fülle behaupten und in ihr wachsen? ... 141

Kapitel X: *Eine oder zwei Erfahrungen?* ... 143
A. Was sagt die Schrift dazu? ... 144
  1. Die Erfahrung des Heils ... 144
  2. Und danach? ... 145
  3. Kennen die Apostel keine »zweite Segnung«? ... 147
B. Was sagt die Geschichte darüber? ... 148
  1. Erste Anhaltspunkte ... 148
  2. Die Erweckungsbewegung ... 149
  3. Irving und die katholisch-apostolische Gemeinde ... 152
  4. Die Heiligungsbewegung ... 153
  5. Die angelsächsische Evangelisationsbewegung ... 155
  6. Die Pfingstbewegung ... 158
  7. Die Entwicklung der Pfingstbewegung ... 162

Kapitel XI: *Die Bedeutung der zweiten Erfahrung* ... 168
  1. Wiedergeburt ... 168
  2. Heilsgewißheit ... 170
  3. Wachstumskrise ... 171
  4. Der Akt der Übergabe ... 173
  5. Rückkehr zu Gott ... 176
  6. Angetan mit Kraft ... 177
  7. Religiöse Erfahrung psychischen oder dämonischen Ursprungs ... 178

Kapitel XII: *Folgerung* ... 185
A. Bilanz ... 185
  1. Eine gefährliche Lehre ... 186
  2. Eine sehr verbreitete Lehre ... 192
  3. Eine unnötige Lehre ... 198
B. Das wahre Problem ... 200
C. Einer Lösung entgegen ... 201
D. Ein doppelter Appell ... 206

Literatur ... 210

Einführung

Wenn wir uns mit dem Heiligen Geist beschäftigen wollen, sind wir unbedingt auf die Gnade des Geistes angewiesen. Nicht um in einer umfassenden Weise über ihn sprechen zu können – das wäre unmöglich –, sondern damit wir, wenn wir uns mit diesem schwierigen Thema beschäftigen, nicht Gefahr laufen, etwas anderes zu sagen als allein das, was wir in der Heiligen Schrift über ihn finden.

»Habt ihr den Heiligen Geist empfangen, nachdem ihr gläubig geworden seid?« (Apg. 19,2). Auf diese Frage des Apostels Paulus hätten die Christen vieler Jahrhunderte, wären sie die Adressaten gewesen, nicht anders als die Jünger in Ephesus geantwortet: »Wir haben nicht einmal gehört, daß es einen Heiligen Geist gibt!«

Der Heilige Geist war tatsächlich die verdrängte Person der Trinität. Haben die Christen von ihm zu reden versäumt, weil »er nicht aus sich selbst« spricht? (Johannes 16,13). Bis zum 20. Jahrhundert ist nach Karl Barth die Pneumatologie – die Lehre vom Heiligen Geist – das vergessene Thema der Theologie. In den Dogmatiken der vergangenen Jahrhunderte würde man z.b. vergebens nach einer Entfaltung des Themas »Geistestaufe« suchen.

Heute ist dies nicht mehr so: Überall spricht man vom Heiligen Geist. Man fragt uns, ob wir ihn erhalten haben. Hunderte von Büchern wurden zu diesem Thema geschrieben – man hat mir 360 Titel in englischer und etwa 100 in deutscher Sprache genannt.

Wie kann man sich diesen Umschwung erklären?

Im 19. Jahrhundert haben einige Personen aus der amerikanischen Erweckungsbewegung begonnen, von der Person und der Kraft des Heiligen Geistes zu sprechen. Die »Heiligungsbewegung« verkündete die Heiligung durch den Geist. In ihrem Kielwasser entwickelte sich in diesem Jahrhundert die »Pfingstbewegung«, deren besonderer Charakterzug die starke Betonung des Heiligen Geistes und seiner Gaben ist. Diese Bewegung verbreitete sich schnell in der ganzen Welt und wurde in weniger als einem halben Jahrhundert »die dritte Kraft des Christentums« (van Dusen). In den letzten zwei Jahrzehnten verbreitete sich die pfingstlerische Lehre nach und nach auch innerhalb der historischen Kirchen, also bei den Reformierten, Lutheranern, Anglikanern. Die Jesus People haben in diesem Zusammenhang für eine unerwartet große Publizität und Verbreitung gesorgt.

Von 1960 an haben sich charismatische Gebetsgruppen in den großen protestantischen Kirchen und nach 1967 auch in der katholischen Kirche gebildet. Die Bedeutung, die man dem Heiligen Geist und seinen Gaben beimißt, ist das gemeinsame Besondere dieser mehr oder weniger schwer zu klassifizierenden Gruppen.

Wiedergutmachung an einer verkannten Person? Aufsehen erregende Revanche einer Lehre, die man unter den Scheffel gestellt hatte? Vorübergehende Modeerscheinung oder teuflische Verführung? Eines ist sicher: Dafür, daß die Pfingst- bzw. die Neopfingstbewegung die Christen an die Notwendigkeit erinnert hat, mit dem Geist Gottes zu rechnen, die geistlichen Gaben zu suchen und nach der Fülle des Geistes zu trachten, kann die christliche Kirche nur dankbar sein.

Die verschiedenen Bewegungen haben jedoch neben den wirklich biblischen Lehren auch eine Anzahl neuer Ideen gebracht: Finney sprach von einer Krafttaufe, die sein Kollege Asa Mahan als »Geistestaufe« bezeichnete. Der Evangelist R. Torrey hat diese Lehre kodifiziert und im gesamten evangelischen Raum verbreitet. Die »Heiligungsbewegung« besteht auf der Notwendigkeit einer »zweiten Segnung«, die es dem Heiligen Geist ermöglicht, uns zu heiligen und sich durch uns zu äußern.

Man spricht von dieser zweiten Erfahrung als von einer »Bekleidung mit Vollmacht«, der »Salbung für den Dienst«, dem »vollen Pfingstsegen«, dem »Geheimnis eines sieghaften Lebens«, dem »Eintritt in Kanaan«, den »Strömen des lebendigen Wassers«, der »Geistesfülle« ... Mit dieser »zweiten Erfahrung« war für die einen unsere Heiligung und für die anderen unsere Kraft für den Dienst verbunden. Die Pfingstbewegung verbindet diese beiden Vorstellungen und fügt als sichtbares auslösendes Zeichen für das Kommen des Geistes das Zungenreden hinzu. Sie macht daraus eine spezifische und grundlegende Lehre, wie es ein aus dieser Bewegung stammendes Traktat verdeutlicht[1]: »Die Pfingstler glauben – und dies sind ihre einzigen unterschiedlichen Lehren und Praktiken –, daß die Geisttaufe eine bestimmte Erfahrung ist, die die Christen nach ihrer Bekehrung machen, und daß sie von der Kundgebung des Geistes wie zu Pfingsten *begleitet* wird. Sie glauben, daß diese Erfahrung durch die Gnade Gottes auch heute noch in den Kirchen gemacht werden kann.« Auf der Stockholmer Konferenz 1955 fragt D. Gee, der einflußreichste Theologe des Weltpfingstlertums: »Was ist das einzige trennende Moment der Pfingstbewegung? Es ist die Geistestaufe mit dem auslösenden Zeichen des Zungenredens ... Und in diesem Punkt spricht die Pfingstbewegung mit einer Stimme.«[2]

---

[1] What is this Pentecostal Movement in N. Bloch-Hoell, *The Pentecostal Movement* (18), S. 129.
[2] Zitiert bei Bruner (30), S. 58.
NB.: Die Ziffern zwischen Klammern nach den Buchtiteln beziehen sich auf das Literaturverzeichnis am Ende des Buches.

Die verschiedenen charismatischen Gruppierungen haben mehr oder weniger die pfingstlerische Lehre von der Geisttaufe übernommen – sie nennen es manchmal »Ausgießung des Geistes«. Für einige Pfingstler oder Neopfingstler (d.h. Charismatiker) empfängt man den Geist nur in dieser zweiten Erfahrung. Andere meinen, in diesem Augenblick würden uns die geistlichen Gaben oder die Kraft zum Dienst oder das Erfülltsein mit dem Geiste verliehen; wir würden damit Glieder am Leib Christi. Durch unsere Bekehrung würden wir »nur« errettet.

Diese Lehren haben zu vielen Schwierigkeiten in der Kirche geführt. Viele ernste Christen fragen sich, ob sie den Heiligen Geist empfangen haben, ob ihnen nicht ein wichtiger Teil der göttlichen Segnungen fehlt, wenn sie nicht diese zweite Erfahrung gemacht haben. Sie fragen sich, ob sie die Kraft haben, der Sünde zu widerstehen und ihrem Herrn zu dienen, wenn sie nicht in Zungen geredet haben. Einige fragen sich verängstigt, warum ihnen Gott dies vorenthält.[2] Sie warten, flehen, suchen Monate oder sogar Jahre lang und fühlen sich von einer grundlegenden Gabe ausgeschlossen.

Der Feind hat zwei Mittel, uns die Segnungen einer biblischen Wahrheit vorzuenthalten – entweder er verdeckt sie uns, oder er macht sie zu einem Zankapfel. Während die Lehre vom Heiligen Geist jahrhundertelang vergessen war, führt sie jetzt zu Spaltungen unter den Christen. Der Apostel Paulus lehrt: »Da ist *ein* Leib und *ein* Geist.« Aber der Feind hat sich eben der verschiedenen Ansichten über den Geist bedient, um den Leib zu teilen. »Denn in einem Geist sind wir alle zu einem Leib getauft worden« (1. Kor. 12,13). Aber gerade die Lehre von der Geistestaufe verursacht heute die größten Schwierigkeiten und Spaltungen innerhalb des »Leibes der Kirche«. »Unter den großen Wahrheiten, die die Person und das Werk des Heiligen Geistes betreffen, gibt es keine, die zu soviel Mißverständnissen und Verwirrungen geführt hat wie die von der Geistestaufe«, sagt Dr. J. D. Pentecost. Und Merrill Unger: »Anstatt des einen Leibes, gebildet durch eine geistliche Taufe, sehen wir zwei Leiber, die zwangsläufige Folge zweier geistlicher Taufen.«[3]

Ein halbes Jahrhundert lang blieb die Lehre von den »zwei Leibern« (errettet – getauft vom Geist) auf die Pfingstkreise beschränkt. Seit den 60iger Jahren verbreitet sich diese Lehre von der Geistestaufe auch in anderen Kirchen, gewinnt weiter an Anhängern. Die Trennungslinie zwischen den beiden Blöcken verläuft also innerhalb der ganzen evangelischen Christenheit.

---

[3] J. D. Pentecost, *The Divine Comforter* (142), S. 136. Siehe auch K. Hutten in seinem Vorwort zu M. Kesley, *Zungenreden* (101), S. 18. Merrill Unger in *The Baptism and the Gifts of the Holy Spirit* (188), S. 36.

Deswegen gehört es zu den dringendsten Aufgaben, dieses Problem ernsthaft im Licht der Heiligen Schrift zu prüfen und zu sehen, welche Antworten sie uns auf die Fragen gibt, die sich mehr und mehr Christen stellen:
- Haben alle Gläubigen den Heiligen Geist empfangen?
- Haben sie ihn auf einmal oder in zwei Etappen empfangen?
- Was ist die Geisttaufe?
  Was ist das Erfülltsein durch den Geist?
- Wie wird man vom Geist erfüllt?
- Ist das Reden in Zungen das obligatorische oder normale Zeichen der Taufe oder des Erfülltseins durch den Geist?
- Muß der Christ eine zweite Erfahrung machen, um in den Genuß aller Privilegien und Gaben zu kommen, die Gott für ihn bereithält?
- Gibt es zwei Arten von Christen?
- Was ist die Bedeutung oder der Wert dieser zweiten Erfahrung, die so viele Christen gemacht haben?
- Sind die beiden Konzeptionen absolut unvereinbar?

Diese Fragen stellte zum ersten Mal vor etwa 35 Jahren eine Gruppe von jungen Christen, der auch der Autor angehörte. Einige Mitglieder der Gruppe hatten die Erfahrung gemacht, andere haben sie vergebens gesucht. Dies hat uns gezwungen, die Gedanken des Herrn in seinem Wort zu erforschen und unsere Entdeckungen mit denen anderer Christen zu vergleichen. Trotzdem blieb dieses Problem jahrelang in der Schwebe. Das Wiederaufflammen der Kontroverse seit der Entstehung des Neopfingstlertums hat uns dazu bewogen, mit noch größerer Sorgfalt alles erneut zu prüfen, was die Person und das Werk des Heiligen Geistes betrifft. Sowohl die Bibel als auch die entsprechende Sekundärliteratur mußten wieder neu erforscht werden.

Mit einer großen Offenheit vor dem Herrn und seinem Wort ist diese Studie begonnen und durchgeführt worden. Hat nicht der Heilige Geist selbst den Wunsch in unsere Herzen eingegeben, ein Leben ganz zur Verherrlichung Gottes zu führen und mit ganzer Kraft den Absichten des Herrn zu dienen? Ist es nicht »der Geist der Wahrheit«, der uns »in die ganze Wahrheit« einführen will? Ist es nicht unser aller höchster Wunsch, alle Reichtümer zu genießen, die Gott uns schenken möchte?

Aber hier können uns weder die Aufrichtigkeit noch die Spiritualität der Christen der Wahrheit näher bringen. Einzig und allein das Wort Gottes wird unser Führer sein können. Deshalb nimmt das Bibelstudium einen vorrangigen Platz in diesem Buche ein. Wir hoffen, daß unsere Leser wie die Christen in Beröa (Apg. 17,11) alle unsere Aussagen der Schrift nachprüfen werden. Wir möchten die Leser, die nicht unserer Meinung sind, darum bitten, unsere Argumente ehrlich und leidenschaftslos zu prüfen, bevor sie dieses Buch zur Seite legen. Tatsächlich zweifeln wir keine authentische geistliche Erfahrung an; wir versuchen nur zu verstehen, warum ernste und wahre Christen zu diametral entgegengesetzten Positionen gelangen.

Wenn die Kontroversen manchmal hart und die Argumente aggressiv erscheinen, sollte man sich an ein Wort Vinet's erinnern »In der Auseinandersetzung der Ideen gibt es keine Wohltätigkeit.« Wir wollen niemanden persönlich angreifen, sondern Lehrmeinungen, denn falsche Lehren richten den Menschen zugrunde. Erinnern sie sich nur, mit welcher Kraft und augenfälliger Härte der Herr und die Apostel reagierten, wenn die Wahrheit auf dem Spiele stand (Matth. 23; Joh. 8,30–47; 2. Kor. 11,12; Gal. 1,6–10; Kol. 2,4–23; 1. Tim. 1,6–7; 2. Tim. 2; 1. Joh. 4,1–6; 2. Joh. 10), denn für sie waren die Liebe und die Wahrheit keine voneinander unabhängigen Größen. Sie waren unauflöslich miteinander verbunden (Röm. 12,9; Eph. 4,15; 1. Joh. 3,18; 2. Joh. 1,1.2). Indem man die Wahrheit sagt, kann man die Liebe am besten seinen Brüdern bezeugen. Es ist manchmal gut, erschüttert und verunsichert zu werden, denn Gott hat uns »Ströme lebendigen Wassers« versprochen, d.h. das Erfülltsein von Seinem Geiste. So geht es letztlich um etwas von größter und entscheidender Bedeutung: um die Einheit in der dynamischen Gruppierung des heutigen Christentums. Der Herr wird darin gewiß verherrlicht. Dies ist unser großer Wunsch.

Kapitel I

Die Schrift und die Erfahrung

Jedes Buch der Schrift ist von Gottes Geist erfüllt und daher nützlich zur Belehrung, zur Widerlegung, zur Zurechtweisung, zu der Erziehung in der Gerechtigkeit. So wird der Mensch Gottes zu jedem guten Werk bereit und zugerüstet sein (2. Tim. 3,16—17). Wie stehen der Heilige Geist, die Schrift und die christliche Erfahrung zueinander?

A. Die Schrift ist vom Heiligen Geist inspiriert

Die Bibel spricht klar und deutlich davon, durch den Heiligen Geist inspiriert zu sein: »Jedes Buch der Schrift ist von Gott eingegeben« (2. Tim. 3,16). »Denn niemals wurde eine Weissagung ausgesprochen, weil ein Mensch es wollte, sondern, vom Heiligen Geist getrieben, haben Menschen im Auftrag Gottes geredet« (2. Petr. 1,21). Der Geist Gottes hat die Autoren des Alten Testamentes inspiriert (2. Sam. 23,2; Hes. 11,5; Mi. 3,8; Mk. 12,36; Apg. 1,16; 4,25; 28,25; Hebr. 3,7; 9,8 . . .), desgleichen die Schreiber des Neuen Testaments (Joh. 14,26; 1. Kor. 2,13; 14,37; Eph. 3,4—5; Offenbarung 2,7 . . .). Man kann folglich der biblischen Offenbarung nicht eine vorgebliche innere Offenbarung des Heiligen Geistes entgegenstellen. Die authentische Stimme des Heiligen Geistes kann nichts anderes als den selben Geist bestätigen, der »quasi offiziell« aus der Heiligen Schrift spricht. Man hat behauptet, die Evangelikalen hätten eine neue Trinität: Den Vater, den Sohn und die Bibel. Solche Behauptungen sind gefährlich, denn sie widersprechen sowohl der Bibel als auch dem Heiligen Geist. Der Heilige Geist spricht zu uns durch die Schrift. Er erklärt uns das Wort und macht es uns lebendig.

B. Die Bibel, die einzige normative Offenbarung

Das Wort Gottes ist die einzige maßgebende Offenbarung Gottes. Sie genügt voll und ganz, um uns in die ganze Wahrheit zu führen.

Was uns die Bibel dazu sagt

Gott sagt zu *Mose:* »Ihr sollt nichts dazu tun zu dem, was ich euch gebiete, und sollt auch nichts davon tun« (5. Mose 4,2ff.; 12,32).

Der Schreiber der *Sprüche* sagt: »Tu nichts zu seinen Worten hinzu, daß er dich nicht zur Rechenschaft ziehe und du als Lügner dastehst« (Spr. 30,6ff., Pred. 3,14).

Jesus, der Sohn Gottes, hat uns die vollkommene Offenbarung gebracht (Hebr. 1,1–3). Er selbst ist *die* Wahrheit (Joh. 14,6). Er hat seinen Jüngern verkündigt, was er vom Vater gehört hatte (Joh. 15,15). In Johannes 17,8 legt er, bevor er diese Welt verläßt, Rechenschaft vor seinem Vater ab: »Ich habe dich verherrlicht auf Erden und vollendet das Werk, das du mir gegeben hast, daß ich es tun sollte; denn die Worte, die du mir gegeben hast, habe ich ihnen gegeben.« Die Apostel waren zweifellos nicht in der Lage, alles zu verstehen und zu behalten, was sie gehört hatten, aber Jesus verspricht ihnen, daß sie, wenn der Heilige Geist kommt, all diese Dinge verstehen, daß sie in die ganze Wahrheit geführt werden würden (Joh. 16,13).

Die Schreiber des Neuen Testaments sind sich sehr wohl bewußt, die Hüter einer endgültigen Offenbarung zu sein. Einer Offenbarung, die für die Christen aller Zeiten die einzige Norm ist. »Ich erinnere euch aber, liebe Brüder«, schreibt Paulus, »an das Evangelium, das ich euch verkündigt habe, welches ihr auch angenommen habt, in welchem ihr auch steht, durch das ihr auch selig werdet, wenn ihr's festgehalten habt, in welcher Gestalt ich es euch verkündigt habe; es wäre denn, daß ihr umsonst gläubig geworden wäret« (1. Kor. 15,1–2). »Aber selbst wenn wir oder ein Engel vom Himmel euch ein Evangelium predigen würden, das anders ist als das, was wir euch gepredigt haben, der sei verflucht. Wie wir eben gesagt haben, so sage ich abermals: Wenn jemand euch ein Evangelium predigt, das anders ist, als ihr es empfangen habt, der sei verflucht! . . . Mir ist kundgeworden dieses Geheimnis durch Offenbarung, wie ich eben aufs kürzeste geschrieben habe. Daran könnt ihr, wenn ihr es leset, merken mein Verständnis des Geheimnisses Christi, welches in den vorigen Zeiten nicht kundgetan ward den Menschenkindern, wie es jetzt offenbart ist seinen heiligen Aposteln und Propheten durch den Geist« (Gal. 1,8–9.11–12; Eph. 3,3–5; vgl. 1. Kor. 11,23; 15,3; 2. Kor. 2,17; 1. Thess. 2,13; 4,15; Kol. 1,25).

Judas spricht von dem Glauben, der »ein für allemal den Heiligen liefert« (Judas 3). Der Apostel Johannes schreibt: »Was ihr gehört habt von Anfang, das bleibe in euch« (1. Joh. 2,24; 2. Joh. 3,11). »Wer weitergeht und bleibt nicht in der Lehre Christi, der hat Gott nicht« (2. Joh. 9).

Die Offenbarung schließt mit einer ernsten Ankündigung, die unter der Gesamtheit der biblischen Bücher stehen könnte: »Ich bezeuge allen, die da hören die Worte der Weissagung in diesem Buch: Wenn jemand etwas dazusetzt, so wird Gott zusetzen auf ihn die Plagen, die in diesem Buch geschrieben stehen. Und wenn jemand etwas davon tut von den Worten des Buches dieser Weissagung, so wird Gott abtun seinen Anteil vom Baum des Lebens und von der heiligen Stadt, davon in diesem Buch geschrieben steht« (Offenbarung 22,18–19).

Endgültige und voll genügende Offenbarung

Die Offenbarung Gottes, die uns in den biblischen Büchern überliefert worden ist, ist endgültig und voll genügend. Sie beinhaltet alles, was die Christen nötig haben, um in »alle Wahrheit geführt zu werden« (Joh. 16,13). Der Apostel Paulus sagt, daß die Heilige Schrift durch Gott inspiriert worden ist, damit »ein Mensch Gottes sei vollkommen und zu allem guten Werk geschickt« (2. Tim. 3,17). Haben wir noch etwas anderes nötig?

Das Wort Gottes gibt uns das Leben (Mt. 4,4; Joh. 20,31; Jak. 1,18; 1. Petr. 1,23; Röm. 10,5), die Sicherheit (1. Joh. 5,13–14), die Freude (1. Joh. 1,1–4), die Hoffnung (Röm. 15,4). Es ist uns gegeben, um uns zu lehren, zu überzeugen, zu korrigieren und uns zu erziehen in der Gerechtigkeit (2. Tim. 3,16).

Wenn diese Feststellungen schon für die Schriften des Alten Testamentes gelten, wieviel mehr noch für das Neue Testament, das die letzten Worte der göttlichen Offenbarung enthält. Ganz besonders in den Briefen geben die inspirierten Schreiber den Christen alle notwendigen Anleitungen und Ratschläge, die für ein geistliches Leben nach Gottes Plan unabdingbar sind.

Die Christen des ersten Jahrhunderts hatten die gleichen Probleme und Schwierigkeiten wie wir. Um den verschiedenen lokalen Gegebenheiten gerecht zu werden, hat der Heilige Geist die Apostel zu Schriften inspiriert, die auf verstehbare Weise den Christen aller Zeiten und aller Orte zeigen, wie geistlichen Bedürfnissen zu begegnen ist. Grundlegende Dinge sind in diesen Briefen oft wiederholt worden. Was verschwiegen worden ist, hat sicher keine Bedeutung für uns. In diesen Schriften und in der Lehre Jesu, so wie wir sie in den Evangelien finden, – mehr noch als in der Apostelgeschichte, der Geschichte der Anfänge des Christentums – haben die christlichen Kirchen immer schon die Quelle der Lehren gefunden, die ihr Denken und ihr Leben bestimmt haben.[1] Diese einzigartige maßgebende und voll genügende Rolle

---

[1] Gottes in der Bibel offenbarte Vorhaben müssen wir eher in den lehrhaften als in den erzählenden Teilen der Bibel suchen. Das heißt, daß wir diese Offenbarung in der Lehre Jesu, in den Predigten und Schriften der Apostel zu finden versuchen müssen und nicht nur in den rein berichtenden Abschnitten der Apostelgeschichte. »Was uns die Schrift als menschliches Erlebnis beschreibt, kann nicht unbedingt Richtschnur für unsere eigenen Erfahrungen sein, jedoch sollen wir uns das zu eigen machen, was uns verheißt, und dem gehorchen, was sie uns gebietet.« J. Stott, *The Baptism and Fullness of the Holy Spirit* (117), S. 6. In der bearbeiteten Neuauflage dieses Buches (178) erläutert Stott, daß »Alle Beschreibende nur insofern maßgeblich (ist), als es durch das Lehrhafte interpretiert wird. Die Bedeutung dieser Berichte liegt nicht einfach in der Beschreibung, sondern in der Erklärung« (S. 15–16).

des Wortes Gottes ist von den Christen aller Zeiten immer wieder unterstrichen worden.[2]

C. Der Heilige Geist und unsere christliche Erfahrung

Wenn der Tröster gekommen sein wird, so sagt uns Jesus, wird er »der Welt die Augen auftun über die Sünde und über die Gerechtigkeit und über das Gericht« (Joh. 16,8). Das Handeln des Heiligen Geistes beginnt also schon vor unserer Bekehrung, wenn wir noch Teil der »Welt« sind. Wenn wir unsere Sünden bereuen und uns Gott zuwenden, werden wir durch den Heiligen Geist von neuem geboren (Joh. 3,5; Tit. 3,5–6) und eines neuen Lebens teilhaftig werden (Gal. 5,25). In dem Moment, wo wir an Christus glauben, erhalten wir den Heiligen Geist (Joh. 7,38–39; Röm. 5,5; Gal. 3,13–14). Wir sind versiegelt (Eph. 1,13) und gesalbt durch ihn (1. Joh. 2,20.27). Alle diese Bilder beziehen sich auf ein und dieselbe geistliche Realität und beschreiben deren verschiedene Aspekte. Der Heilige Geist wohnt im Herzen des Gläubigen (Joh. 14,16–17; 16,7; Röm. 9,11; 1. Kor. 3,16–17; 6,19; 2. Kor. 13,5; Gal. 4,6; 2. Tim. 1,14; Jak. 4,5; 1. Joh. 2,27; 3,24) und bringt die Früchte des Geistes hervor (Gal. 5,22; Röm. 8,2–4). Er gibt uns Frieden und Freude (Röm. 15,13), stärkt uns in Augenblicken der Bedrängnis (Phil. 1,19; 1. Petr. 4,14) und führt uns auf dem rechten Weg (Röm. 8,14; Gal. 5,16.18). Er erleuchtet die Augen unseres Herzens (Eph. 1,18), wenn wir im Wort Gottes lesen (1. Kor. 2,9–10). Er gibt uns auch seine Gaben (1. Kor. 12; Eph. 4,11; Röm. 12,6–8), um Gott und einander zu dienen (1. Kor. 12,7; 1. Petr. 4,10).

[2] »Die heiligen und göttlich inspirierten Schriften genügen in sich selbst, um die Wahrheit erkennen zu lassen.« – »Wir sind entschlossen, auf nichts zu hören und nichts über das hinaus zu sagen, als was geschrieben steht« (Athanasius). »Der Montanismus wurde öffentlich zurückgewiesen, weil er zusätzliche Offenbarungen für sich in Anspruch nahm. Durch diese Entscheidung bestätigte die Kirche, daß sie nicht glaubte, der Heilige Geist schenke neue Offenbarungen, um die der Schrift zu ergänzen.« C. C. Ryrie, *The Holy Spirit* (157), S. 112. »Was geschrieben steht, glaube es; was nicht geschrieben steht, suche es nicht!« (Athanasius). »Alles, was nicht die Autorität der Schriften auf seiner Seite hat, kann genauso verachtet wie bewiesen werden« (Hyronimus). »Die Gewißheit unseres Glaubens hängt vom Zeugnis der göttlichen Schriften ab« (Kyrillus von Jerusalem). »Alle Glaubensartikel sind deshalb in der Heiligen Schrift genügend verankert, damit man keine neuen aufstelle« (Luther). Die genauen Quellenangaben und weitere Zitate entnehme man dem Buch von A. Kuen, *Ich werde meine Gemeinde bauen*. »Ohne die Schrift wissen wir nichts und sehen nur Dunkelheit und Verwirrung« (Pascal). »Die, die das Wort Gottes und die Offenbarung, die Jesus Christus schenkt, empfangen haben, sind im Besitz der ganzen Wahrheit, die Gott den Menschen offenbaren möchte. Wer zusätzliche Offenbarungen durch Visionen, Träume oder in Ekstasen erwartet, sagt also im Grunde, daß Gott keine ausreichende Offenbarung gegeben hat.« J. Dwight Pentecost, *The Divine Comforter* (142), S. 30.

Weil also das Wort Gottes unsere einzige Norm ist und uns völlig genügt und »vollkommen« macht, indem es uns in alle Wahrheit einführt, kann der Heilige Geist uns keine neuen Offenbarungen bringen, die von denen der Bibel abweichen. Er kann uns auch nicht zu neuen Erfahrungen führen, von denen wir in der Schrift nichts lesen. »Wenn wir uns nicht durch die Schrift belehren lassen«, sagt Calvin, »werden wir vom Weg abkommen« und unsere Erfahrung, so vielschichtig sie auch sein mag, »wird uns zu einem Labyrinth werden, das uns von allen Seiten verwirrt.«

D. Was sind Erfahrungen wert, die außerhalb dessen stehen, was uns die Bibel sagt?

In der Geschichte der Kirche gab es immer Christen, die ernsthaft glaubten, neue Offenbarungen zu empfangen und Erfahrungen zu machen, die sich von denen der Christen der frühen Kirche unterschieden. Sie haben sich im allgemeinen selbst in ihren Labyrinthen verirrt und viele aufrichtige Menschen fehlgeleitet. Ihre Aufrichtigkeit aber dürfen wir nicht bezweifeln. Häufig haben sie für ihre Überzeugungen gelitten oder sind sogar für sie in den Tod gegangen. Professor Westphal schrieb einmal: »Ist der Gegenstand eines Glaubens schon deshalb wahr, weil er ernsthaft ist? Zeigt uns die Geschichte nicht, daß es der Irrtum, die Extravaganz gewesen sind, die zu Leiden und Martyrium geführt haben?«[3] Die absolute Wahrheit, sagt E. Brunner, sei nicht in der Glaubenserfahrung, sondern allein im Worte Gottes.[4]

Die mystische Tradition

Es gibt in der Geschichte des Christentums Traditionen außerbiblischer Erfahrungen, die vielleicht mehr Anhänger gefunden haben, als der wahre biblische Glaube. Eine von diesen Traditionen ist die Mystik mit ihren zahllosen Vertretern seit dem 4. Jahrhundert. Die großen Mystiker (Katharina von Siena, Theresa von Avila, Johannes vom Kreuz . . .) haben einen geistlichen Stufenweg beschrieben, den die gläubige Seele durchschreiten muß, um zu einer wahren Begegnung mit Gott zu kommen:
1. verschiedene mystische Gnaden: Visionen, Stimmen, Reden in Sprachen, automatische Schrift, Wundmale, Ekstasen . . .
2. Verdunkelung der Sinne: die verschiedenen Gnaden verschwinden.

---

[3] Religion et révélation in *Revue de Théologie et des Questions religieuses*, 1897
[4] *Offenbarung und Vernunft*, Zürich 1961²

3. Verdunkelung des Geistes: Zweifel, das Gefühl von Gott verworfen zu sein, der Wunsch zu sterben . . .

4. ein gottseliger Zustand oder die verwandelnde Vereinigung: die Gemeinschaft mit Gott.

Das Seltsame ist, daß all diejenigen, die diesen Weg beschritten haben, durch die verschiedenen Etappen gegangen sind und die von den großen Mystikern beschriebenen Erfahrungen gemacht haben, sich nie auf die Bibel stützen können, um diese Theologie zu untermauern. Sie haben Visionen gehabt und Stigmata erhalten, Stimmen gehört, in Sprachen geredet, Dinge aufgeschrieben, ohne sich dessen bewußt zu sein usw. In dem Moment, wo sie ihre Erfahrungen verwirklichen, empfinden sie eine Sicherheit, die in ihren Augen jede mögliche Illusion ausschließt.

Aber ihre Sicherheit hat keinerlei objektiven Wert. A. Gaillard hat sich sehr eingehend mit den Problemen der Mystik befaßt und schreibt dazu: »Die unwiderstehliche Sicherheit der Mystiker hat ihren Ursprung in dem affektiven Element der Erfahrung, und die größten Gewißheiten werden von tiefgreifenden Gemütsbewegungen begleitet.« Weiter schreibt er: »Eine religiöse Überzeugung, die auf festen Grundlagen beruhen will, muß ihre Motive außerhalb der individuellen Erfahrung suchen.« Es gibt nur eine Alternative: »Die objektive Autorität Gottes oder die subjektive Autorität der religiösen Erfahrung, die hier und jetzt Gottes Reden zu erkennen glaubt.«

Haben diese Erfahrungen einen Wert dadurch, daß viele sie machen?

Selbst das, was H. Bois den »kumulativen Wert«[5] der Erfahrung nennt, der eine »Einheitlichkeit und ein ganz erstaunliches Endresultat« aufweisen kann, hat für den Christen keinen normativen Wert. Tausende von Brahmanen, Jogis und Derwischen machen ähnlich außergewöhnliche Erfahrungen wie die Mystiker. Aber weder der außergewöhnliche Charakter dieser Erfahrungen, noch die Tatsache, daß sie sich gleichen, beweisen, daß sie von Gott kommen. Im Gegenteil, in der Bibel finden wir immer wieder, daß die Wahrheit sich im allgemeinen auf der Seite der Minderheiten befindet (300 Streiter Gideons, die 7000 aus der Zeit Elias, die drei gläubigen Männer in Babylon, die Jünger Jesu, einige Athener . . .). In der Geschichte der Kirche ist es nur ganz selten zur Verteidigung der Wahrheit durch die Mehrheit derer, die sich Christen nannten, gekommen.

Wenn wir nun heute vor der Tatsache stehen, daß eine große Anzahl Christen Erfahrungen machen, von denen sie sagen, daß sie göttlichen Ursprungs

---

[5] La valeur de l'experience religieuse (62), S. 191.

seien, haben wir uns nicht in erster Linie zu fragen, ob sie ernsthaft sind oder zahlreich, ob ihre Erfahrungen echt sind, ob sie sich im Leben positiv auswirken, oder ob bedeutende Christen eine vergleichbare Erfahrung gemacht haben . . . Die einzige legitime Frage für einen Christen sollte sein: Ist diese Erfahrung biblisch, d.h. würde sie von den Schreibern des Neuen Testaments als normale oder sogar heilsnotwendige Erfahrung für die Christen betrachtet?

Denken wir an die Erfahrungen, die »Geistestaufe« genannt werden. Der Name kommt in der Heiligen Schrift vor, die Lehre von der Erfahrung der Geistestaufe stützt sich also auf das Neue Testament. Also müssen wir erforschen, was die Bibel zu dieser Frage sagt.[6]

Zugleich müssen wir feststellen, daß, wenn diese Christen bezeugen, eine Erfahrung gemacht zu haben, die ihr geistliches Leben und ihr Zeugnis er-

---

[6] Die Bezugnahme auf die Bibel als einzige Norm jeder christlichen Erfahrung ist im Prinzip von allen Verteidigern einer »zweiten Erfahrung« nach der Bekehrung, einer »Geistestaufe«, anerkannt. In der Praxis spürt man jedoch, daß sich diese Autoren der Schwäche ihrer biblischen Beweisführung, die sich auf einige Texte der Apostelgeschichte beschränkt, bewußt sind. Man beruft sich lediglich auf diese Texte, um der aktuellen christlichen Forderung entgegenzukommen. Sigfrid Beck sagt z.B.: »Es würde genügen, die vielen Christen zu betrachten, die in den letzten Jahrzehnten mit dem Heiligen Geist getauft worden sind, um uns von der Verpflichtung zu befreien, das tatsächliche Vorhandensein dieser Verheißung in der Bibel zu prüfen. Wir wollen trotzdem die klare und unvergleichliche Sprache der Schrift in dieser Frage zu uns sprechen lassen.« Es folgt das Zitat Johannes des Täufers in den vier Evangelien und die Wiederholung der Verheißung durch Jesus (Apg. 1), dann fährt der Autor fort: »Wie kann man verstehen, daß man viele Jahre lang Christ gewesen ist, daß man glaubt, seine Bibel durch tägliches Lesen zu kennen und daß man doch niemals diese herrliche Verheißung in der Schrift gesehen hat? Aber für diese Verheißung offene Augen zu haben und trotzdem zu versuchen, ihr auszuweichen, das ist noch weniger zu verstehen. Wie ein heller und glänzender Stern strahlt sie am Himmel der Verheißungen Gottes . . . Wir befinden uns dieser Verheißung gegenüber auf einer sicheren, biblischen, neutestamentlichen, evangeliumsgemäßen und apostolischen Grundlage.« Le baptême du Saint Esprit (7), S. 10–12.

Leider sind Behauptung plus Bibelstelle noch nicht gleich Beweis. Und man kann nicht der Unaufrichtigkeit beschuldigt werden, wenn man die Verheißung in der Bibel gelesen hat, sie aber nicht im gleichen Sinne wie der zitierte Autor versteht.

Einige Autoren, wie Pearlman, anerkennen die Schwäche biblischer Argumente zugunsten von zwei voneinander unterschiedenen Erfahrungen: »Wir geben zu, daß diese zwei Eingriffe des Heiligen Geistes in der Schrift nicht mit mathematischer Genauigkeit unterschieden sind, aber es gibt allgemeine Hinweise, die für diese Unterscheidung sprechen, und sie ist bestätigt worden durch die Erfahrung geistlicher Christen in vielen Kirchen, die lehren und bezeugen, daß es – zusätzlich zur Wiedergeburt und auf sie folgend – eine Kraft-Taufe gibt.« The Heavenly Gift (139), S. 26. gleiches Argument in Williams, Systematische Theologie I, S. 39. Die Lehre von der Geistestaufe als zweiter Erfahrung ist also im gleichen Maße – wenn nicht mehr – auf eine »Theologie der Erfahrung« wie auf eine biblische Theologie gegründet (s. Nils Bloch-Hoell, The Pentecostal Movement (18), S. 97–109). Einige Theologen der charismatischen Bewegung sagen es ohne Umschweife: »Die, die einen über menschlicher Erfahrung stehenden Maßstab verlangen, verlangen ein Idol.« Louis Dupré, The Other Dimension, zitiert in H. Lindsell, Christianity Today, 8.12.72, S. 10. Und wir dachten, daß genau all das ein Idol sei, was im Gegensatz zu dem in der Schrift geoffenbarten Gott Jesu Christi vergöttlicht wird!

neuert hat, daß seit dieser Erfahrung ihre Liebe zum Herrn und seinem Wort größer und tiefer, ihr Gebetsleben inbrünstiger geworden ist und ihr Handeln mehr Frucht bringt, wir ihr Zeugnis auch nicht einfach von der Hand weisen können. Vielleicht ist ihr Vokabular falsch und ihre Theologie unvollständig, aber ihr Leben trägt deutliche Zeichen, daß sie vom Geist Gottes berührt worden sind. In diesem Fall ist ihre Erfahrung eine Anfrage, der wir uns nicht so ohne weiteres entziehen können. Sie zielt auf die Möglichkeit ab, daß es in der Bibel einige Wahrheiten gibt, denen wir nicht genügend Beachtung geschenkt haben und die wir nun angesichts der positiven Aspekte der Erfahrung dieser Brüder und Schwestern zu bedenken haben.

Deshalb begnügen wir uns in diesem Buch nicht damit zu erforschen, was die Bibel über die Geistestaufe lehrt, sondern auch, was sie zur Geistesfülle sagt. Im heutigen Sprachgebrauch wird diese Erfahrung oftmals einer »zweiten Erfahrung« gleichgesetzt. Wir versuchen weiterhin herauszufinden, ob eine solche Erfahrung einer biblischen Aussage entsprechen könnte.

Unser Wunsch ist es, daß diejenigen, die schon einige bestimmte Erfahrungen gemacht haben, sie im Lichte des Wortes kritisch unter die Lupe nehmen und daß sie eine nicht biblische Terminologie aufgeben, die sie von den anderen evangelikalen Christen trennt, daß sie ihr Leben und ihre Erfahrungen ausrichten auf die Schrift und sich den neuen Segnungen Gottes aufschließen, die er für sie bereit hält. Andererseits wünschen wir uns, daß alle Christen der Fülle des Lebens, die der Herr für alle seine Kinder bereit hält, teilhaftig werden.

Wenn Er für sie eine geistliche Erneuerung und eine Zurüstung für den Dienst vorgesehen hat, sollten sie sich nicht davon dadurch zurückhalten lassen, daß andere in einer unangemessenen Art von diesen Segnungen sprechen oder diese Wirklichkeiten mit Erfahrungen verknüpfen, die die Bibel nicht notwendigerweise in Verbindung setzt mit einem geisterfüllten Leben, nach dem wir uns alle sehnen.

Kapitel II

Die Verheißung des Heiligen Geistes

»Denn der Geist war nicht da, weil Jesus noch nicht verherrlicht war« (Joh. 7,39).

Der Heilige Geist im Alten Testament

Das Zeitalter des Heiligen Geistes wird durch das Kommen des Messias, d.h. des Gesalbten, auf dem der Geist ruht (Jes. 11,1–2; 42,1; 59,21; 61,1), eingeleitet. Es wird gekennzeichnet durch das Ausgießen des Geistes »auf alles Fleisch« (Joel 2,28–29; Jes. 32,15). »Und ich will ihnen ein anderes Herz und einen neuen Geist in sie geben« (Hes. 11,19; 36,26; 37,14). Diese Tatsache hat u.a. diese drei Konsequenzen: 1. Die Juden werden nicht die einzigen sein, die den Geist Gottes empfangen; 2. das Werk dieses Geistes wird sich im Inneren des Menschen abspielen; 3. wird er das Herz und das Leben der Gläubigen umwandeln (Jer. 31,33; Hes. 36,27).

Der Heilige Geist in den Evangelien

Im Vergleich zur Apostelgeschichte und den Briefen wird der Heilige Geist in den Evangelien relativ selten erwähnt. Dies ist ein ausgezeichnetes Zeugnis für die Historizität und ein deutliches Zurückweichen der modernen Theorie über die Entstehung der neutestamentlichen Schriften. Michael Green macht darauf aufmerksam, daß die Schreiber nicht einfach die Bedingungen ihrer Situation – nach der Auferstehung – auf die Zeit des irdischen Lebens Jesu übertragen haben. Den Grund für dieses Schweigen sieht er darin, daß der Heilige Geist untrennbar mit der Person Jesu verbunden war.[1] Er konnte eben nicht offenbar werden, bevor der Messias sein Werk vollendet hatte und in den Himmel zurückgegangen war.

So zeigen wir auf den folgenden Seiten alle Erscheinungen des Geistes in den Evangelien auf, die sich auf die Jünger beziehen.

---

[1] *I believe in the Holy Spirit* (72), S. 48.

A. In den synoptischen Evangelien

1. Johannes der Täufer faßt das Werk des Messias in einem Satz prophetisch zusammen: »... der wird euch *mit dem heiligen Geist* und mit Feuer *taufen*« (Matth. 3,11 und Parallelstellen). Wir werden im 5. Kapitel eingehender auf dieses Wort zurückkommen.

2. »Wenn sie euch nun ausliefern werden, so sorgt nicht, wie oder was ihr reden sollt, denn es soll euch in der Stunde gegeben werden, was ihr reden sollt. Denn nicht ihr seid es, die da reden, sondern *eures Vaters Geist ist es, der durch euch redet*« (Matth. 10,19.20; Mark. 13,11; Luk. 12,12).

3. »Darum geht hin und macht alle Völker zu Jüngern und *tauft sie auf den Namen* des Vaters und des Sohnes und *des heiligen Geistes*« (Matth. 28,19).

4. »Wenn schon ihr, die ihr doch böse seid, euren Kindern gute Gaben geben könnt, wieviel mehr *wird der Vater im Himmel denen den heiligen Geist geben, die ihn darum bitten*« (Luk. 11,13).

Muß man also beten, um den Heiligen Geist zu erhalten? Einige Ausleger meinen, daß diese Empfehlung sich nur an die Jünger *vor* Pfingsten richtete; andere meinen, daß es sich hier um die Bitte der Unbekehrten handelt, die den Geist in ihre Herzen lassen wollen. Doch diese Erklärungen sind nicht sehr befriedigend: Denn wenn Lukas uns diese Worte überliefert hat, dann richten sie sich eben auch an uns heute. Andererseits spricht Jesus hier von den Beziehungen des Vaters zu seinen Kindern. Es ist also viel einleuchtender, diese Verheißung auf die Kinder Gottes zu beziehen.

F. F. Bruce macht darauf aufmerksam, daß vor dem Begriff Heiliger Geist im Urtext kein bestimmter Artikel steht und »dies mache es wahrscheinlich, daß es sich nicht um die Person des Heiligen Geistes handele, sondern um seine Gaben.«[2] Unterstützt wird diese Erklärung durch die Parallelstelle in Matthäus 7,11, wo Jesus sagt: »Wenn schon ihr, die ihr doch böse seid, dennoch euren Kindern *gute Gaben* geben könnt, wieviel mehr wird euer Vater im Himmel denen *Gutes* geben, die ihn darum bitten«. Diese »guten Gaben« sind die Gaben des Heiligen Geistes. Die Bitte darum ist heute noch ebenso gültig wie zu der Zeit, als diese Worte niedergeschrieben wurden (1. Kor. 12,31; 14,1; Jak. 1,5ff). In einem unserer ältesten Manuskripte, dem Papyrus 45, finden wir statt des Ausdrucks Heiliger Geist »eine gute Gabe« (Luk. 11,13).

Wenn wir Gott um ein größeres Maß seines Geistes bitten, können wir sicher sein, daß wir all die guten Gaben empfangen, die der Vater uns bereitet hat.

---

[2] *Answers to Questions* (29), S. 53.

B. Im Johannesevangelium

Im Johannesevangelium finden wir die meisten und auch präzisesten Verheißungen, die sich auf den Heiligen Geist beziehen.

1. In der Begegnung mit Nikodemus

»Wahrlich, wahrlich ich sage dir, wenn jemand nicht aus Wasser und Geist geboren wird, kann er nicht in das Reich Gottes kommen . . . was aus dem Geist geboren ist, das ist Geist . . . so ist es bei jedem, der aus dem Geist geboren ist« (Joh. 3,5.6.8). Jesus zieht in dem Gespräch mit dem »Lehrer Israels« zweifellos Parallelen zu den Prophetien des Alten Testamentes, die Wasser (Zeichen der Reinigung) und Geist (der inneren Erneuerung) in Beziehung zueinander brachten. Er dachte wahrscheinlich an die Stelle in Hesekiel 36,25–27 »Ich will reines Wasser über euch sprengen, daß ihr rein werdet; von all eurer Unreinheit und von allen euren Götzen will ich euch reinigen. Und ich will euch ein neues Herz und einen neuen Geist in euch geben und will das steinerne Herz aus eurem Fleisch wegnehmen und euch ein fleischernes Herz geben. Ich will meinen Geist in euch geben und will solche Leute aus euch machen, die in meinen Geboten wandeln und meine Rechte halten und danach tun.«

Der Geist spielt also eine ganz grundlegende Rolle bei der Wiedergeburt.

2. Der noch zu erwartende Geist

»Aber am letzten Tage des Festes, der der höchste war, trat Jesus auf und rief: Wer durstig ist, der komme zu mir und trinke. Wer an mich glaubt, wie die Schrift sagt, aus dessen Leibe werden Ströme lebendigen Wassers fließen,« (Joh. 7,37–38).

Im Verlauf dieses Festes ging das Volk jeden Tag herab zu der Quelle Siloa, wo der Priester einen goldenen Krug mit Wasser füllte. Nachdem der Priester zum Tempel zurückgekehrt war, stieg er auf den Opferaltar und versprengte dieses Wasser, begleitet vom Klang der Trompeten und freudigen Kundgebungen der Gläubigen. Das ganze Volk sang »Ihr werdet mit Freuden Wasser schöpfen aus dem Heilsbrunnen« (Jes. 12,3). Dieser Ritus erinnerte die Gläubigen, die sich bei diesem Fest zum Gedenken an den Marsch durch die Wüste zusammenfanden, an die Felsen, aus denen Gott hatte Wasser fließen lassen (2. Mose 17,1–7; 4. Mose 20,1–13). Seinen feierlichen Ruf richtete Jesus wahrscheinlich in Anlehnung an diesen Ritus und dieses Gedenken; wie er der wahre Tempel ist (Joh. 2,19), die wahre eherne Schlange (Joh. 3,14), das wahre Manna (Joh. 6,32), das wahre Licht der Welt (Joh. 8,12) . . . so ist er auch der wahre Felsen, der, wenn man ihn berührt, Wasser spendet; der den Durst derjenigen löscht, die die Wüste dieser Welt durchqueren. Er ist die Erfüllung, Verwirklichung all dieser Zeichen. Jesus verbindet hier das Bild des Wassers, das den durstigen Reisenden erquickt, mit dem eines Flusses, der einer dürren Landschaft wieder Leben gibt. Auf welchen Text spielt der Herr an, wenn er hinzufügt »Wie geschrieben steht«? Die Propheten gebrauchen sehr oft dieses Bild: »Denn es werden Wasser in der Wüste hervorbrechen und Ströme im dürren Land. Und wo es zuvor trocken gewesen ist, sollen Teiche stehen . . . und du wirst sein wie ein bewässerter Garten und wie eine Wasserquelle, der es nie an Wasser fehlt« (Jes. 35,6–7; 59,11; Jer. 31,12).

Die Erklärung Johannes (»er sagte dies vom Geiste«) führt uns zu Jesaja 44,3: »Denn ich will Wasser gießen auf das Durstige und Ströme auf die Dürre: ich will meinen Geist auf deine Kinder gießen und meinen Segen auf deine Nachkommen.«

Das Verb, das Jesaja in seiner Prophetie benutzt, steht im Futur. Auch bei Jesus sind diese Dinge noch zukünftig, da sein Ruf die Zeit betrifft, die nach seinem irdischen Dienst kommen wird. »Denn der Geist war noch nicht (gegeben), weil Jesus noch nicht verherrlicht worden war« (V. 39).

Wir stellen fest,

a) daß Jesaja den gleichen Ausdruck wie Joel (2,28) gebrauchte, der später von Petrus am Pfingsttage zitiert wurde: »Und nach diesem will ich meinen Geist ausgießen . . .«. Diese Bemerkung, die dem Johanneszitat entspricht (V. 39), zeigt, daß die Erfüllung der Verheißung Jesu an Pfingsten stattfand;

b) daß die einzige Bedingung, die Jesus denen stellt, die »den Geist erhalten« möchten, die ist, an ihn zu glauben (V. 38).

c) daß alle Verben im Präsenz stehen: Wen da dürstet – der komme beständig zu mir – der trinke und fahre fort zu trinken – wer im Glauben an mich bleibt . . . Der Christ sei, geistlich gesehen, ein Trinker: Immer durstig und immer im Begriff zu trinken, sagt John Stott.[3] Es handelt sich hier also nicht um ein einmaliges erstes Empfangen des Geistes, sondern um ein beharrliches Vorwärtsgehen im Geist.

d) daß das getrunkene Wasser »Ströme lebendigen Wassers« nach sich ziehen wird. Die Geistesfülle entspringt also dem gleichen Glaubensakt wie der Empfang des Geistes. Diese Fülle ist nach den von Jesus zitierten Prophetien des Alten Testaments dazu bestimmt, Ströme des Segens für die anderen zu sein. Wie wir in der Apostelgeschichte sehen, führt die Geistesfülle zur Evangelisation.

[3] *Baptism and Fullness* (178), S. 53–54.

3. Der Beistand

»Und ich will den Vater bitten und er wird euch einen anderen Beistand geben« (Joh. 14,16). Jesus nennt den Heiligen Geist einen Tröster bzw. Beistand. Dieses Wort heißt wörtlich übersetzt der Daneben gerufene und entspricht dem lateinischen *advokatus*, Advokat = Beistand. Vom Parakleten spricht auch 1. Johannes 2,1. Wir können also jemanden anrufen, der uns verteidigt, uns hilft, uns unterstützt, uns berät. Er kann uns trösten, aufrichten, ermahnen. Das Verb *parakleô*, das dem Substantiv *parakletos* entspricht, wird üblicherweise mit ermahnen oder ermuntern übersetzt. Das Wort Beistand drückt also nur eine Seite von vielen aus, für die der Begriff Paraklet steht.

Der Heilige Geist ist nun nicht etwa ein anderer Paraklet, verschieden (*heteros*) von Jesus, sondern vom gleichen Grund (allos), von der gleichen Art wie er.

»Ich will euch nicht verwaist zurücklassen, ich komme zu euch« (Joh. 14,18). Nichts von dem, was die in Jesus menschgewordene Person des Heiligen Geistes ausmacht, wird verloren sein, wenn die Jünger ihn als Parakleten erleben. M. Green weist darauf hin, daß Johannes hier alle Regeln der griechischen Sprache über Bord wirft, indem er, wenn er vom Heiligen Geist spricht, an Stelle des im Griechischen richtigen Neutrums ein Maskulinum gebraucht. Der Heilige Geist übernimmt bei den Jüngern die Rolle Jesu. Er ist wie Jesus gesandt, um unter den Jüngern zu sein und das zu tun, was der Meister während seines Erdendaseins für sie getan hat. Mehr noch, er rüstet sie aus für ihren Auftrag genauso wie Jesus ausgerüstet war für den seinen.

Er ist empfangen worden, wie Jesus empfangen wurde, und wie die Welt Jesus verworfen hat, so wird sie auch den Parakleten verwerfen (Joh. 1,10.11; 14,7). Wie Jesus in einer feindlichen Umwelt vor den Menschen Zeugnis ablegte, in dem er ihnen die Wahrheit sagte (7,7), so tut es auch der Geist (16,8).

»Und ich will den Vater bitten und er wird euch einen anderen Beistand geben, der für immer bei euch bleiben soll: den Geist der Wahrheit, den die Welt nicht empfangen kann, denn sie sieht ihn nicht und kennt ihn nicht ... denn er bleibt bei euch und wird in euch sein« (Joh. 14,16.17). Die drei hier verwendeten Präpositionen (*meth'humôn*: in eurer Mitte – *par humin*: bei euch – *en humin*: in euch) geben den Stufenplan wieder, der der Annäherung Gottes an sein Volk entspricht. »Inmitten von« ist die Charakterisierung der Beziehung Gottes zu seinem Volk im Alten Bund; durch Jesus war Gott »*bei den Seinen*« präsent; im Zeitalter des Geistes, das noch zukünftig war, als Jesus davon sprach, wird der Heilige Geist »*in ihnen*« wohnen.

Deshalb sagt Jesus seinen Jüngern auch, daß es gut für sie ist, wenn er weggehe;»denn wenn ich nicht weggehe, kommt der Beistand nicht zu euch. Wenn ich aber hingehe, will ich ihn zu euch senden« (Joh. 16,7). Das Kommen des Heiligen Geistes ist also verbunden mit dem Weggehen Jesu. Jesus wird seinen Jüngern den Heiligen Geist nicht vor seiner Himmelfahrt geben. Er wird ihn dann senden, wenn er in der Herrlichkeit ist (Apg. 2,33).

4. Der Dienst des Heiligen Geistes bei den Jüngern

Außer den im Begriff *paraklet* enthaltenen Funktionen wird der Heilige Geist für die Jünger:
a) *der Geist der Wahrheit* (Joh. 14,17; 15,26; 16,13). Er führt sie in alle Wahrheit ein (Joh. 16,13). Jesus *war* die Wahrheit (Joh. 14,16). Mit der Himmelfahrt Jesu ist die Wahrheit nicht verschwunden: sie kommt wieder in der Gestalt des versprochenen Geistes.

Jesus präzisiert seine Aufgabe: Er »wird euch alles lehren und an alles erinnern, was ich euch gesagt habe« (Joh. 14,26). Diese Verheißung betraf in erster Linie die Apostel, die die Wahrheiten, die der Geist ihnen offenbart hatte (1. Kor. 2,13), den von ihnen gegründeten Gemeinden verkündeten. Die Bücher des Neuen Testamentes sind für uns die Bewahrer der Wahrheit, die sich im Sohn offenbart hat und die durch den Heiligen Geist von den Aposteln verkündigt wurde. Eine echte, vom Heiligen Geist inspirierte Erfahrung kann also nicht die offenbarte Wahrheit der Heiligen Schrift mißachten oder ihr gar widersprechen.[4] Der Heilige Geist widerspricht sich niemals.

---

[4] In *Signs of the Apostles* (36),»An Examination of the New Pentecostalism«, beklagt W. J. Chantry die Tatsache, daß innerhalb der charismatischen Bewegung die Offenbarungen in Sprachen, die Prophetien, die Träume und die Visionen die Bibel in den Hintergrund drängen und sie häufig ersetzen (S. 27). Die »direkte« Mitteilung göttlicher Botschaften läßt die 19 Jahrhunderte oder mehr alten Worte eher tot erscheinen. »Ein Blick auf charismatische Versammlungen zeigt eine bedauerlich geringe Wertschätzung des Wortes Gottes. Die Worte der Propheten des 20. Jahrhunderts begeistern die Teilnehmer solcher Versammlungen mehr als die in der Schrift festgehaltenen Worte Christi und seiner Apostel. Es ist die Botschaft in Zungen, die ihr Herz höher schlagen läßt und ihnen die Gewißheit gibt, daß Gott in ihrer Versammlung gesprochen hat. In dem Maße, wie die Gaben zunehmen, nimmt die Auslegung des Wortes Gottes ab. Die Zusammenkünfte sind von Erfahrungsberichten ausgefüllt, aber man bezieht sich nur gelegentlich auf das heilige Wort Gottes. Viele von denen, die in diese Bewegung hineingezogen worden sind, geben Beispiel für eine bedauerliche Unkenntnis der grundlegenden Elemente des Glaubens, weil sie das Wort Gottes vernachlässigen. Sie leben von sichtbaren und gefühlsmäßigen Erlebnissen, aber nicht von der Wahrheit« (S. 28). Diese bitteren Früchte sind nicht notwendig, und in vielen charismatischen Gruppen nimmt das wiederentdeckte Wort Gottes einen weit größeren Platz ein als die Botschaft in Sprachen. Dennoch handelt es sich um eine reale Gefahr. »Die pfingstlerische Praxis verneint im Grunde das volle Ausreichen der Schrift« (S. 30). Chantry erinnert daran, daß durch die Aufgabe der unabhängigen Autorität der Schrift die Römische Kirche dahin geführt worden ist, die Visionen der Heiligen und päpstliche Erlasse auf die gleiche Stufe mit der biblischen Offenbarung zu stellen. Tatsächlich bestehen die »katholisch-

b) »*Der Heilige Geist*« (Joh. 14,26). Dies ist der gebräuchlichste Name für den Geist und gleichzeitig für ein ganzes Programm.». . . wie der, der euch berufen hat, heilig ist, sollt auch ihr heilig sein in eurem ganzen Leben« (1. Petr. 1,15.16). Heiligung ist das Ziel der Erlösung (Eph. 1,4; 5,27; Kol. 1,22; Hebr. 13,12); sie ist der Wille Gottes für sein Volk (1. Thess. 4,3.7; Hebr. 12,14). Geheiligt sein heißt umgeformt worden sein, um der Person Jesu Christi immer ähnlicher zu werden (Röm. 8,29; Eph. 5,1-2; Phil. 2,5; 1. Petr. 2,21; 1. Joh. 2,6). »Wir alle aber schauen mit aufgedecktem Angesicht die Herrlichkeit des Herrn an und werden so verwandelt in sein Bild von einer Herrlichkeit zur anderen, wie es vom Herrn, dem Geist, geschieht« (2. Kor. 3,18).

Der Herr wohnt in uns durch seinen Geist, ». . . damit die Forderung des Gesetzes in uns erfüllt wird« (Röm. 8,4). »Ihr aber seid nicht fleischlich, sondern geistlich, wenn wirklich Gottes Geist in euch wohnt« (Röm. 8,9). »Wenn ihr aber durch den Geist des Fleisches Handeln tötet, so werdet ihr leben« (Röm. 8,13). Der gleiche Geist bringt in uns die Früchte des Geistes hervor: die Liebe, die Freude, den Frieden . . . (Gal. 5,22.23). Diese Heiligung durch den Geist ist ein langsam gewachsenes Werk, aber sie bleibt des Herrn Ziel Nr. 1 für seine Kinder.

Wenn also eine geistliche Taufe nicht zu einer größeren Heiligung führt, oder sogar einen moralischen Niedergang bewirkt und versuchlicher macht für »die Lust des Fleisches, die Lust der Augen und hoffärtiges Leben« (1. Joh. 2,16), dann ist diese Taufe sicher nicht vom Heiligen Geist.

Viele Leute scheinen sich ausschließlich mit ihrem Glück zu beschäftigen und nicht mit ihrer Heiligung. Sie suchen vor allem erhebende und freudige Erfahrungen, aber wie schon Chantry schrieb, sind die ersten Früchte einer neuen Erfahrung mit dem Heiligen Geist vor allem die Traurigkeit, gesündigt zu haben, Tränen und Reue (Hes. 36,31; Sach. 12,10). Da, wo diese Früchte fehlen, muß man sich fragen, ob der Heilige Geist am Werk ist.

c) *Die Kraft, Zeugnis zu geben.* »Wenn aber der Beistand kommen wird, den ich euch vom Vater senden werde, der Geist der Wahrheit, der vom Vater ausgeht, der wird Zeugnis für mich ablegen. Aber auch ihr seid meine Zeugen, denn ihr seid von Anfang an bei mir gewesen« (Joh. 15,26.27). »Und siehe, ich will auf euch herabsenden, was mein Vater verheißen hat. Ihr aber sollt in der Stadt bleiben, bis ihr mit Kraft aus der Höhe erfüllt werdet« (Luk.

pfingstlichen« Kreise auf der Unfehlbarkeit des Papstes, der Mittlerstellung Mariens und der Behauptung, die römisch-katholische Kirche sei die einzig wirkliche Kirche (s. James W. L. Hills, The new charismatics, 1973, Eternity 3, 1973). Andere geben an, ihre Ergebenheit gegenüber der heiligen Jungfrau sei lebendiger, seit sie im Heiligen Geist getauft worden sind, und daß die Botschaften in Sprachen Maria preisen . . . Man hat das Recht, sich zu fragen, ob sich der »Geist der Wahrheit« so äußert.

24,49). »Aber ihr werdet die Kraft des Heiligen Geistes empfangen, der auf euch kommen wird und ihr werdet meine Zeugen sein . . .« (Apg. 1,8). Mit dem Kommen des Heiligen Geistes erhalten die Jünger auch die Kraft, von Christus Zeugnis abzulegen. Bis dahin waren sie schüchtern und ängstlich (Joh. 20,19). Sie behielten in ihrem Innersten einen Rest von Unglauben (Mark. 16,14; Luk. 24,25; 38). Der Heilige Geist verwandelt sie in kraftvolle Zeugen voller Glauben und Kühnheit (Apg. 3,12.16; 4,8—13; 5,29—32 . . .). Nirgendwo in den Briefen ermahnen die Apostel die Christen, diese Kraft zum Zeugnis zu suchen; von dem Augenblick an, wo sie den Heiligen Geist haben, haben sie auch die Kraft. Es genügt, einfach zu glauben und sie wirken zu lassen (1. Petr. 3,15).

Viele Christen gleichen Leuten, die auf den elektrischen Strom warten, um ihre Maschinen in Marsch zu setzen. Der Strom, sagt uns der Ingenieur, ist ja schon längst da. Es genügt vollkommen, wenn wir auf den Kopf drücken. Ein Mangel an Information oder an Glauben? Die Präsenz dieses Stromes erweist sich nicht notwendig durch außerordentliche Ereignisse, sondern durch Licht und Arbeit nach dem Einschalten. Mit der Kraft des Heiligen Geistes ist es ähnlich. Wir nehmen sie erst dann wahr, wenn wir in einem Glaubensakt mit ihr bei den entsprechenden Gelegenheiten rechnen.

Aber wie viele wiedergeborene Christen sind schon durch ihr Leben und ihren Dienst ein Beispiel für die Kraft des Heiligen Geistes? Durch den Glauben haben sie Heil und Vergebung ihrer Sünden empfangen, aber sie sind dort stehengeblieben. Die Verheißungen des Wortes Gottes sind von unendlich viel größerer Tragweite. Diese Verheißungen öffnen dem Wiedergeborenen die Augen und üben ihn für eine fortschreitende Entdeckung der Charismen ein, ohne die ein wirksamer Dienst nicht möglich ist.

5. Der Dienst des Heiligen Geistes in der Welt

»Und wenn er kommt, wird der die Welt überführen von Sünde und von Gerechtigkeit und von Gericht« (16,8).

Er wird überführen. Das heißt: jemandem die Wahrheit so beweisen, daß er selbst davon überzeugt wird, seinen Irrtum erkennt und die Folgerungen daraus akzeptiert.[5] Bei der Rechtsprechung ist ein Täter überführt, wenn die Beweise gegen ihn unwiderlegbar sind.[6]

---

[5] W. Barclay, *The Promise of the Spirit* (5), S. 30.
[6] »Die Sünde, das Wort steht im Singular. Welche Sünde? Mord? Ehebruch? Diebstahl? Lüge? Wenn ein Mensch diese Sünden begeht, klagt ihn sein eigenes Gewissen an, falls dieses nicht abgestumpft ist. Der Geist braucht in diesem Fall keine besondere Überzeugung zu schenken. Für die Welt ist die Sünde etwas Äußerliches . . . Christus definiert sie radikal anders als die

Die Welt: Jesus meint damit die Gott gegenüber feindliche Menschheit (sie haßt Gott, Jesus Christus und die Christen, Joh. 15,18; 17,14; sie kennt weder Gott, Joh. 17,25, noch Jesus Christus, Joh. 1,10). Sie kann den Heiligen Geist nicht empfangen (Joh. 14,17), aber der Heilige Geist kann in ihr handeln.

a) »... *von der Sünde, daß sie nicht an mich glauben* ...« (Joh. 16,8.9) Für die Welt ist Sünde ein moralisch tadelnswerter Akt (Lüge, Diebstahl, Ehebruch, usw.). Für die Juden bedeutete die Sünde Bruch des Gesetzes. Die zentrale Sünde jedoch, die Gott dem Menschen vorwirft und von der der Heilige Geist jene, die ihn zu sich sprechen lassen, überführt, ist der Unglaube an Jesus als Erretter.

Auch heute noch geht niemand verloren, weil er gelogen, gestohlen oder vielleicht sogar getötet hat. Er geht vielmehr verloren, weil er es zurückgewiesen hat, an Jesus Christus als seinen Erlöser zu glauben.

»Die ›Welt‹ hat ihre Auffassung von ›Sünde‹ und sieht – vor allem in Israel – Jesus als den gottlosen Sünder, der den Verbrechertod verdient hat. Und auch seine Zeugen und Boten verwirft sie als Schuldige, die ausgerottet werden müssen (Saul von Tarsus!). Der göttliche Anwalt aber wird Menschen davon »überführen«, daß im Gegenteil gerade dieser Unglaube Jesus gegenüber die eigentliche und entscheidende »Sünde« ist. Wohl gibt es viele moralische Verfehlungen, die auch von der Welt getadelt werden, aber die einzige Sünde, an der Menschen endgültig verloren gehen, ist der Unglaube, die Abweisung dessen, der Gottes rettende Liebe zu uns brachte. Nur der Geist Gottes kann sie einem Menschen so zeigen, daß er darunter zusammenbricht und auch ein ehrenwertes, fleißiges und »frommes« Leben als verfehlt und schuldig erkennt, weil es ein Leben ohne Jesus und in der Ablehnung Jesu war.[7] Der äußere Ausdruck des menschlichen Nicht-Glaubens an den Sohn Gottes findet sich in der Kreuzigung Jesu. Deshalb bedient sich der Heilige Geist auch so oft der Predigt vom Kreuz, um uns unsere Sünden aufzuzeigen. »Der Geist zeigt Jesus am Kreuz und sagt zu den Atheisten, die wir sind: Schaut her, was ihr mit Gott macht, wenn er in eure Hände fällt!« (A. Greiner).[8]

b) »... *von Gerechtigkeit aber, weil ich zum Vater gehe.*« Jesus deutet hier seine Himmelfahrt an.

Gesellschaft und die üblichen theologischen Formeln. Er zielt unmittelbar ins Zentrum der Sünde und bekräftigt, daß es die erste Aufgabe des Parakletos ist, den nicht wiedergeborenen Menschen vom Unglauben als der einzigen Sünde zu überzeugen, aufgrund deren jemand verurteilt werden kann« J. D. Sanders (160), S. 41.

[7] W. de Boor, Das Evangelium des Johannes Bd. 2, in *Wuppertaler Studienbibel* (200), S. 140f.
[8] A. Greiner, in *Le mystère de l'Esprit Saint* (73), S. 57.

Die Himmelfahrt ist ein deutliches und klares Zeichen dafür, daß Jesus der Sohn Gottes und daß er ohne Sünde war, also unschuldig gerichtet wurde. Als er gekreuzigt wurde und starb, schien die Gerechtigkeit auf seiten der Juden und der Römer, die ihn gerichtet hatten, zu liegen. Seine Auferstehung hingegen hat die Situation grundlegend geändert. Durch die Himmelfahrt wurde aller Welt bezeugt, daß Jesus in den Augen Gottes gerecht war. Am Pfingsttage tut dies der Heilige Geist durch den Mund des Apostels Petrus.

»Ihr Männer von Israel, hört diese Worte: Jesus von Nazareth, den Mann, von Gott unter euch erwiesen mit Taten, Wundern und Zeichen, welche Gott durch ihn tat unter euch, wie ihr selbst wißt: ihn . . . habt ihr durch die Hand der Heiden ans Kreuz geschlagen und getötet. Den hat Gott auferweckt . . .« (Apg. 2,22–24). »Diesen Jesus hat Gott auferweckt, des sind wir alle Zeugen. Nun, da er durch die Rechte Gottes erhöht ist und den verheißenen Heiligen Geist vom Vater empfangen hat, hat er diesen ausgegossen . . .« (Apg. 2,32–33). »So wisse nun das ganze Haus Israel gewiß, daß Gott diesen Jesus, den ihr gekreuzigt habt, zum Herrn und Christus gemacht hat« (Apg. 2,36). »Der Gott Abrahams und Isaaks und Jakobs, der Gott unserer Väter, hat seinen Knecht Jesus verherrlicht, den ihr ausgeliefert und vor Pilatus verleugnet habt . . . ihr aber habt den Heiligen und Gerechten verleugnet . . . den Fürsten des Lebens aber habt ihr getötet. Den hat Gott auferweckt von den Toten« (Apg. 3,13–15; vgl. 7,51).

Nachdem der Heilige Geist den Ungläubigen von der Sünde überzeugt hat, überzeugt er ihn von der Gerechtigkeit Jesu Christi, der, gerecht wie er war, für uns zur Sünde gemacht: am Kreuz hat er unsere Ungerechtigkeiten getragen und uns dafür seine Gerechtigkeit gegeben. Diese Gerechtigkeit »gilt« vor Gott (Röm. 3,21–22; 10,3–4).

c) ». . . *vom Gericht, denn der Fürst dieser Welt ist schon gerichtet«.* Bis jetzt hat der Fürst dieser Welt nur Sünder angegriffen. Aber in gewisser Weise waren die Beschuldigungen gegen sie durch den »Verkläger der Brüder« (Offb. 12,10; Hebr. 3,1) auch gerechtfertigt. Indem er nun das Leben des Heiligen und Gerechten angriff, hat er sich selbst gerichtet: Wegen dieses Mordes, für den es keine Entschuldigung gibt, ist er ein für alle Male als »Fürst der Welt« abgesetzt worden. Der Sieg gehört Jesus Christus. Natürlich sind alle diese Ereignisse noch Zukunft. Jesus sieht sie schon sich vollenden, weil die teuflische Maschinerie, die zu seiner Kreuzigung führt, unwiderruflich in Aktion getreten ist.

Christus ist der Herr, und er ist Sieger über den Widersacher – das bezeugt uns der Heilige Geist (1. Kor. 12,13). Der Geist weist auf Jesu Auferweckung von den Toten und seinen Sieg über die bösen Mächte und er sagt zu uns: »Schaut euch die Niederlage an, die Gott dem Fürsten der Finsternis bereitet hat, und nehmt teil an diesem Sieg durch den Glauben, den ich euch gebe.«[9] Diese Rolle des Heiligen Geistes in der Evangelisation der Ungläubigen ist von ganz großer Wichtigkeit und unersetzbar. Er allein kann erhellen, überzeugen und zur Buße leiten. Wir müssen hier gut auf die Rollen achtgeben, daß wir nicht versuchen, in seine Arbeit einzugreifen und unsere Gegenüber aus eigener Kraft zu überzeugen. Vor allem von den psychologischen Techniken der Überredung geht eine große Gefahr aus. Seine Sache ist es, zu überzeugen, und unsere, die gute Nachricht zu verkündigen, in einem Geist der Demut, der Abhängigkeit, des Gebetes. Zeugnis zu geben und dabei mit ihm rechnen, daß er unsere armseligen Bemühungen Frucht tragen läßt.

Diese verschiedenen Werke des Heiligen Geistes im Herzen der Ungläubigen machen diese bereit für ihre geistliche Taufe: Diese dreifache Überzeugung macht sie bereit, mit Christus zu sterben.

6. Er verherrlicht mich

»Er wird mich verherrlichen, denn von dem, was mein ist, wird er es nehmen und euch verkündigen« (Joh. 16,14).

Mit diesen Worten widerlegt Jesus von vornherein eine Verherrlichung des Geistes, die auf Kosten Jesu geht. Im Verlauf der Kirchengeschichte haben immer wieder Menschen den Anbruch einer Ära des Geistes proklamiert, die nun der des Vaters und der des Sohnes folge. Diese Herrschaftszeit des Geistes hat sich aber leider zu oft als Herrschaft des Fleisches erwiesen. Denn der Heilige Geist will nicht herrschen, er will Christus herrschen lassen. Er will nicht verherrlicht werden, sondern Jesus verherrlichen. Auch das Kriterium für die Inspiration durch den Geist ist nicht in der Proklamation einer Vormachtstellung des Geistes zu suchen, sondern in dem Bekenntnis: »Jesus ist der Herr« (1. Kor. 12,3). Der Geist möchte keine Lehrautonomie, die sich über Jesu Lehre hinwegsetzt; er will nur an das, was Jesus sagte, erinnern (Joh. 15,26).

So bleibt auch für uns nur ein Maßstab, an dem wir die verschiedenen Lehren vom Heiligen Geist – von welcher Seite sie auch kommen mögen – messen können, und das ist die Antwort auf die Frage: »Wird Christus danach verherrlicht?« (Joh. 15,26; 16,13).

7. Wann kommt der Heilige Geist?

Wenn Jesus vom Heiligen Geist spricht, gebraucht er grundsätzlich das Futurum: »Der Vater *wird* euch den Heiligen Geist geben . . . er *wird* in euch

---

[9] A. Greiner, a.a.O. (74), S. 57.

sein . . . wenn der Tröster *gekommen sein wird*, den ich euch senden *werde*, er *wird* euch führen, er *wird* euch . . .«
Selbst nach seiner Auferstehung bis noch zur Himmelfahrt bittet er seine Jünger, auf die Ankunft des Geistes zu warten: »Und siehe, ich *will* auf euch *herabsenden*, was mein Vater verheißen hat« (Luk. 24,48). »Aber ihr *werdet* die Kraft des Heiligen Geistes empfangen, der auf euch kommen *wird*« (Apg. 1,8).

a) In *Johannes 20,19—23* finden wir die *einzige Ausnahme* im Wort Gottes: Jesus »blies sie an und sagte zu ihnen: nehmt den heiligen Geist«.

Wie sollen wir diesen Text auslegen, der allen anderen Aussagen Jesu über das Kommen des Geistes über seine Jünger zu Pfingsten zu widersprechen scheint?

Um das Terrain abzutasten, machen wir im folgenden vorläufige Feststellungen: Es kann sich nicht um das Kommen des Geistes als Beistand, Geist der Wahrheit, der Herrlichkeit usw. handeln, also nicht um das Kommen des Geistes Christi in unsere Herzen, ohne den wir ihm nicht gehören (Röm. 8,9).

b) *Jesus hat das Kommen dieses Geistes untrennbar verbunden mit seinem Weggang von dieser Erde:* ». . . denn wenn ich nicht weggehe, kommt der Beistand nicht zu euch« (Joh. 16,7). Wie wir gesehen haben, *verbindet Johannes das Kommen des Geistes mit der Verherrlichung Jesu:* ». . . denn der Geist war noch nicht da, weil Jesus noch nicht verherrlicht war« (Joh. 7,39).

Wann wurde Jesus verherrlicht? Das Wort *verherrlichen* steht im Zusammenhang sowohl mit dem Tode Jesu (Joh. 12,33 und 13,31) als auch mit der Himmelfahrt (Joh. 17,5) oder mit dem Pfingstereignis (Joh. 12,16; 14,26). Das gleiche wollen die Ausdrücke »*wurde erhöht*« (Joh. 3,14; 8,28; 12,32 u. 34), »*die Stunde*« (Joh. 2,4; 7,30; 8,20; 12,23.27; 13,1; 17,1), oder »*meine Zeit*« (Joh. 7,6.8) aussagen.

Alle diese Ausdrücke bezeichnen wesenhaft die Erlösungstat als Ganzes. Das Kreuz, die Auferstehung, die Himmelfahrt und das Ausgießen des Geistes sind unteilbarer Bestandteil dieser Erlösungstat — so wie die Krönung eines Königs sich nicht auf den Moment beschränkt, da die Krone auf sein Haupt gesetzt wird, sondern aus einer ganzen Anzahl von Zeremonien besteht. Wenn man also den Begriff »nach der Krönung« gebraucht, so meint man damit nicht nur das Hauptgeschehen als solches, sondern auch alle anderen Begleitumstände. Das Wort des Evangelisten (Joh. 7,39) sieht die Etappe abgeschlossen (wie auch Joh. 12,16).

Am Pfingsttage *setzt der Apostel Petrus* die Ausgießung des Geistes *ebenfalls in den Zusammenhang mit der Verherrlichung Jesu*, die aber gerade erst geschehen ist: »Nun, da er durch die rechte Hand Gottes erhöht ist und den verheißenen Heiligen Geist vom Vater empfangen hat, hat er diesen ausgegossen wie ihr hier seht und hört« (Apg. 2,33).

c) J. Dunn macht darauf aufmerksam, daß *das Verb* »hauchen« in der Septuaginta sowohl die Schöpfung des Menschen der Genesis 2,7 beschreibt als auch die Auferstehung der Toten in Hesekiel 37,9. Somit wollte Johannes darauf hinweisen, daß Jesus, der Schöpfer der ersten Schöpfung (Joh. 1,3) auch der Urheber der neuen Schöpfung des Menschen ist.[10] Durch die Auferstehung ist diese neue Schöpfung möglich geworden. Sie ist das Lösegeld und das Mittel der Wiedergeburt: »... der uns in seiner großen Barmherzigkeit wiedergeboren hat zu einer lebendigen Hoffnung durch die Auferstehung Jesu Christi von den Toten« (1. Petr. 1,3).

d) *Johannes verzichtet auf den Artikel*, wenn er schreibt: »*erhaltet Heiligen Geist*«. Haben wir es also mehr mit einer Gabe des Geistes als mit der Person des Heiligen Geistes zu tun?

Die Antwort auf diese Frage scheint der folgende Vers zu geben, wo Jesus seinen Jüngern die Macht der Sündenvergebung bzw. ihrer Zurückhaltung gibt. Ein Ausdruck, der sehr wahrscheinlich mit dem »binden und lösen« zusammenhängt, d.h. mit dem Recht zu bestimmen, was erlaubt und verboten ist. Es handelt sich hier um eine grundlegende Gabe in der Ausübung des apostolischen Dienstes: Einen Glauben zu definieren, der ein für alle Male den Heiligen aller Zeiten überliefert wird (Judas 3).

e) Es ist also klar, daß es sich hier nicht um den Empfang des Heiligen Geistes handelt, der nach unserer Erfahrung mit der Bekehrung eintritt. Jesus vollzieht hier eine prophetische Geste, die »die Verheißung bestätigt, ohne sie noch zu erfüllen« (H. Blocher).

Diese Worte haben sicherlich auch eine *prophetische Tragweite*, selbst wenn sie im Präsenz stehen. Wir können sie anderen Worten Jesu gegenüberstellen, wo er ebenfalls im Präsenz spricht oder sogar in der Vergangenheit, um von der Zukunft zu sprechen: »Als Judas nun hinausgegangen war, sagte Jesus: Jetzt ist der Menschensohn verherrlicht und Gott ist verherrlicht durch ihn« (Joh. 13,31). Noch war nichts passiert; aber von dem Augenblick an, wo Judas den Kreis der Jünger verließ, um zu den Pharisäern zu gehen, kam die höllische Maschinerie, die zur Kreuzigung des Sohnes Gottes führte, in Bewegung. Jesus sieht bereits den weiteren Ablauf: das Kreuz, die Auferstehung und die Himmelfahrt.

Etwas später betet Jesus: »Vater, die Stunde ist gekommen. Verherrliche deinen Sohn ...« (Joh. 17,1). Dies beweist, daß die Vergangenheitsform in

---

[10] *Baptism in the Holy Spirit* (51), S. 180.

Kapitel 13 nur prophetisch gemeint war und die Verherrlichung des Sohnes noch kein vollendetes Werk war.

Die gleiche prophetische Vergangenheitsform finden wir in Johannes 16,11: »... daß der Fürst dieser Welt gerichtet ist«. Er ist gerichtet, weil er den heiligen Geist wollte. Sein Gericht und seine Verdammnis sind so gewiß, daß Jesus in der Vergangenheitsform von ihnen spricht. Propheten des Alten Bundes gebrauchen fast immer die Gegenwartsform oder wählen manchmal die Vergangenheitsform, um zukünftige Ereignisse zu beschreiben. Johannes geht in der Offenbarung in gleicher Weise vor (siehe Offb. 18,2; 19,1–2 ...).

Die Propheten unterstrichen ihre Verkündigung manchmal mit prophetischen Handlungen (siehe Jer. 13,19–20). Das Abendmahl ist von diesem Hintergrund her zu sehen. Jesus sagt: »Das ist mein Leib, der für euch gegeben ist ... dieser Kelch ist der neue Bund in meinem Blut, das für euch vergossen ist« (Luk. 22,19–20). Dies sagt er, obwohl er noch körperlich unter ihnen weilt. Sein Opfer ist so sicher und zwangsläufig, daß Jesus statt des Futur den Präsens gebraucht. »Es ist Jesu Art gewesen, das vor der Tür stehende Ereignis als schon gegenwärtig zu sehen, weil er den ganzen Weg und sein Heil als ein organisches Ganzes ansah« (A. Brandenburg).[11] Manchmal ist das Futur so augenfällig, daß es alle Übersetzer der im Original stehenden Gegenwartsform vorgezogen haben. Wir lesen z.B. in Matthäus 26,2 im griechischen Urtext: »Ihr wißt, daß in zwei Tagen Passah ist und der Menschensohn *ist* ausgeliefert und gekreuzigt«, statt wie im Deutschen: »wird ausgeliefert und gekreuzigt werden«.

Der imperative Aorist *labete* (empfangen) beschreibt eine bestimmte Aktion, die einmal erfüllt sein wird, aber nicht an eine bestimmte Zeit gebunden ist. Diese Aktion kann sowohl im Futur als auch im Präsens stehen; man könnte also mit dem gleichen Recht übersetzen: »dies ist mein Leib, der für euch gegeben werden wird ... dieser Kelch ist der neue Bund in meinem Blut, das für euch vergossen werden wird ...«. Ebenso wie: »Jesus hauchte seine Jünger an und sagte ihnen: Ihr werdet den Heiligen Geist erhalten«.

»Das Denken Jesu scheint mir auf die Zukunft ausgerichtet zu sein. Diese vorbereitende Vermittlung sollte den Jüngern verständlich machen, daß das Wehen des Geistes, wenn der Zeitpunkt gekommen ist, nichts anderes sein wird als das persönliche Wehen ihres unsichtbaren Meisters« (F. Godet).[12]

»Jesus gibt ihnen gleichsam einen Vorgeschmack der wahren Gaben, die sie in ihrer Fülle erst an Pfingsten empfangen sollten« (R. Pache).[13]

Sie haben das Kommen des eingeborenen Sohnes Gottes erlebt, die die

---

[11] *Ich glaube an den Heiligen Geist* (23), S. 32.

Wasserscheide zwischen dem alten und dem neuen Bund bedeutet (s. Joh. 1,17). Die geistliche Erfahrung der Jünger während dieser vorübergehenden Periode ist immer nur auf den betreffenden Schritt begrenzt. Sie haben das Kommen, den Tod, die Auferstehung, die Himmelfahrt des Messias genauso erlebt wie die Sendung des Trösters. Mit jeder Etappe sind sie in der Erfahrung des Heiles vorangekommen. Jedes Fortschreiten der Heilsgeschichte erlaubte es, im ganz bestimmten Augenblick eine begrenzte Erfahrung zu machen. Vor der Auferstehung war es ihnen nicht möglich, den Heiligen Geist zu empfangen. Vor Pfingsten konnten sie nicht voll und ganz der Fülle der Verheißung des Vaters teilhaftig werden.»Es ist deshalb unmöglich, die Erfahrungen der Apostel während dieser Zeit als ein mögliches Modell oder etwa eine Norm für unsere Erfahrung heute hinzustellen . . . Eine ganze Reihe von tiefen Erfahrungen sind einfach nicht wiederholbar (d.h. die Erfahrungen, die zwischen Bethlehem und Pfingsten liegen). Sie können nicht als Maßstab der nachpfingstlichen Bekehrungserfahrung und des christlichen Glaubens sein. Da die Erfahrung der Apostel unabdingbar verknüpft war mit dem Zeugendienst Jesu auf der Erde, ist sie für die heutige Christenheit nicht mehr nachvollziehbar, es sei denn, Jesus würde von neuem leben, sterben, auferstehen und in den Himmel fahren. Wenn wir eine Norm für die Gabe des Geistes suchen, finden wir sie weder in Johannes 20,22 noch in der Apostelgeschichte 2,4, sondern in der Apostelgeschichte 2,39« (J. Dunn).[14]

Schlußfolgerungen

Es war unabdingbar, daß wir so lange bei den Äußerungen des Herrn über den Heiligen Geist verweilt haben. Er ist für uns *die* Wahrheit, diese himmlische, einzige, absolute und ewige Wahrheit. Deshalb ist das, was er sagt, für uns absolut bindend. Die drei grundlegenden Funktionen des Heiligen Geistes kommen in den drei Namen zum Ausdruck, die Jesus ihnen gibt: paraklet, Geist der Wahrheit und Heiliger Geist. Jesus selbst hat in seinen Reden niemals von den sichtbaren Zeichen gesprochen, die das Kommen des Geistes begleiten sollten: ein Feuer, ein starkes Brausen des Windes, das Sprechen in fremden Sprachen, das Sprechen in Zungen, das manchmal mit dem Kommen des Geistes assoziiert wird. Wenn diese Dinge grundsätzlich wären und ihr Nicht-Vorhandensein eine Abwesenheit des Heiligen Geistes zeigen würden, müßte man daraus schließen, daß Jesus das Wesentliche vergessen hätte.

[12] *Commentaire sur l'evangile de Saint Jean,* Neuchâtel 1902 Bd. III, S. 496.
[13] *Der Heilige Geist –* Person und Werk, Wuppertal 1978³ (133).
[14] a.a.O. (51), S. 178–182.

Jünger nach der Trauer über die Trennung; ein Tag der *Befreiung* vom Joch der Sünde.
Schließlich ist es der Tag, an dem das Volk des neuen Bundes geboren wurde (Phil. 2,9-10).

»Pfingsten«, sagt John Stott, »hat verschiedene Bedeutungen:
Es ist das letzte Ereignis im irdischen Dienst Jesu;
es erfüllt die Verheißung des Geistes, die das ganze Alte Testament durchzieht, aber auch die besonderen Verheißungen, die Jesus (Joh. 14-16) ausgesprochen hat;
es ist auch die erste Erweckung.
Aus all diesen Gründen *kann Pfingsten nicht als Norm angesehen* werden.«[2]

3. Die außergewöhnlichen Elemente des Pfingstereignisses

a) Brausen des Windes – Feuer – Sprachen
Verschiedene außergewöhnliche Ereignisse haben den Beginn des neuen Zeitalters bestimmt:
ein Brausen wie von einem gewaltigen Wind (Apg. 2,2);
Zungen wie von Feuer, die sich auf jeden der Jünger niederließen (V. 3);
jeder Anwesende hörte von den großen Taten Gottes in seiner eigenen Sprache reden (V. 6.8.11).

Im Alten Testament wird der *Wind* oft als Bild von der Gegenwart Gottes gebraucht (1. Könige 19,11; Hiob 38,1). Das von Lukas hier benutzte Wort (pnoé) wird in der Septuaginta gebraucht, um den Schöpferatem Gottes zu bezeichnen. Der Geist offenbart sich hier als Schöpfer neuen Lebens (vgl. Joh. 3,8).

Das *Feuer* ist auch Symbol für die Gegenwart Gottes (2. Mose 3,2ff., 19,18), manchmal zusammen mit dem Wind (Jes. 29,6; 30,27ff.).

Die Zungen, die von den Juden, die aus der ganzen antiken Welt in Jerusalem versammelt waren (V. 9-10), verstanden wurden, deuten darauf hin, daß es Aufgabe der Kirche in diesem neuen Zeitalter sein wird, den Lauf der Geschichte, der in Babel seinen Anfang nahm, umzukehren und den Menschen »aller Sprachen« die Gute Botschaft vom Heil in Jesus Christus zu verkünden. In Babel ist Gott herabgefahren und hat die Sprachen verwirrt, »daß keiner des anderen Sprache verstehe« (1. Mose 11,7). An Pfingsten fährt Gott wieder im Heiligen Geist herab, und schafft – obwohl die Verschiedenheit der Sprachen weiter bestehen bleibt – Verstehen und Einheit zwischen Menschen verschiedener Sprachen. Das ist eine der bleibenden Bedeutungen

---

[2] a.a.O. (178), S. 30.

des Pfingstereignisses. »Immer wieder wirkt er (der Geist) das wahrhaftige ›Hören‹ und ›Verstehen‹ der Verkündigung und der Anbetung und eint Menschen zur Bruderschaft der Gemeinde«, schreibt Werner de Boor.[3] Und M. Griffiths: »Es war das erste Mal, daß Gott sich so ausschließlich an das jüdische Volk in der Sprache der Heiden wandte.«[4] Diese Brüder, die Gott in den Sprachen der Welt lobten, deuten auf den Tag, da die ganze Welt Gott in ihren verschiedenen Sprachen loben wird.

Es gibt eine jüdische Überlieferung, nach der, als Gott das Gesetz gab, alle Völker der Erde am Sinai anwesend waren: Die als Flamme sichtbare Stimme Gottes habe sich in siebzig verschiedene Stimmen geteilt, damit die Forderungen Gottes in siebzig Sprachen – eine Zahl, die für alle Sprachen der Welt steht – verstanden werden konnten. Es ist also kein Wunder, daß die in Jerusalem anwesenden Juden, denen die Symbole des Alten Testaments, die Bedeutung von Pfingsten und die Überlieferungen der Rabbiner vertraut waren, von diesen außergewöhnlichen Ereignissen beeindruckt waren.

So ist auf eine sehr reale Art und Weise – »auch nicht so, wie die Jünger es erwartet hatten« – das Reich gekommen. Es ist in der Kraft des Heiligen Geistes am Pfingsttag gekommen, und diese Macht ist und wird niemals zurückgenommen werden.[5]

Diese Ereignisse haben sich nie wiederholt, weder in der Apostelgeschichte noch in der Kirchengeschichte. Sie unterstreichen den einmaligen Charakter des Pfingstereignisses. Sie waren dazu bestimmt, die Aufmerksamkeit der Jünger und der anderen anwesenden Juden auf das Kommen des göttlichen Geistes zu lenken.

b) Die Predigt des Petrus

Sie hebt den einzigartigen Charakter dessen, was sich vor ihren Augen abgespielt hat, hervor: Die »letzten Tage«, die Joel vorhergesagt hat, haben angefangen (V. 17). Jesus hat den verheißenen Heiligen Geist vom Vater *empfangen*, »und er hat ihn *ausgegossen,* was ihr hier seht und hört« (V. 33). Pfingsten ist das im Sinne des Wortes erste Kommen des Heiligen Geistes in die Kirche und nach den Prophezeiungen des Alten Testaments das wesentliche Merkmal des neuen Zeitalters (Jes. 32,15; Hes. 11,19; 36,26ff.; 37,3ff.), die Einlösung des Versprechens (Luk. 24,49; Apg. 1,4; 33,38). Es ist der gegebene Augenblick, in dem man vom alten in den neuen Bund übergeht.

Das Wunder der Sprachen hatte noch niemand überzeugt (V. 12–13). Erst das klare und verständliche Wort der inspirierten Botschaft führte die Zuhö-

---

[3] *Die Apostelgeschichte,* in Wuppertaler Studienbibel (200) 1971, S. 55.
[4] *Mit anderen Zungen* (75), S. 21.
[5] Michael Green, a.a.O. (72), S. 47.

Geist« (Eph. 1,13). Das Bad der Wiedergeburt und die Erneuerung im Heiligen Geist gehören zusammen (Tit. 3,5).

Die Jünger, die noch nicht den Heiligen Geist erhalten hatten – sonst hätte Jesus ihnen diesen Empfang nicht versprochen, bevor er sie verließ (Luk. 24,4; Apg. 1,4.8) –, waren also noch nicht wiedergeboren.

c) Das Zeugnis des Apostel Petrus
Einige Jahre nach Pfingsten, als sich Petrus an diesen Tag erinnert, zieht er eine Parallele zwischen der Erfahrung des Kornelius und der der Apostel zu Pfingsten: »Indem ich aber anfing zu reden, fiel der Heilige Geist auf sie wie auf uns am ersten Anfang. Da dachte ich an das Wort des Herrn, als er sagte: ›Johannes hat mit Wasser getauft; ihr aber sollt mit dem Heiligen Geist getauft werden!‹ Wenn nun Gott ihnen die gleiche Gabe gegeben hat wie uns, die da gläubig geworden sind an den Herrn Jesus Christus: Wer war ich, daß ich Gott wehren konnte?« (Apg. 11,15–17).

Für Petrus haben sie wirklich »an den Herrn Jesus Christus« geglaubt, sind sie »mit dem Heiligen Geist getauft« worden, haben sie »die Gabe des Heiligen Geistes erhalten«, ist der Geist »auf sie hinabgestiegen« wie auf die Jünger »am Anfang«, das heißt am Pfingsttage. Somit ist dieser Tag für sie der Augenblick der Wiedergeburt gewesen.[7]

d) Der Nachweis der Wiedergeburt
Der beste Nachweis für die Wiedergeburt der Jünger am Pfingsttage ist die Umwandlung ihres Lebens von diesem Augenblick an. Die Früchte des Geistes zeigen sich spontan:
die *Liebe* der Brüder (Apg. 2,44–46; 4,32; 6,1 . . .),
der *Frieden und die Freude,* selbst während der Verfolgungen (5,41; 7,59–60),
die *Güte* gegenüber den Unglücklichen (3,6; 5,15),
die *Treue* zu Christus (4,19.29,31; 5,29),
die *Sanftmut* (6,15),
die *Selbstbeherrschung* (4,8–13).
Es gibt sozusagen nichts gemeinsames mehr mit dem, was eben diese Jünger vor Pfingsten waren. Es genügt, wenn man den Petrus vor (Luk. 9,46;

---

[7] Petrus vergleicht den geistlichen Zustand dieser hundertundzwanzig Jünger vor Pfingsten, also ihren eigenen geistlichen Zustand, mit dem von Kornelius vor dem Empfang des Heiligen Geistes. Viermal (Apg. 10,47; 11,15.17; 15,8) zieht er die Parallele zwischen den beiden Erfahrungen. Er benutzt in Apg. 11,17 den Ausdruck »glauben an« (pisteusai epi) im Aorist, den er jedesmal benutzt, wenn von jemandem zu sprechen, der Christ wird (2,44; 9,42; 16,31). »Pfingsten kann niemals wiederholt werden, denn das neue Zeitalter hat begonnen, und kann nicht noch einmal eingeführt werden«, schreibt J. Dunn (51), S. 51–53.

Matth. 19,27; 26,33–35; 56, 70, 74, Joh. 18,10) mit dem Petrus nach Pfingsten (Apg. 2,14; 4,10.19 usw.) vergleicht.

C. Neue Pfingsten?

Am Pfingsttag hat Petrus die Tür zum Reich Gottes aufgeschlossen (Matth. 16,19), aber die, die eingetreten sind, waren alle Juden (oder Proselyten, Apg. 2,10). Nun, der Herr hatte wenige Tage zuvor seine Jünger zu Zeugen bestimmt, und zwar »zu Jerusalem, in ganz Judäa und Samarien und bis an das Ende der Erde« (Apg. 1,8). Das bedeutete, daß sich die Evangelisation der Welt gewissermaßen in drei Etappen vollziehen würde: jüdische Gebiete, samaritanische und schließlich heidnische Gebiete.

Als guter griechischer Geschichtsschreiber wird Lukas entsprechend diesem Wort Jesu seinen Bericht gliedern und den Durchbruch des Evangeliums in diesen drei Phasen beschreiben: zuerst in Jerusalem und Judäa (Kapitel 2–6), dann in Samarien (Kapitel 8), und schließlich bei den Heiden (Kapitel 10). Nach H. Berkhof können diese beiden letzten Ereignisse als Erneuerungen von Pfingsten betrachtet werden, wie Petrus es selbst ausdrücklich im Fall von Kornelius sagt (10,47; 11,15).[8]

Das einmalige Pfingstereignis, also das Herabfahren des Geistes auf die Menschheit, kann demnach als ein Geschehen in Etappen angesehen werden, das in der folgenden Zeit die verschiedenen religiösen Gruppen, aus denen diese Menschheit besteht, zusammenfaßt: Juden, Halb-Heiden (Samaritaner), Heiden. Wenn diese verschiedenen religiösen Kategorien erreicht worden sind, kann das Pfingstereignis als vollendet angesehen werden. Aber sicher dauert Pfingsten auf persönlicher und auf Gemeinde-Ebene an und wiederholt sich bis zur Rückkehr Christi: jedesmal, wenn ein Mensch wiedergeboren wird, ergießt sich der Geist über ihn und schließt ihn den Brüdern zum Dienste des Herrn an.

In der Ur-Gemeinde ist die Gabe des Heiligen Geistes das entscheidende Merkmal dafür, daß Gottes Reich um eine weitere Etappe erweitert worden ist (Apg. 2,8; 10), und jedesmal in unmittelbarer Verbindung mit den Aposteln.[9] Der Apostel Petrus spielt in jeder dieser drei Entwicklungsstufen eine entscheidende Rolle. Er ist es zu Pfingsten; er ist es, auf den man in Samarien warten muß; er ist es, den Gott von den Leuten des Kornelius suchen läßt. Später wird von ihm in der Apostelgeschichte kaum noch die Rede sein. Man

---

[8] H. Berkhof, *The doctrine of the Holy Spirit* (10), S. 87–88.
[9] Traugott Böker, *Die Taufe im Heiligen Geist* (19), S. 36.

erinnert sich dann einer Verheißung: ›Und ich will dir des Himmelreichs Schlüssel geben‹ (Matth. 17,16,19). Ist Petrus dieser seiner ›Haushofmeister‹ – Stellung im Hause des Herrn in seiner historischen Eröffnungsmission gerecht geworden? Ja, er hat das Tor des Reiches geöffnet: zuerst den Juden, dann den Samaritanern, schließlich den Heiden (H. Blocher).[10] Samaria, Caesarea und Ephesus – drei Gemeinden mit je verschiedenartigen Problemen, die für die Einheit der Kirche eine Gefahr darstellten – sind ganz offensichtlich in die Kirche eingegliedert worden. Zuerst werden wir untersuchen, was die didaktischen Schriften des Neuen Testamentes (die Briefe) uns lehren. Dann werden wir versuchen, diese genannten Episoden zu untersuchen, sowie einige andere Texte aus der Apostelgeschichte, die als Stütze des zweietappenmäßigen Empfangs des Geistes angegeben werden.

---

[10] L'Esprit donné aux Samaritains *ICHTHUS* Nr. 24 (Juni 1972), S. 12.

Kapitel IV

Habt ihr den Heiligen Geist empfangen, als ihr gläubig wurdet?

»Wer aber Christi Geist nicht hat, der ist nicht sein«. (Röm. 8,9).

A. Eine wichtige Frage

Bei der Frage nach dem Thema Empfang des Heiligen Geistes stehen sich zwei Meinungen gegenüber: für die einen erhält man ihn automatisch im Augenblick der Bekehrung (die auch Wiedergeburt genannt wird); für die anderen »ist es möglich, daß man ihn nicht empfängt, wenn man gläubig wird« (M. Harper).

Viele Christen bestehen darauf, daß sich das Kommen des Geistes nicht unbemerkt vollziehen könne. Es gibt »Zeichen«, sagen sie, die uns erlauben zu wissen, ob wir ihn erhalten haben: Wellen der Freude und des Friedens; das Bedürfnis, Gott zu loben; inneres Überströmen, etwa in eine ungewöhnliche Sprache.

Andere Christen, die keine sichtbaren Offenbarungen erfahren haben, sind nun bestürzt und fragen sich: Habe ich den Heiligen Geist überhaupt empfangen?

Diese Frage ist sehr wichtig. Tatsächlich, vom Empfang des Heiligen Geistes hängt ab:

a) unsere Zugehörigkeit zu Christus: »Wer aber Christi Geist nicht hat, der ist nicht sein« (Röm. 8,9);

b) unsere Wiedergeburt: »Es sei denn, daß jemand geboren werde aus Wasser und Geist, so kann er nicht in das Reich Gottes kommen ... was vom Geist geboren wird, das ist Geist« (Joh. 3,5-6; vgl. Tit. 3,5-6). »Wir leben im Geist« (Gal. 5,25);

c) unsere Heilsgewißheit: »Ihr habt einen kindlichen Geist empfangen, durch welchen wir rufen: Abba, lieber Vater! Derselbe Geist gibt Zeugnis unserm Geist, daß wir Gottes Kinder sind« (Röm. 8,15-16; vgl. Gal. 4,4-6);

d) unsere Kenntnis Gottes und seiner Gaben: »Also weiß auch niemand, was in Gott ist, als der Geist Gottes. Wir aber haben nicht empfangen den

Geist der Welt, sondern den Geist aus Gott, daß wir wissen können, was uns von Gott gegeben ist« (1. Kor. 2,11–12). Denn das ewige Leben hängt von dieser Kenntnis ab (Joh. 17,3);

e) unser Gebetsleben und unsere Anbetung: »Desgleichen hilft auch der Geist unserer Schwachheit auf. Denn wir wissen nicht, was wir beten sollen, wie sichs gebührt, sondern der Geist selbst vertritt uns . . .« (Röm. 6,26). »Durch ihn haben wir den Zugang alle beide in einem Geiste zum Vater« (Eph. 2,18). »Gott ist Geist, und die ihn anbeten, die müssen ihn im Geist und in der Wahrheit anbeten« (Joh. 4,24). »Und betet allezeit mit Bitten und Flehen im Geist und wachet dazu mit allem Anhalten und Flehen für alle Heiligen« (Eph. 6,18);

f) unser Sieg über die Sünde: »Wo ihr aber durch den Geist des Fleisches Geschäfte tötet, so werdet ihr leben« (Röm. 8,13);

g) unser christliches Leben: »Denn die der Geist Gottes treibt, die sind Gottes Kinder« (Röm 8,14). »Wenn wir im Geist leben, so laßt uns auch im Geist wandeln« (Gal. 5,25). Nur der Geist kann in unserem Leben »die Frucht des Geistes« hervorbringen (Gal. 5,22–23; Kor. 1,8);

h) unsere Zugehörigkeit zum Leib Christi: »Denn wir sind durch einen Geist alle zu einem Leibe getauft« (1. Kor. 12,13). »Es gibt einen einzigen Körper und einen einzigen Geist« (Eph. 4,4);

i) Die Wirksamkeit unseres Zeugnisses: »Sondern ihr werdet die Kraft des Heiligen Geistes empfangen, welche auf euch kommen wird, und werdet meine Zeugen sein« (Apg. 1,8);

j) unsere zukünftige Auferstehung: »Wenn nun der Geist dessen, der Jesus aus den Toten auferweckt hat, in euch wohnt, so wird er, der Christus Jesus aus den Toten auferweckt hat, auch eure sterblichen Leiber lebendig machen wegen seines in euch wohnenden Geistes« (Röm 8,11; vgl. 2. Kor. 1,22; 5,4–5).

So ist unser ganzes christliches Leben Werk des Heiligen Geistes in uns. Wenn wir diesen Geist nicht erhalten haben, sind wir geistlich tot, haben wir keine lebendige Beziehung zu Gott, keine Verheißung für die Zukunft. Wir sind »Fremdlinge hinsichtlich der Bündnisse der Verheißung, ohne Hoffnung und ohne Gott in der Welt« (Eph. 2,12).

Deshalb ist es von höchster Wichtigkeit zu wissen, ob wir den Heiligen Geist erhalten haben.

Und diese Gewißheit kann uns nur Gottes Wort geben.

B. Was ist das: Den Heiligen Geist empfangen?

1. In den Evangelien und der Apostelgeschichte

Wir behalten zunächst nur drei Bibelverse der Geschichtsbücher im Gedächtnis:

a) Eine Bemerkung des Apostel Johannes hinsichtlich eines Wortes Jesu: »Das sagte er aber von dem Geist, *welchen empfangen sollten, die an ihn glaubten*« (Joh. 7,39).

b) Ein Wort Jesu: »Der Vater wird euch einen anderen Tröster geben . . . den Geist der Wahrheit, welchen *die Welt nicht empfangen kann* . . . denn er bleibt bei euch« (Joh. 14,17). »Welt« heißt hier: die Menschen, die nicht an ihn glauben (Joh. 16,8; 17,6.9.14.23.25).

c) Die allgemeine Zusage, die Petrus seinen Zuhörern am Pfingsttage gab: »Tut Buße und lasse sich ein jeglicher taufen auf den Namen Jesu Christi zur Vergebung der Sünden, so werdet ihr *empfangen die Gabe des Heiligen Geistes*« (Apg. 2,38).[1]

2. In den Briefen

Wo wird in den Briefen das Verb empfangen *(lambanô)* in Verbindung mit dem Heiligen Geist gebraucht?

Röm. 8,15–16: »Ihr habt einen kindlichen Geist *empfangen*, durch welchen wir rufen: Abba, lieber Vater! Der Geist selbst gibt Zeugnis unserem Geist, daß wir Gottes Kinder sind.«

1. Kor. 2,12: »Wir aber haben nicht *empfangen* den Geist der Welt, sondern den Geist aus Gott« – »wir«; Paulus spricht von den »Geheiligten in Jesus Christus, den berufenen Heiligen samt allen denen, die den Namen unsers Herrn Jesus Christus anrufen an jedem Ort« (1,2), die »abgewaschen, geheiligt, gerecht geworden durch den Namen des Herrn Jesus Christus und durch den Geist unsers Gottes« (6,11).

2. Kor. 11,4: »Denn wenn ihr einen anderen Geist *empfangt*, der ihr nicht empfangen habt, so ertraget ihr das recht gut!«

Gal. 3,2: »Habt ihr den Geist *empfangen* durch des Gesetzes Werke oder durch die Predigt vom Glauben?«

---

[1] »In allen wichtigen Abschnitten der Apostelgeschichte über den Geist (1,4; 2,33.38; 8,20; 10,45) wird der Heilige Geist Verheißung und Gabe genannt. Er wird niemals erworben, er ist immer ein Geschenk«, Bruner (30), S. 157.

Gal. 3,14: »Christus ist für uns zum Fluche geworden, auf daß wir den verheißenen Geist *empfingen* durch den Glauben.« Diese Abschnitte sind die einzigen des ganzen Neuen Testaments, die von dem Erhalt des Heiligen Geistes sprechen (außer Joh. 20,22; Apg. 2,33; 8,15.17.19; 10,47; 19,2, die sich auf besondere Umstände, die wir später untersuchen, beziehen). In allen diesen Abschnitten ist der *Empfang* des Geistes an die Abkehr von der Welt gebunden, an die Buße und hauptsächlich an den Glauben, an die kindliche Annahme Gottes. Er ist Privileg aller derer, die »mit dem Blute Christi reingewaschen« worden sind.

3. Die Gabe des Heiligen Geistes

In anderen Abschnitten sagen die Apostel mit anderen Worten, daß Gott den Heiligen Geist »denen *gegeben* hat, die ihm gehorchen« (Apg. 5,32). Denn »das ist sein Gebot, daß wir an den Namen seines Sohnes Jesus Christus glauben und daß wir einander lieben« (1. Joh. 3,23; vgl. Joh. 6,29). Es handelt sich um den »Gehorsam des Glaubens« (Röm. 1,5). Paulus sagt, daß wir »gerecht geworden sind durch den Glauben«, »Frieden mit Gott durch unseren Herrn Jesus Christus« haben und daß »die Liebe Gottes durch den Heiligen Geist, *den er uns gegeben hat,* in unsere Herzen ausgegossen ist« (Röm. 5,1.5).

»Weil ihr denn Kinder seid, hat Gott *gesandt den Geist seines Sohnes in eure Herzen,* der schreit: »Abba, lieber Vater!« (Gal. 4,6). »Durch welchen auch ihr *gehört habt* das Wort der Wahrheit, das Evangelium von eurer Seligkeit, durch welchen ihr auch, da ihr gläubig wurdet, versiegelt worden seid mit dem Heiligen Geist der Verheißung« (Eph. 1,13; vgl. Joh. 1,12). »Gott hat seinen Geist *gegeben* in euch« (Thess. 4,8; vgl. Tit. 3,6).

Allen diesen Erklärungen zufolge empfangen wir den Heiligen Geist, sobald wir an Jesus Christus glauben und Kinder Gottes werden. Es ist nicht möglich, Gott anzugehören, ohne seinen Geist empfangen zu haben. In den Briefen werden wir nirgendwo ermahnt, den Heiligen Geist zu verlangen. Der Besitz des Geistes wird bei allen neu geborenen Christen als bereits erlangt vorausgesetzt. Die Erwartung des Geistes war Teil der vorläufigen Stufen in der Erfüllung der Heilsgeschichte. Jeder Gläubige kann also – durch die Gnade Gottes – auf die Frage, die Paulus den Jüngern von Johannes in Ephesus gestellt hat: Habt ihr den Heiligen Geist erhalten, als ihr gläubig wurdet? mit einem freudigen Ja antworten.

4. Durch den Glauben

Die Gegenwart des Geistes in uns ist nicht eine Sache der Erfahrung oder der Wahrnehmung, sondern des Glaubens. Man kann diese Anwesenheit ignorieren. Der Apostel Paulus fragt die Korinther: »Wißt ihr nicht, daß . . . der Geist Gottes in euch wohnt?« (1. Kor. 3,16). »Wißt ihr nicht, daß euer Leib ein Tempel des Heiligen Geistes ist, der in euch ist?« (1. Kor. 6,19). Jedoch sie waren mit dem Heiligen Geist getauft (12,13). Hätten sie die Anwesenheit in sich ignorieren können, wenn ein sichtbares Zeichen das Kommen des Geistes begleitet hätte?

So wie wir im Glauben angenommen haben, daß Jesus Christus für uns gestorben ist und daß darum unsere Sünden vergeben sind, müssen wir in demselben Glauben annehmen, daß er uns seinen Heiligen Geist gegeben hat, »denn wir wandeln im Glauben und nicht im Schauen« (2. Kor. 5,7). Wir können uns nur für seine Gaben bedanken und uns dieser Anwesenheit erfreuen und »nach dem Geiste leben«, damit wir »erfüllt werden mit aller Gottesfülle« (Eph. 3,19).

5. Die Person des Heiligen Geistes empfangen

Wenn wir davon sprechen, den »Heiligen Geist zu empfangen«, müssen wir uns immer daran erinnern, daß der Heilige Geist weder ein Gegenstand, noch eine Kraft ist, sondern eine Person, die dritte Person der Trinität.[2]

Jesus hatte versprochen, zu kommen und mit seinem Vater im Gläubigen zu wohnen (Joh. 6,56; 14,13-17.20; 15,4; 17,26). Dieses Innewohnen vollzieht sich natürlich durch den Geist.

Der Apostel Paulus bestätigt dieses Versprechen: »Wenn nun der Geist des, der Jesus von den Toten auferweckt hat, in euch wohnt . . .« (Röm 8,11). »Werdet zu einer Behausung Gottes im Geist« (Eph. 2,22), »Jesus ist in euch« (2. Kor. 13,5), »der Geist wohnt in uns« (2. Tim. 1,14). Der Apostel Jakobus sagt, daß der Geist, den Gott hat in uns wohnen lassen, »begehrt und eifert« (Jak. 4,5).

Der Apostel Johannes spricht in seinem 1. Brief von »der Salbung, die ihr von ihm empfangen habt« (1. Joh. 2,27), von »dem Samen Gottes« (3,9, s. EÜ), von Gott in uns (3,24; 4,4.12), von seinem Geist in uns (4,13). Denn »wer nun bekennt, daß Jesus Gottes Sohn ist, in dem bleibt Gott und er in Gott« (4,15).

---

[2] Vgl. bei R. Pache, *Der Heilige Geist – Person und Werk* (133), Kapitel 1 über »Die Persönlichkeit des Heiligen Geistes«, in dem der Autor darlegt, daß der Heilige Geist nach dem NT als Person handelt, die wesentlichen Eigenschaften einer Persönlichkeit besitzt und als Person behandelt wird.

»Wer da glaubt, daß Jesus sei der Christus, der ist von Gott geboren« (1. Joh. 5,1), ist ein »Kind Gottes« (3,1), »Gottes Sohn« (Gal. 3,26). Gott der Vater, der Sohn und der Heilige Geist kommen von diesem Augenblick an, um in seinem Herzen (Eph. 3,17), seinem Körper (1. Kor. 6,19)[3] und seinem Geist zu wohnen (Röm. 8,16). Wenn ich eine Person empfange, empfange ich sie ganz, nicht nur einen Teil von ihr heute, einen anderen Teil später. Diese Person kommt, um bei mir zu bleiben. Aber ich kann ihr mehr oder weniger Einfluß auf mich gewähren, sie eine mehr oder weniger große Rolle in meinem Leben spielen lassen.

Ebenso geschieht es mit dem Heiligen Geist. Im Augenblick der Wiedergeburt, wenn meine Sünden gelöscht sind, steht der Innewohnung Gottes in mir nichts mehr im Wege. Er kommt, um in mir durch seinen Geist zu bleiben, aber ich kann den Geist betrüben (Eph. 4,30), kann ihm widerstreben (Apg. 7,51) oder ihn schmähen (Hebr. 10,29).

Ich kann mich auch völlig unter seinen Einfluß begeben und ihn mein ganzes Leben lenken lassen, damit es vom Geist erfüllt werde.

6. Die Vielfalt der biblischen Ausdrücke

Wir stellen fest, daß den biblischen Autoren eine große Auswahl von Ausdrücken zur Verfügung steht, um von Sendung und Empfang des göttlichen Geistes zu sprechen.

Bald gehen sie von Gott aus, der den Geist *gibt* (Apg. 5,32; 8,15.18; Joh. 3,34; 14,16; Röm. 5,5; 2. Kor. 1,22; 5,5; 1. Thess. 4,8; 1. Joh. 4,13),
der ihn *sendet* (Gal. 4,6),
der ihn *ausgießt* (Apg. 2,17.18.33; 10,45; Tit. 3,6),
der *den Gläubigen mit ihm bekleidet* (Luk. 24,49),
als Siegel aufdrückt (2. Kor. 1,22; Eph. 1,13; 4,30),
als Salbung gibt (1. Joh. 2,27).
Dann wieder gehen sie vom Heiligen Geist selbst aus, der auf den Gläubigen *fällt* (Apg. 10,44; 11,15),
der *kommt, um in ihm zu wohnen* (Röm 8,9.11; 1. Kor. 3,16; 6,19),
der ihn *tränkt* (1. Kor. 12,13),
der auf ihm *ruht* (1. Petr. 4,14).

[3] D. Bennett, der Anreger der charismatischen Bewegung, gibt vor, die Taufe des Heiligen Geistes sei »die Minute, in der Sie der Kraft Gottes erlauben, von Ihrem Geist in Ihre Seele und Ihren Körper überzufließen« (*The Holy Spirit and you* (9), S. 76). Deshalb bemerke man ihn im Körper durch das Zungenreden. Der Apostel Paulus denkt aber, daß es möglich sei, daß die Korinther, obwohl sie durch den Heiligen Geist getauft waren (1. Kor. 12,13), diese Gegenwart des Geistes in ihrem Körper nicht wahrnehmen (1. Kor. 6,9).

Und schließlich vom Gläubigen aus, der den Geist empfängt (Apg. 1,8; 2,33.38...),
der aus dem Geist geboren ist (Joh. 3,8),
und den Geist hat (Röm. 8,23; 1. Kor. 7,40).

Im folgenden Kapitel sehen wir, daß die Taufe mit dem Geist ein zusätzlicher Ausdruck ist, um von diesem anfänglichen Kommen des Geistes in uns zu sprechen.

C. Empfang des Geistes in zwei Stufen?

Einige Erzählungen der Apostelgeschichte scheinen der Unterweisung durch die Briefe zu widersprechen, indem sie annehmen lassen, daß sich der Empfang des Geistes normalerweise in zwei Etappen vollzöge:
1. die Episode der Samariter
2. die Erfahrung des Paulus
3. die zwölf Jünger von Ephesus

1. Das Pfingsten der Samariter (Apg. 8)

a) Das Rätsel von Samarien

Der Apostel Johannes sagt uns, daß zu Lebzeiten Jesu »Die Juden keine Gemeinschaft mit den Samaritern hatten« (Joh. 4,9). Sie wurden als »Fremdlinge« angesehen (Luk. 17,18).

Tatsächlich waren sie Abkömmlinge jener babylonischen Kolonisten, die der Assyrer Sargon II., nach der Eroberung Samarias 723 v.Chr. in den Orten der deportierten Juden angesiedelt hatte (2. Kön. 17,24). Sie hatten sich dort niedergelassen mit ihren religiösen Anschauungen und Sitten, denen sie Elemente des jüdischen Glaubens beimischten (2. Kön. 17,25–33). Der Name »Samariter« war also eine der schlimmsten Beleidigungen, die man einem Juden antun konnte (Joh. 8,48). Und hatte Jesus selbst nicht seinen Jüngern untersagt, in die Städte der Samariter zu gehen (Matth. 10,5)?

Man versteht, daß die Zulassung der Samariter in die christliche Gemeinschaft für die Juden keine Selbstverständlichkeit war und nicht so »beiläufig« vollzogen werden konnte, dazu von einem schlichten Christen, der durch Samarien zog, um sich der Verfolgung zu entziehen. Es war nötig, daß die Samariter offiziell in die Gemeinschaft der Christen aufgenommen wurden, wenn man nicht wollte, daß der alte Graben im neuen Volke Gottes fortbestünde.

Diese Gründe können die bis zur Ankunft der Apostel verzögerte Gabe des Heiligen Geistes, die einmalig in der Apostelgeschichte ist, verständlich machen: »Als sie aber dem Philippus glaubten, der das Evangelium vom Reiche Gottes und dem Namen Jesu Christi verkündigte, wurden sie getauft, sowohl Männer als Frauen« (Apg. 8,12). Indessen war der Heilige Geist »noch auf keinen von ihnen gefallen« (V. 16).

Warum diese zwei Stufen?

Lukas scheint das Außergewöhnliche dieser Sache selbst zu empfinden, denn er gibt dem Leser mit Vers 16 eine Erklärung dafür ab, warum die Apostel den Geist für die bereits getauften Samariter erbitten. Er nimmt offensichtlich an, daß seine Leser über dieses Gebet überrascht sein werden, da die Getauften gewöhnlich den Geist erhalten haben.[4]

b) Erklärungsversuche

Man hat verschiedene Erklärungen für das »Rätsel der Samariter« zu geben versucht.

1) Der Geist wird nur durch Handauflegung eines Apostels gegeben.[5]

Das ist die sakramentale These, die von den Texten der Apostelgeschichte selbst widerlegt wird: weder haben der äthiopische Kämmerer noch Paulus eine Handauflegung von Aposteln erhalten. Petrus ist zwar im Hause von Kornelius anwesend, aber der Geist fällt auf die Anwesenden, ohne daß Petrus ihnen die Hände aufgelegt hätte. »Nirgendwo wird die Austeilung des Geistes als ein apostolisches Privileg dargestellt.«[6] Wenn die Handauflegung nötig wäre, um Christ zu werden und den Heiligen Geist zu empfangen, gäbe es sicher wenig Christen.[7]

Das sollte denen zu denken geben, die aus dieser Erzählung die Hauptstütze ihrer Lehre von dem verzögerten Empfang des Heiligen Geistes machen; denn mit diesem selben Text verteidigen die Katholiken das Sakrament der Firmung.

2) Die Samariter hatten nicht den wahren Glauben vor dem Kommen der Apostel. Das ist die These von J. Dunn[8], der den Glauben aller Samariter mit dem des Simon vergleicht (V. 13,21,23), der sich zu viel von den Wundern

---

[4] »Der Geist, der den Samaritern gegeben wurde«, in ICHTHUS Nr. 24, Juni 1972, S. 9.
[5] Chrysostomus sagte, daß »Philippus taufte, aber denen nicht den Geist gab, die er taufte. Er hatte nicht die Macht dazu, es war eine Gabe, die den Zwölfen vorbehalten war« (In *Acta. Hom.* XVIII, Nr. 3). Das ist die Meinung, der sich die römische Kirche anschließt.
[6] F. J. Leenhardt: *Le baptême chrétien* (113), S. 39. Vgl. Bruner (30), S. 175.
[7] M. Green, a.a.O., S. 136.
[8] a.a.O., S. 55.

52

des Philippus versprach (V. 6), die er mit denen eines Zauberers verglich (V. 10). W. de Boor glaubt, daß die Botschaft des Philippus, der Appell an die Bußbereitschaft, nicht ankam. Er betont wie Dunn, daß sie (V. 12) »an Philippus« glaubten (*to Philippo*): »Nicht eigentlich Jesus gegenüber werden sie gläubig. Nicht Jesus selbst steht im Mittelpunkt. Man geht eigentlich nur von einem Menschen zu dem andern über«.[9] Es gibt da tatsächlich ein paar beunruhigende Bemerkungen. So benutzt Lukas wahrscheinlich nicht ohne Absicht genau denselben Ausdruck (*proseichon*), um die Aufmerksamkeit zu beschreiben, die die Samariter dem Philippus (V. 6) und dem Simon (V. 10) zuwenden, und außer im Evangelium (20,5) gebraucht er nur hier den Ausdruck »glauben an«, in Verbindung mit dem Namen eines Menschen, als Gegenstand. Der Glaube ist auf Philippus ausgerichtet (V. 12), und dieser einmalige Gebrauch von *pisteuein* (glauben) in der Apostelgeschichte ist wahrscheinlich kein Zufall. Auch nicht der häufige Wechsel der Perspektive in der Erzählung von den Samaritern, die immer wieder unterbrochen wird, um sich dem Fall Simon zuzuwenden. Auch die Parallele zwischen dem Glauben des Zauberers und dem seiner Landsleute wegen der Wunder des Philippus (vgl. Joh. 2,23–25). Aber auch diese Erklärung ist unzureichend. Der Text unterstreicht keine Schwäche in der Botschaft des Philippus, und er begnügt sich festzustellen, daß »Samarien das Wort Gottes angenommen hatte« (V. 14).

3) Der Empfang des Heiligen Geistes ist eine von der Bekehrung zu unterscheidende Stufe. Die Samariter sind wiedergeboren durch den Heiligen Geist, als sie gläubig wurden. Sie haben »den Heiligen Geist empfangen« – oder: »sind vom Heiligen Geist getauft worden« –, während die Apostel ihnen die Hände auflegten. Das ist die pfingstlerische These, der unser Text die biblische Stütze liefert, auf die man sich am liebsten bezieht. Indessen sagt der Text klar, daß »der Heilige Geist noch auf keinen gefallen war« (V. 16). Deshalb beteten die Apostel, »damit sie den Heiligen Geist empfingen« (V. 15), »und sie empfingen den Heiligen Geist« (V. 17). Aber, »wer aber Christi Geist nicht hat, der ist nicht sein« (Röm. 8,9).

Kann man nun sagen, daß die Samariter schon vor der Ankunft der Apostel echte, »normale« Christen waren?

---

[9] *Die Apostelgeschichte* (20), in »Die Frage nach dem Heiligen Geist« (1974), sagt de Boor, daß, weil es sich um eine gemischte Bevölkerung handelte, die verführt worden war und die während der Jahre unter eine dämonische Verführung gestellt gewesen war, die Autorität der Apostel besonders unterstrichen werden mußte; aus diesem Grund sollte der Empfang des Geistes an ihre Vermittlung gebunden sein (S. 18).

Die Verteidiger der pfingstlerischen These geben vor, die Ausdrücke: »den Heiligen Geist empfangen« (V. 15, 17, 19) »der Geist stieg auf sie hinab« (V. 16) und »die Gabe des Geistes« (V. 18,20) seien die Termini technici für den zweiten Empfang, als d.h. für »die Taufe mit dem Heiligen Geist«. Aber die gleichen Ausdrücke werden in Apg. 2,38; 10,47; Gal. 3,2.14 für das anfängliche Kommen des Geistes in die Herzen der Gläubigen gebraucht. Und Lukas spricht nirgendwo in unserer Erzählung von einem ersten Empfang, der dem, den er in Verbindung mit der Handauflegung der Apostel erwähnt, vorausgegangen wäre.

4) Die geistlichen Gaben werden durch Handauflegung verliehen.

Die charismatische These bezieht sich auf die vorherige: Die Apostel hätten die Hände aufgelegt, damit die Samariter die *Gaben* des Geistes erhielten – darunter die Fähigkeit des Sprachenredens, denn Simon »sah«, daß der Heilige Geist durch die Handauflegung der Apostel (V. 18) gegeben wurde. Denn, sagte man, die einzige Sache, die er hätte sehen können, sei das sichtbare Zeichen der Taufe mit dem Heiligen Geist: das Zungenreden.

Der Text erzählt nichts von Zungenreden, bei Kornelius und den Ephesern wird sie erwähnt. Simon hat gesehen, wie die Apostel die Hände auflegten, und er hat aus ihrem Munde gehört, daß sie es taten, damit die Samariter den Heiligen Geist erhielten. Das genügt, um Vers 18 zu rechtfertigen.

Im übrigen ist der Text formell: Vor der Ankunft der Apostel »war er (der Heilige Geist) noch auf keinen von ihnen gefallen« (V. 16). Es kann also nicht die Rede von einem »zusätzlichen« Hinabstieg sein.

c) Ein besonderer Fall

1. Ein wichtiger Wendepunkt:

Es bleibt nur eine Erklärung: Wie am Pfingsttag befinden wir uns an einem Grenzposten zwischen dem Alten und dem Neuen Bund. »Im allgemeinen erhält im Neuen Bund derjenige den Heiligen Geist der an Jesus Christus glaubt – aber sind wir denn bei der Erzählung Apg. 8 schon im Neuen Bund? Sind wir nicht viel eher, am Übergang von einer »Ordnung« zur anderen, was auch die Anomalität erklären würde« (H. Blocher).[10]

Die Evangelisation in Samarien ist ein Wendepunkt in der Geschichte der Kirche, denn bisher trennte ein tiefer Graben, wie wir gesehen haben, die Juden von den Samaritern.

2. Die Einigkeit der Kirche aufrechterhalten

Samarien war der erste entscheidende Schritt der Gemeinde über das Judentum hinaus. Es ist kein zufälliges Ereignis. Man kann nur die Ausweitung auf die Heiden mit ihm vergleichen (K. 10). Samarien war gleichzeitig eine

---

[10] *ICHTHUS* Nr. 24, S. 9.

Brücke, die es zu übersteigen galt, und eine zu besetzende Basis. Eine Brücke, weil Samarien den tiefsten Graben darstellte: rassisch und religiös. Eine Basis, denn die Gemeinde beschränkte sich nicht mehr auf Jerusalem oder nur auf die Juden, sie wird Missionar (F. D. Bruner).[11] Deshalb waren hier vielleicht besondere Beweise nötig, um die Samariter zu überzeugen, daß sie wirklich und völlig in die neue Gemeinschaft des Volkes Gottes einverleibt waren; denn sie waren daran gewöhnt, von den Bewohnern Jerusalems als Außenseiter verachtet zu werden (F. F. Bruce).[12] Die Einheit der Ur-Gemeinde stand auf dem Spiel. Der Erzählung zufolge hat Gott die Gabe des Geistes bis zur Einschaltung der zwei großen Apostel in Jerusalem aufgeschoben, um die Einheit des neuen Volkes zu gewährleisten, und um die Schaffung einer andersdenkenden samaritischen Gemeinde zu verhindern (H. Blocher). Es mußte der Zusammenhang mit Jerusalem geschaffen werden, bevor Samarien der Kern einer neuen Ausweitung wurde (G. W. H. Lampe).[13]

3. Glieder eines Leibes

Gott wollte den Aposteln, aber auch den verachteten Samaritern, und der ganzen Kirche – der gegenwärtigen und der zukünftigen – klar beweisen, daß es für ihn überhaupt kein Hindernis zur Gabe seines Geistes gibt. Wo an das Evangelium geglaubt wird, ist der Heilige Geist am Werk, will Gott also auch die Gabe seines Geistes gewähren . . . Um diesen wichtigen Sachverhalt, der zum Wesen des Evangeliums gehört, bewußt zu machen, hat Gott seine Gabe zurückgehalten, bis die Apostel die Vermittlung der Gabe Gottes mit ihren eigenen Augen sehen konnten und sie mit ihren eigenen Händen daran mitwirken konnten (F. D. Bruner).[14]

Petrus und Johannes sind zu den Samaritern geschickt worden, »um deren von Philippus vorgenommene Taufe zu bestätigen, um sie durch eine Geste der Solidarität – die Handauflegung – in die Gemeinschaft des Geistes von Pfingsten einzuverleiben; so werden die samaritischen Bekehrten eine Art Erweiterung der Jerusalemer Gemeinde. So sehen es G. W. H. Lampe[15] und D. Bridge - D. Phygers[16] sieht es so: Damit, daß der Heilige Geist nicht auf die samaritischen Bekehrten vor der Ankunft von Petrus und Johannes gekommen ist, scheint Gott gleichzeitig den jüdischen und den samaritischen Christen zeigen zu wollen, daß sie, obwohl sie bis zum Augenblick durch

---

[11] a.a.O. (30), S. 175.
[12] *The Book of Acts*, S. 182.
[13] *The Seal of the Spirit* (109), S. 70–72.
[14] a.a.O. (30), S. 176.
[15] *St. Luke and the Church of Jerusalem* (Athlone Press), S. 22.
[16] *Spiritual Gifts and the Church* (24), S. 120–121.

Rassenhaß und religiöse Härte getrennt waren, von nun an Glieder eines Leibes seien, des Leibes Christi.

Die Neu-Bekehrten von Samarien haben auf diese Weise verstanden, daß sie die Mutter-Gemeinde in Jerusalem brauchten, und die zögernden Leiter von Jerusalem mußten die Bekehrung der Samariter als echt anerkennen. Einmal mehr (wie zu Pfingsten) ist die Situation völlig unnormal, und eine neutestamentarische Lehre kann nicht auf isolierte, von der Norm abweichenden Ereignisse gegründet werden.

Nach Ch. C. Ryrie[17] scheint der schismatische Charakter der samaritischen Religion am besten die Verzögerung der Gabe des Geistes zu erklären. Da die Samariter ihren eigenen Kultort hatten, der mit dem von Jerusalem konkurrierte, mußte ihnen klargemacht werden, daß sich ihr neuer Glaube nicht auch in Konkurrenz zu dem neuen Glauben entfalten durfte, der in Jerusalem verwurzelt war. Gott schien dies das beste Mittel, um den samaritischen Gläubigen zu zeigen, daß sie denselben Glauben haben und derselben Gruppe angehören wie die Gläubigen von Jerusalem (und umgekehrt das beste Mittel, den Leitern in Jerusalem zu zeigen, daß die Samariter wirklich gerettet waren): die Gabe des Heiligen Geistes zu verzögern, bis daß Petrus und Johannes nach Samarien kamen. Dann konnte es keinen Zweifel mehr geben, daß es sich um ein- und denselben Glauben handelte und daß sie alle Glieder des Leibes Christi waren. Diese Verzögerung in der Gabe des Geistes hat die Urgemeinde von Anfang an davor bewahrt, eine doppelköpfige Kirche mit der Mutter-Gemeinde in Jerusalem und einer anderen in Samarien zu werden. So denken auch Michael Green[18] und John Stott.[19] Man kann diese Episode mit der Sendung des Barnabas nach Antiochien vergleichen, der sich vergewissern sollte, daß alles ordnungsgemäß ablief.

Samarien war ein wichtiger Wendepunkt in der Geschichte des Christentums, eine Etappe des Übergangs vom Judentums zum Christentum, vom Gesetz zur Gnade, von Jerusalem nach Antiochien, von Judäa in die ganze Welt. »Apg. 8 ist eine Etappe dieser Erfahrung des Übergangs.«[20]

2. Die Bekehrung des Apostel Paulus

Der Apostel Paulus, so sagt man, hat den Herrn auf dem Wege von Damaskus getroffen; den Heiligen Geist hat er aber erst drei Tage später durch die Handauflegung des Ananias erhalten. Als Beweise, daß die Bekehrung seit

---

[17] *The Holy Spirit* (157), S. 71.
[18] a.a.O. (72), S. 138
[19] a.a.O. (178), S. 33.
[20] W. A. Criswell, *The Baptism* (42), S. 37.

dem ersten Tag vollständig war, nennt man zwei Fakten: Paulus wendet sich an Jesus als den Herrn (9,5; vgl. 1. Kor. 12,3), und Ananias nennt ihn »Bruder« (9,17; 22,13).

Aber das Wort »Herr« ist gleichermaßen ein Ausdruck des Respekts vor allen Höhergestellten[21], und die Anrede »Bruder« war zwischen Juden gebräuchlich.[22] Die Erfahrung des Paulus bildet eine Einheit. Das, was er auf dem Weg von Damaskus erlebt hat, war eine Mahnung, eine Vorbereitung, ein Wecken zum Glauben. Man kann nicht von einer vollständigen Bekehrung sprechen. »Ist das Bild eines geblendeten Mannes, der drei Tage und Nächte fastet, dem die Sünden nicht vergeben sind und der nicht getauft ist, für uns das Bild eines im Geiste Gottes neu geborenen Mannes? Ist es nicht eher das Bild von jemand, der sowohl auf moralischem als auch physischem Gebiet zerbrochen worden ist, und der blindlings Wirklichkeiten sucht, um seine zerschlagenen Illusionen zu ersetzen.«[23]

Am Pfingsttag hatte Petrus diesen Text aus dem Propheten Joel zitiert: »Wer den Namen des Herrn anrufen wird, soll gerettet werden« (Apg. 2,21; Joel 2,32). Paulus hatte noch nicht das Heil erfahren, ihm war noch nicht vor dem dritten Tag vergeben worden, sonst hätte ihm Ananias nicht gesagt: »Und nun, was zögerst du? . . . Stehe auf, rufe seinen Namen an und laß dich taufen und abwaschen deine Sünden.« (22.16) Er ist also zur gleichen Zeit bekehrt und vom Heiligen Geist erfüllt worden in der »geraden Straße« in Damaskus. Seine Erfahrung folgt also den gewöhnlichen Regeln der christlichen Erfahrung nach Pfingsten.

3. Die zwölf Jünger von Ephesus (Apg. 19,1–17)

a) Jünger von Johannes dem Täufer
Als Paulus zum zweitenmal in Ephesus ankommt (Apg. 18,19–21), findet er dort eine Gruppe von zwölf Jüngern von Johannes dem Täufer. Wie Ch. Scobie[24] zeigt, hatte sich die »Sekte Johannes des Täufers« wie andere Sekten in

---

[21] Vgl. Matth. 13,27; 21,30; 25,11.20.22.24; Luk. 13,8; 19,16.18.20; Joh. 20,15; Apg. 10,4; 16,30; J. Dunn a.a.O. (51), S. 73–74. Außerdem weiß er nicht, daß es Jesus ist, den er verfolgt. Da Paulus nicht weiß, wer ihn ruft, muß man darin eher einen Anflug von Würde als ein christl. Glaubensbekenntnis sehen. Man kann die Reaktion des Apostels mit der des Kornelius vor dem engelhaften Wesen vergleichen, das er auch »Herr« nennt. (Apg. 10,4). Kein Element erlaubt es also zuzustimmen, daß Paulus sich auf dem Weg von Damaskus bekehrt hat.
[22] Man hat gezählt, daß auf 57 Benutzungen dieses Ausdrucks in der Apg., sich 19 auf Beziehungen zwischen Juden beziehen. In der Hauptzahl der Fälle, in denen er im Vokativ (13 v. 18) gebraucht wird, bedeutet er: jüdischer Bruder. Der Ausdruck »die Brüder«, um die Christen zu bezeichnen, kommt streng genommen nur in der Apg. 9,30 vor. (J. Dunn (30), S. 73–74).
[23] Bridge – Phypers: a.a.O. (24), S. 121.
[24] Ch. Scobie, *John the Baptist* (SCM 1964).

einem großen Teil der antiken Welt im ersten Jahrhundert ausgebreitet. Sie betonte die Buße, die Taufe und das Warten auf Den, der kommen sollte. Der Text gibt keine Auskunft darüber, ob diese Jünger sich den entstehenden Gemeinden von Ephesus anschlossen oder ob sie noch die Synagoge besuchten (19,8). Vielleicht bildeten sie ein kleines Konventikel, das von allen anderen Gruppen getrennt war, denn sie scheinen noch nicht einmal die Kenntnis des Apollos gehabt zu haben, denn . . . dieser »redete brennend im Geist und lehrte sorgfältig die Dinge von Jesus, obwohl er nur die Taufe des Johannes kannte« (18,25). Nun mußte ihnen Paulus genauer beschreiben, daß »der, der nach Johannes dem Täufer kam« und den der Vorläufer angekündigt hatte, Jesus war. Nichts erlaubt anzunehmen, daß sie von Apollos bekehrt worden waren, oder daß sie Aquila und Priscilla oder einen anderen der Brüder getroffen hätten, die in Apg. 18,27 erwähnt werden. Ephesus, die Hauptstadt von Kleinasien, zählte mehrere hunderttausend Einwohner (das Theater allein konnte zwischen 25000 und 50000 Zuschauer fassen), und eine kleine religiöse Gruppe von ungefähr zwölf Personen konnte leicht unbemerkt bleiben. »Sie lebten als geschlossener Kreis für sich . . . Sie waren ein Kreis von Wartenden geblieben«, schreibt Otto Dibelius.[25] Sie können nicht in der Gemeinde von Ephesus gelebt haben, denn da hätten Aquila und Priscilla sie besser unterwiesen (E. Häenchen).[26]

Diese Jünger lebten also noch in der Ära vor Pfingsten.[27]

b) Habt ihr den Heiligen Geist empfangen?«

Warum hat sie Paulus gefragt: »Habt ihr den Heiligen Geist empfangen, als ihr zum Glauben kamt?« Einige deuten diese Frage folgendermaßen: Paulus glaubte, daß man den Heiligen Geist im Augenblick der Bekehrung (wenn man glaubte) oder später empfangen konnte. Eine solche Auslegung ist unmöglich, denn Paulus schreibt den Römern: »Wer aber Christi Geist nicht hat, der ist nicht sein« (Röm. 8,9), und auch sonst verbindet er, Paulus, den Empfang des Geistes mit dem Glauben (Röm. 5,1.5; Gal. 3,2.14; Eph. 1,13). Man muß also in einer anderen Richtung suchen.[28]

---

[25] *Die werdende Kirche* (Furche Berlin 1941), S. 259.
[26] *Die Apostelgeschichte* (Göttingen 1959), S. 491.
[27] M. Unger, *The Baptism* (188), S. 90.
[28] F. F. Bruce sagt in seinem Kommentar des griechischen Textes, daß das »gleichzeitige Partizip des Aorist die Gleichzeitigkeit des Ereignisses unterstreicht.« (*The Acts of the Apostles*, S. 353). Vgl. auch R. J. Knowling (*Expositor's Greek N. T.*, S. 403) und A. T. Robertson (*Grammar of the Greek N. T. in the Light of Hist. Rechearch*, S. 860 u. 1113). »Das Partizip »glaubend« (gläubig werden) bezeichnet etwas, das im selben Augenblick geschieht wie die Sache des Empfangs . . . Es ist bedauerlich, daß viele pfingstlerische Schriften noch auf diese einfachen Übersetzungsfehler aus dem Griechischen ihre Lehre von der Erfahrung in zwei Stufen stützen.« (M. Green, a.a.O. (72), S. 135.

In seinen Sendschreiben spricht Paulus von den Früchten und Gaben des Geistes (Gal. 5,22–23; 1. Kor. 12; Röm. 5,1–5). Hat er bei diesen Gläubigen weder Früchte noch Gaben gefunden? Hat er Menschen getroffen, die weder Nächstenliebe, noch Freude, Frieden und Geduld ausstrahlten? Hat er in ihrer Gemeinde keine Charismen gefunden, die er im Leben der Gemeinden vorzufinden sonst gewohnt war? Andererseits führt der Geist die Gläubigen dazu, einen Leib zu bilden (Gal. 3,27–28; Eph. 4,3–4). Warum bleibt diese Gruppe von den anderen Brüdern in Ephesus getrennt? In den vorhergehenden Bekehrungsgeschichten nennt Lukas folgende Früchte des neuen Lebens: Freude (16,34. vgl. 1. Thess. 1,6), Liebe der Brüder und den Wunsch nach Gemeinschaft (16,15; 33–34; 17,5). Paulus hat sicherlich eine etwas unnormale Situation feststellen müssen. An diesen Jüngern schien nichts darauf hinzudeuten, daß der Geist in ihnen wohnte.[29] Deshalb war er berechtigt, sich zu fragen, ob sie diesen Heiligen Geist überhaupt erhalten hatten.

c) Den Heiligen Geist? Kenne ich nicht.

Paulus ging nicht von hier nach dort, um die Christen zu fragen, ob sie den Heiligen Geist empfangen hätten. Im Gegenteil, seine Frage setzt voraus, daß man, wenn man gläubig wurde, auch den Heiligen Geist empfangen hat, und der Apostel wundert sich hier, daß er nichts davon merkt. Die Jünger antworten ihm: »Wir haben nicht einmal gehört, daß es einen Heiligen Geist gibt (daß er existiert)«. Es waren also schlechte Jünger des Johannes, die sehr lückenhaft in der Lehre ihres Herrn unterrichtet waren. Sonst hätten sie wissen müssen, daß Johannes der Täufer das Kommen Dessen hervorgesagt hat, der mit dem Heiligen Geist taufen würde. Es sei denn, man wähle die Variante des »westlichen Textes« der Apostelgeschichte: »Wir haben noch nicht einmal gehört, daß Menschen im Begriff wären, den Heiligen Geist zu empfangen.« In diesem Falle hätten sie nicht gewußt, daß die Prophezeiung ihres Herrn (Johannes des Täufers) verwirklicht war und daß Männer und Frauen dabei waren, diese Taufe des Heiligen Geistes zu empfangen. Wie dem auch sei, Paulus ist über diese Antwort erstaunt. Getaufte, denen der Heilige Geist unbekannt ist? Aber die christliche Taufe wird doch im Namen des Vaters, des Sohnes und des Heiligen Geistes vollzogen. Sie ist doch nur sichtbarer Ausdruck der Taufe mit dem *Heiligen Geist!* Wie war dies hier möglich? Deswegen fragt er sie: »Mit *welcher* Taufe seid ihr denn getauft worden?«

---

[29] »Wenn Paulus hier von einer zweiten Erfahrung hätte sprechen wollen, dann wäre seine Frage sehr schlecht gestellt, und in ihrer Form widerspricht sie völlig seiner Lehre vom Erhalt des Heiligen Geistes bei der Bekehrung« (vgl. Gal. 3,2; Tit. 3,5). (M. Desaedelaer) *These* (47), S. 87.

59

Diese Frage ist bedeutungsvoll. Sie schließt ein: a) es gibt verschiedene Taufen (begann Paulus seine Gesprächspartner zu erkennen?), b) die Tatsache, daß ein Getaufter normalerweise den Heiligen Geist haben müsse; c) hat er ihn nicht, muß man nicht versuchen, die Lücke durch eine »höhere« Unterweisung oder eine andere Zeremonie zu schließen, sondern wie Paulus an den Anfang des christlichen Lebens zurückkehren. F. D. Bruner macht darauf aufmerksam, daß Paulus sie nicht fragt, welche (falsche) Unterweisung sie erhalten hatten oder wer ihnen die Hände aufgelegt hätte; er spricht nicht davon, daß nach einer »zweiten Segnung«, nach der anfänglichen Erfahrung zu trachten wäre, auch nicht von Bedingungen, die an eine solche »zweite Segnung« geknüpft wäre. Er kommt auf das zurück, was normalerweise den Eintritt ins christliche Leben kennzeichnet: die Taufe. Wenn man gläubig wurde, wenn man getauft worden ist, hat man den Heiligen Geist empfangen.

d) Von Johannes dem Täufer zu Jesus
Auf die Frage des Paulus antworten die Jünger von Ephesus: »... die Taufe von Johannes«. Alles klärt sich. Diese Gläubigen, die sich – oder die die anderen – dem Paulus als »Getaufte« vorgestellt hatten, waren keine Christen, sondern Jünger des Täufers Johannes, wie Andreas vor seiner Begegnung mit Jesus (Joh. 1,35ff). Sie haben vielleicht an Den geglaubt, dessen Kommen Johannes ankündigte, so wie die Jünger an Jesus glaubten, während sie bei ihm waren – und dennoch, als Jesus etwa den Glauben des Petrus hervorhebt, spricht er von dessen zukünftiger Bekehrung (Luk. 22,32). Sie waren alle zusammen in der Situation der Jünger vor Pfingsten, denn sie hatten noch nicht den Heiligen Geist. Darauf gibt ihnen Paulus keine höhere oder umfassendere Unterweisung, er geht auf den Anfang zurück, auf das Kernstück des Evangeliums (J. Stott)[30]: Er erzählt ihnen von Jesus, von dem, der nach Johannes dem Täufer kommen sollte; er tauft sie mit der christlichen Taufe und legt ihnen die Hände auf. Erst jetzt »kommt der Heilige Geist auf sie« und schenkt ihnen die unleugbaren Beweise seines Kommens: »sie redeten in Zungen und weissagten«.

Die Tatsache, daß Paulus sie von neuem getauft hat, genügt als Beweis, daß er sie zum Zeitpunkt ihrer früheren Taufe noch nicht für wahre Gläubige hielt.

e) Die Bekehrung der Jünger zu Ephesus
Der Bericht über diese zwölf Männer kann also keinesfalls zur Stützung der Theorie vom »zweiten Segnen« herangezogen werden, der den Christen

---

[30] a.a.O. (178), S. 35.

durch Handauflegung gewährt würde, und durch den ihnen überfließender Heiliger Geist sowie charismatische Offenbarungen zuteil würden. Denn diese Jünger waren gar keine Christen. Sie hatten weder von Jesus gehört, noch glaubten sie an ihn, noch waren sie auf den Namen Jesu Christi getauft, sie wußten nichts vom Heiligen Geist. Sie können also sicherlich nicht als Modell des Gläubigen von heute genommen werden. Außerdem hatten sie keine »erste Segnung« erhalten, keine Vorgabe des Heiligen Geistes. Hier wird uns ihre Bekehrung erzählt, ihre Wiedergeburt oder ihre Taufe mit dem Heiligen Geist, das heißt, ihr Eintritt in das Reich Gottes.[31]

Es ist möglich, so glaubt Hull, daß Lukas hier und in Apostelgeschichte 8 die Handauflegung in Verbindung mit dem Empfang des Heiligen Geistes als außergewöhnliche Fälle erwähnt.

Folgerungen

So richtet sich selbst die Apostelgeschichte, die als einziger biblischer Zeuge die Theorie des verzögerten oder des in in zwei Etappen verlaufenden Empfangs des Heiligen Geistes stützen sollte, gegen die Theorie: Von den drei zitierten Berichten, die allein herangezogen werden könnten, enthüllten sich zwei eindeutig als Bekehrungen, die vom sofortigen Empfang des Geistes begleitet waren. In einem Fall, dem der Samariter, tritt die Erklärung nicht aus dem biblischen Text hervor. Die, die wir gegeben haben, scheint am plausibelsten, obwohl natürlich auch sie nicht ein bindendes Schriftwort, sondern eine Auslegung ist.

Indessen stellen wir mit M. Green fest: »Welche Erklärung wir auch immer wählen – sie läßt ungelöste Probleme.«[32] Denn, angenommen, Apostelgeschichte 8 wäre die Regel, wie soll man all die anderen Erzählungen der Apostelgeschichte erklären, in denen niemals eine Verzögerung zwischen der Bekehrung und der Empfängnis des Geistes auftritt?

Die Dreitausend von Pfingsten (2,41);
alle jene, *die in den ersten Tagen der Gemeinde gläubig wurden* (4,4) und die in ihrem Leben die Frucht des Glaubens offenbarten: die Liebe (4,32–35);
der äthiopische Kämmerer, in dem sich der Geist durch die Freude offenbarte (8,36.39);
die Leute des Kornelius, von denen ausdrücklich gesagt wird, daß der Heilige Geist in dem Augenblick auf sie fiel, als sie von der Vergebung der Sünden hörten (10,43–44);

---

[31] »In Apg. 19 hatte der Heilige Geist noch nicht ›den ersten Einzug gehabt‹, er war noch gar nicht gekommen (V. 2). Es gibt keine zweite Erfahrung des Heiliges Geistes in Apg. 19.« (F. D. Bruner, a.a.O. (30), S. 213).
[32] a.a.O. (72), S. 136.

die Bekehrten von Antiochien zu Pisidien (13,43.48), denen Lukas ausdrücklich bezeugt: sie »wurden voll Freude und Heiligen Geistes« (13,52); *die Gläubigen von Thessalonich* (17,4), von denen Paulus sagen wird, daß sie das Wort »mit Freuden im Heiligen Geist« aufgenommen haben (1. Thess. 1,6), *die Gläubigen in Korinth*, denen der Apostel schreiben wird: »Denn die Predigt von Christus ist in euch kräftig geworden, so daß ihr keinen Mangel habt an irgendeiner Gabe und nur wartet auf die Offenbarung unseres Herrn Jesus Christus« (1. Kor. 1,7) und von denen wir wissen, daß sie durch den Geist *getauft* sind (12,13): nirgend wird erwähnt, daß der Geist erst nach der Bekehrung empfangen wird, daß man wartet, betet oder die Hände auflegt, um den Geist zu empfangen – von den anderen zahlreichen Bekehrungsberichten nicht zu reden (4,4; 5,14; 6,7; 9,42; 11,21; 13,12; 14,1.21; 16,14.34; 17,11.12.34). Und nirgends lesen wir etwas von den üblichen Unterscheidungen, wie wir sie von pfingstlerischen oder charismatischen Versammlungen kennen: so viele Menschen, die sich bekehrt haben und so viele, die vom Heiligen Geist getauft worden sind oder die Ausgießung des Heiligen Geistes empfangen haben.

Wie kann man überhaupt die klare und einmütige Unterweisung der Briefe erklären, die immer den Empfang des Geistes an den Glauben bindet, an die Rechtfertigung, die Gotteskindschaft, die Vergebung der Sünden – also an die das christliche Leben begründenden Elemente und die ausdrücklich die Möglichkeit ausschließt, Christus anzugehören, ohne seinen Geist zu haben?

Daß man *eine* Auslegung (unter einem Dutzend anderer) *eines* Berichtes (unter Dutzenden) zur Norm einer Lehre macht, entspricht sicherlich nicht den Gesetzen gesunder biblischer Auslegung. Im Gegenteil, man bekennt sich zu einer mehr als hinfälligen Grundlage. Darum muß es auch nicht erstaunen, daß man diese Lehre erst nach neunzehn Jahrhunderten entdeckt hat. Tatsächlich hat im Verlauf der ganzen Geschichte des Christentums kein Lehrer der Kirche, kein Reformator, kein lutherischer, reformierter, anglikanischer, pietistischer oder evangelikaler Theologe diese Theorie einer verzögerten Empfängnis des Heiligen Geistes vertreten. Wir können sie also mit gutem Recht als eine jüngere Neuerung zurückweisen. »Was ihr von Anfang an gehört habt, das soll in euch bleiben. Wenn das in euch bleibt, was ihr von Anfang an gehört habt, dann werdet auch ihr im Sohn und im Vater bleiben. Und das ist die Verheißung, die er uns gegeben hat: das ewige Leben. Das habe ich euch geschrieben über die, die euch verführen. Und ihr! Die Salbung (des Geistes), die ihr von ihm empfangen habt, bleibt bei euch . . .« (1. Joh. 2,24–27; vgl. 1. Kor. 15,1.2; Gal. 1,9; Kol. 1,23; 2. Tim. 1,13; 3,14).

Kapitel V

Die Geistestaufe

Alle, die Christus angehören, haben den Heiligen Geist empfangen (Röm. 8,9), aber sind sie in ihm getauft worden? Zur Zeit verneint ein Teil der Christen diese Frage und macht aus der in der Bibel erwähnten Geistestaufe eine zweite Entwicklungsstufe im christlichen Leben. Was sagt die Schrift darüber? In welchem Sinne benutzt sie diesen Ausdruck?

Ein Streit um Worte?

Wenn wir die genaue Bedeutung der biblischen Ausdrücke wissen wollen, so sicher nicht aus Freude an Wortstreitereien. Der Einsatz ist zu hoch. »Man ist sich sofort einig, daß der Segen, der mit den Ausdrücken ›Geistestaufe‹ oder ›Pfingsten‹ bezeichnet wird, von Bedeutung ist; aber wenn wir wissen wollen, welcher Art dieser Segen ist, so finden wir die Antwort nur, indem wir den Gedanken Gottes folgen, wie er sie uns mit seinen eigenen Worten in der Schrift offenbart hat. Wenn wir an die volle Inspiration der Bibel glauben, müssen wir anerkennen, daß ihre Ausdrücke inspiriert sind, daß sie bewußt gebraucht werden, und daß die Wahrheit über irgendeinen Tatbestand durch eine sorgfältige Beachtung der Wortwahl, die Nuancen verschiedener Bedeutungen, gefunden wird. Wenn unsere Worte unsere Gedanken ausdrücken, warum sollte es mit den Worten Gottes anders sein« (G. Scroggie).[1]

J. Stott betont, daß diese Frage der Terminologie beträchtliche Wirkung auf unser Verständnis von der eigenen christlichen Entwicklung, sowie auf die Art, wie wir andere beraten, hat.[2] Ist die Geistestaufe tatsächlich eine von der Bekehrung verschiedene Erfahrung, müssen wir uns um sie bemühen, um aus all dem Nutzen zu ziehen, was Gott für uns vorgesehen hat. Bezieht sich der Ausdruck dagegen auf unsere Wiedergeburt, sind wir schon jetzt im Besitz aller Segnungen und befähigt, dem Herrn wirksam zu dienen und ein Leben des Sieges zu führen. Es liegt an uns, die verborgenen Fähigkeiten ins Werk umzusetzen.

Unser praktisches Verhalten hängt also von dieser Frage ab, und wir können sie nicht sorgfältig genug studieren.

---

[1] *The Baptism of the Spirit* (166), S. 7–8.
[2] a.a.O. (178), S. 21.

Die Geschichte der Christenheit lehrt uns, welche ernsten Folgen falsches Wortverständnis haben kann, wenn z.B. bereut! tut Buße! durch: büßt! übersetzt wird, oder Presbyter, Älteste durch: Priester, Geheimnis durch Sakrament; wenn sich die Wortbedeutung so verändert wie die von Bischof, Diakon, Kirche, wenn die Bezeichnung »Taufe« einer Zeremonie zugelegt wird, die mit der biblischen Taufe nichts Gemeinsames mehr hat! Es genügt nicht, das Etikett »Geistestaufe« einer Erfahrung aufzukleben, die zahlreiche Christen gemacht haben. Die inspirierten Autoren der Bibel müßten diesen Ausdruck genauso gefüllt und dabei dieselbe Wirklichkeit im Blick gehabt haben. Der Name »Geistestaufe« findet sich nirgendwo in der Bibel, aber in sieben Abschnitten ist die Rede vom »taufen im Heiligen Geist«. Sechs von ihnen wiederholen oder bringen in Erinnerung die Prophezeiung von Johannes dem Täufer: »Ich taufte euch mit Wasser, aber er wird euch mit dem heiligen Geist taufen« (Mk. 1,8).

Wenn wir verstehen wollen, was die Geistestaufe nach der Bibel ist, müssen wir uns zu allererst fragen, was der Täufer damit sagen wollte.

A. Die Prophezeiung von Johannes dem Täufer

Um die Elemente zusammentragen zu können, die uns die vier Evangelien, in denen dieses Wort zitiert wird, liefern, müssen wir es im Zusammenhang lesen:

»Und sie fragten ihn und sprachen zu ihm: Was taufst du denn, wenn du nicht der Christus bist, noch Elia, noch der Prophet? Johannes antwortete ihnen und sprach: Ich taufe mit Wasser; mitten unter euch steht, den ihr nicht kennt, der nach mir kommt, und ich bin nicht würdig, ihm den Riemen seiner Sandalen zu lösen« (Joh. 1,25–27).

»Schon ist den Bäumen die Axt an die Wurzel gelegt. Darum: jeder Baum, der nicht gute Frucht bringt, wird abgehauen und ins Feuer geworfen. Ich taufe euch mit Wasser zur Buße; der aber nach mir kommt, ist stärker als ich, dem ich auch nicht genug bin, ihm auch nur die Schuhe nachzutragen; der wird euch mit dem heiligen Geist und mit Feuer taufen« (Mt. 3,10–11).

». . . der wird euch mit dem heiligen Geist und mit Feuer taufen. In seiner Hand ist die Wurfschaufel, und er wird seine Tenne fegen und den Weizen in seine Scheune sammeln, doch die Spreu wird er mit unauslöschlichem Feuer verbrennen« (Luk. 3,16–17).

Wir stellen fest:

– Die Juden scheinen damit gerechnet zu haben, daß Christus – oder Elias oder der Prophet – tauft.
– Sie wundern sich, Johannes taufen zu sehen, und fragen ihn, warum er es tut.
– Johannes scheint seine Taufe abzuwerten: »Ich taufe euch, tatsächlich aber (nur) in Wasser.«
– Er weist auf den Messias, der bereits da ist, und spricht von dessen Überlegenheit.
– Er zieht die Parallele zwischen dessen Dienst und dem seinigen, zwischen seiner Taufe und der, die nur der Messias »im Geist« vollziehen kann.
– Er spricht von einem Akt der Trennung der Menschen (Weizen – Spreu), die zwei Bestimmungen entgegengehen: der Scheuer des Messias, dem unauslöschlichen Feuer.
– Diese letzte Erwähnung des Feuers – wie die erste (Mt. 3,10; Luk. 3,9) – bezieht sich auf das Gericht.
– Obwohl Christus bereits da ist – und Johannes ihn wahrscheinlich schon getauft hat (vgl. Joh. 1,33) – steht das Verb im Futur: Er wird euch taufen.
– Lukas nennt sie eine »Taufe der Buße« (Luk. 3,3; Apg. 13,24) »zur Vergebung der Sünden« (eis).

Was bedeutete die Taufe des Johannes?

Wenn wir die Prophezeiung von Johannes dem Täufer verstehen wollen, müssen wir uns zunächst fragen, was seine Taufe in seinen eigenen Augen bedeutete – wir müssen uns davor hüten, spätere Begriffe in sein Denken einzuführen, die ihm fremd waren, oder sogar Auffassungen, die spät in der Kirchengeschichte aufgetaucht sind und die selbst den Aposteln und den ersten Christen fremdartig erschienen wären. Wir sollten also versuchen, uns in die Situation von Johannes dem Täufer zu versetzen und uns einerseits fragen, welche Bedeutung er seiner symbolischen Geste beimaß, und andererseits, was er vom Geiste Gottes und dem Werk des Messias wußte. Indem wir die Verbindung zwischen diesen beiden Elementen herstellen, geraten wir nicht in Gefahr, uns zu weit von der ersten Bedeutung dieses rätselhaften Wortes zu entfernen.

Um diese zwei Fragen zu beantworten, haben wir eine sichere Quelle, aus der der Täufer sicherlich seine Inspiration schöpfte: es sind die inspirierten Schriften des Alten Bundes. Die Traditionen, Gebräuche und Interpretationen der verschiedenen jüdischen, mit Johannes zeitgenössischen Bewegungen können eine zusätzliche Quelle bilden, aus der man indessen mit Vorsicht schöpfen muß.

1. Reinigung von der Sünde

Die Taufe des Johannes schließt sich an eine ganze Reihe von symbolischen Handlungen an, die seit Jahrhunderten von den Juden erfüllt werden.

Das Gesetz legt rituelle Bäder und Waschungen auf, um verschiedene Verunreinigungen zu beseitigen (3. Mo. 6,22–28; 11,25–28; 13,6.34; 14,8; 15,5.13; 16,6.7; 17,15; 22,6; 4. Mo. 8,6.7; 19,7.8.19.21; 31,24). Der Lepröse mußte am ersten und am siebten Tage seiner Reinigung untergetaucht werden. Naeman wurde geheilt, als er siebenmal im Jordan untertauchte (2. Kön. 5,14). Bevor der Hohepriester am Versöhnungstag die heiligen Kleider anlegt, muß er sich in einem Bade der Reinigung völlig waschen (2. Mo. 29,4; 3. Mo. 16,4.24.26). Die Pharisäer haben die Waschungen vervielfacht, um Gegenstände und Personen zu reinigen (Mk. 7,1–5; Mt. 15,1–2; Luk. 11,37–41). In jedem Haus dienten große Krüge diesen Waschungen (Joh. 2,6). Zur Zeit von Johannes dem Täufer verlangten die Essener von ihren Jüngern häufige Waschungen und ein tägliches Bad.[3]

Genauso verhielt es sich bei der »Kommunität des Neuen Bundes« in Damaskus[4] und in derjenigen zu Chirbet Qumran, in der diese verschiedenen Riten die große Reinigung ankündigten, die am Ende der Zeit stattfinden sollte. Das Wasser der Reinigung »reinigt von aller Ungerechtigkeit« und bereitet das zukünftige Königreich vor.[5]

Die Propheten stützen sich auf diese Riten, um die Aufmerksamkeit auf die innere Reinigung zu ziehen, deren Symbol sie waren (Jes. 1,16). Der Psalmist setzt sie in Verbindung mit der Vergebung der Sünden (Ps. 51,4.9).

Als die Juden dann Johannes taufen sahen, war der erste Gedanke, der ihnen kam, daß es eine Reinigung war – nicht nur eine der Hände oder eines anderen Körperteils, sondern eine des ganzen Menschen, denn Johannes vollzog die Taufe durch vollständiges Untertauchen, wie es außerdem gut der Terminus *baptizô*[6] ausdrückt, der tauchen, untertauchen bedeutet, wie auch bestimmte Einzelheiten zeigen: »Johannes aber taufte auch noch zu Enon, nahe bei Salim, denn es war viel Wasser daselbst« (Joh. 3,23). »Und als Jesus getauft war, stieg er sogleich aus dem Wasser herauf« (Mt. 3,16). Die christliche Taufe nimmt diese Form auf und ergänzt sie mit zusätzlichen Bedeutungen (vgl. Apg. 8,36–39). Buße, das heißt, der Wandel der inneren Ein-

---

[3] Flavius Josephus, De Bello Judaico, 2.8.9–10, 12,13.
[4] Siehe Regel 33 der »Damaskus-Schrift«.
[5] Gemeinderegel III. 7–9. Siehe: Joseph Thomas. *Le mouvement baptiste en Palestine et en Syrie* (150 v.Chr. bis 300 n.Chr., Gembloux/Belgien) 1935. Beasley-Murray, »Jüdische Täufer und die Gemeinschaft von Qumran«, in *Die Christliche Taufe*, S. 25ff.
[6] A. Kuen, *Le Baptême* (105), S. 131–142.

stellung schuf in ihnen die Verfassung, die sie auf die Sündenvergebung und die Reinigung durch den Messias vorbereitete.

Erst als Johannes dann die Parallele zwischen seiner Taufe und der des Christus zog, verstanden die Zuhörer, daß sie durch die Geistestaufe von ihren Sünden reingewaschen würden. Der Geist, über den der Messias verfügen würde, würde in ihnen bewirken, was das Wasser nur symbolisch darstellte.

»Der Mensch kann nur mit Wasser taufen, das Zeichen verwalten, das auf die verheißene Gnade, den Heiligen Geist und sein Werk, hinweist, über die allein der Herr verfügt« (L. Bonnet).[7] »Bekleidet mit der Macht Gottes selbst, schafft der Messias wirklich das Heil« (J. S. Javet).[8]

»Das Wasser ist das Symbol der objektiven Reinigung durch die Vergebung; der Geist bewirkt die innere, wirkliche Reinigung durch die Heiligung« (F. Godet).[9]

»Die Wassertaufe hat im wesentlichen eine negative Bedeutung: es reinigt von . . . Aber die Geistestaufe ist ein positives Werk: sie gewährt neues Leben in Gott« (L. Morris).[10]

Das ist es wohl, was die Propheten angekündigt hatten: »Zu der Zeit wird, was der Herr sprießen läßt, lieb und wert sein und die Frucht des Landes herrlich und schön . . . Und wer da übrig sein wird in Zion und überbleiben in Jerusalem, der wird heilig heißen . . . Wenn der Herr den Unflat der Töchter Zions *abwaschen* wird und die Blutschuld Jerusalems wegnehmen durch den *Geist (ruach),* der richten und ein Feuer anzünden wird (ein Feueratem der Zerstörung)« (Jes. 4,2.4).

In diesem Text finden wir die wichtigsten Elemente der Prophezeiung des Täufers, die Handlung des Waschens, des reinigenden Hinwegfegens, den Geist, das Gericht, das Feuer.

»Und ich will reines *Wasser* über euch sprengen, daß ihr *rein werdet;* von all eurer Unreinigkeit und von all euren Götzen will ich euch reinigen. Und ich will euch ein neues Herz und einen neuen Geist in euch geben . . . ich will *meinen Geist* in euch geben« (Hes. 36,25–27).

Das ist der Text, an den Jesus wahrscheinlich denkt, als er Nikodemus sagt, daß er aus Wasser und Geist geboren werde, und als er diesem israelischen Meister vorwarf, nichts von diesen Dingen zu wissen (Joh. 3,5). Diese Stelle aus Hesekiel würde also auf beide Bilder hinweisen: auf das von der Geistestaufe und das von der Wiedergeburt.

---

[7] *Le NT expliqué,* Lausanne 1880, T.I., S. 18.
[8] *L' Evangile de la grâce,* Genf 1957, S. 54.
[9] *Commentaire sur l'evangile de St. Luc,* Paris 1888, T.I., S. 247.
[10] *Gospel of John* (New Intern. Comm. N.T.), S. 153.

»Aber über das Haus David und über die Bürger zu Jerusalem will ich *ausgießen* den *Geist der Gnade* und *des Gebets* . . . Zu der Zeit werden das Haus David und die Bürger zu Jerusalem einen offenen Quell haben gegen Sünde und Befleckung« (Sach. 12,10; 13,1). Und der klassische Text von Joel 2,28–32, den Petrus zu Pfingsten zitiert, setzt das *Heil* (V. 32) in Beziehung zur *Ausgießung des Geistes* (V. 28). Diese Texte waren den Juden bekannt, sie halfen ihnen, die Bedeutung der Johannestaufe und seine Prophezeiung zu verstehen. In Qumran beispielsweise bezog man die Reinwaschung auf die Läuterung durch Gottes Geist. Ein Text spricht von der »Läuterung durch den Geist der Wahrheit wie durch Reinigungswasser« (1. Qs. 4,20ff). Ein anderer Abschnitt gebraucht dieselben Formulierungen in bezug auf die Taufriten der Sekte (1. Qs. 3,6–11). Es handelt sich also um Gedanken, die den Zeitgenossen Johannes des Täufers vertraut waren. *Die Geistestaufe spricht also in erster Linie von Reinigung, von Vergebung der Sünden, vom Heil.*

Das ist wohl die Bedeutung, die die Apostel ihr gegeben haben, wie wir es in den Briefen sehen werden.

2. Zusätzliche Bedeutungen

Andere Elemente konnten sich daran anschließen. Wir sind nicht sicher, ob die Zuhörer des Johannes zwischen seiner Taufe, der des Messias und gewissen Ereignissen der Geschichte des israelischen Volkes oder gewissen den Juden angeordneten symbolischen Handlungen Parallelen gezogen haben. Aber wir wissen, daß die Apostel diese Parallelen zur christlichen Taufe zogen. Wir erwähnen sie hier nur und greifen sie später wieder auf.

Die Taufe die Johannes konnte die Juden erinnern an:

– *die Sintflut,* die die verdorbene Welt im Wasser untergehen ließ – aber dasselbe Wasser hat die herausgerettet, die Gottes Willen taten (1. Mose 6–9). Als Jesus auf die Taufe des Johannes zu sprechen kommt, betont er, daß der Täufer dem göttlichen Willen gehorchte (Mt. 21,25), während die Pharisäer »verwarfen, was Gott ihnen zugedacht hatte, und ließen sich nicht von ihm taufen« (Luk. 7,30);

– *den Zug durchs Rote Meer,* durch den die Israeliten vor ihren ägyptischen Verfolgern gerettet wurden (2. Mose 14);

– *die Überquerung des Jordan,* die ihnen das Betreten des Gelobten Landes erlaubte (Josua 3; 4; vgl. Ps. 66,12; Jes. 43,2.16);

– an das *wieder bekleidet werden:* Vor dem Baden legt man seine Kleidung ab. Das Symbol der Kleidung ist häufig im Alten Testament in Verbindung mit dem Heil (1. Mose 35,2; 4. Mose 21,23; Jes. 61,10) gebraucht worden;

4. Feuertaufe

Matthäus und Lukas fügen hinzu: »... er wird euch mit dem heiligen Geist und *mit Feuer taufen*« (Mt. 3,11; Luk. 3,16). Handelt es sich um eine andere Taufe oder um eine Wirkung der Geistestaufe?

Das Wort des Täufers ist von zwei Bildern umrahmt, die die zerstörerische Wirkung des Feuers unterstreichen: »... welcher Baum nicht gute Frucht bringt, wird abgehauen und ins Feuer geworfen« (Mt. 3,10; Luk. 3,9) – »... und die Spreu wird er mit ewigen Feuer verbrennen« (Luk. 3,17). Im Alten Testament bedeutet Feuer häufig Verurteilung, Vernichtung (Jes. 31,9; Amos 7,4; Mal. 4,1). Es könnte also sein, daß sich dieser Ausdruck auf die Richterfunktion des Messias zur Zeit seiner Rückkehr bezieht.[16] Aus diesem Grunde ist »in den anderen Abschnitten des Neuen Testaments nur noch die Rede von einer Geistestaufe. Jesus hat den göttlichen Zorn ausgelöscht, so daß es zum Eintritt in den neuen Äon genügt, wenn man die Geistestaufe empfängt«[17]. F. Godet und J. Dunn bemerken indessen, daß der Heilige Geist und das Feuer »durch die gleiche Präposition und den gleichen Artikel *(en pneumati hagio kai puri)* verbunden sind«. Deshalb folgert Godet, »können sie sich nur durch eine Nuance unterscheiden«[18]. Es gibt nur eine Taufe, die »Geistes- und Feuertaufe«.[19]

Der Unterschied wäre nicht im Niveau der Taufe, sondern in seiner Wirkung auf die Menschen, die sie empfangen: »Das Feuer bezeichnet auch den Geist, aber hinsichtlich seines negativen Werkes an den Glaubenden, der Zerstörung alles dessen, was dem Erstehen des Neuen Menschen Widerstand leistet. Das Feuer stellt also schon ein Gericht dar, aber das helfende Gericht, das die Heiligung begleitet und das Heil vervollständigt«[20].

---

[16] Wenn die Ungläubigen durch den Atem *(pneuma* = Geist) seines Mundes vernichtet sind (2. Thess. 2,8). Jesus hielt mitten im Jesajazitat 61,1–2 inne, als er in der Synagoge von Nazareth las (Luk. 4,16–19), und ließ den »Tag der Rache unseres Gottes« für eine spätere Zukunft. Auch die Prophezeiung von Joel 2,28–32, die Petrus zu Pfingsten zitierte, hat bis heute nur eine teilweise Erfüllung gefunden (vgl. Apg. 2,20). M. Unger, *Baptism and Gifts* (188), S. 48; J. F. Walvoord, *The Doctrine of the Holy Spirit* (191), S. 165.
[17] M. Desaedeleer, a.a.O. (47), S. 39.
[18] a.a.O. (10), S. 247. Siehe J. Dunn, a.a.O. (51), S. 11.
[19] E. Bonnard, *Evangile selon St. Mathieu*, Paris 1963, S. 38.
[20] F. Godet, a.a.O. (Note 10), S. 248, vgl. F. F. Bruce, a.a.O. (29), S. 40. »Es ist sicher, daß das Feuer ein Zeichen der Verurteilung ist (vgl. Jes. 31,9, Amos 7,4; Mal. 4,1), aber in der jüdischen Eschatologie symbolisiert das Feuer nicht nur die Zerstörung d. Ungläubigen, sie spricht auch von der Läuterung der Gerechten (was auch eine Verurteilung, aber keine Zerstörung bedeutet: s. Hes. 1,25; Sach. 13,9; Mal. 3,2ff.). Joh. hat vom Feuer wie von einem Läuterer und Zerstörer gesprochen« (J. Dunn) a.a.O. (51), S. 12.

»Das Feuer ist das Symbol des Geistes, da es mit seiner unwiderstehlichen Kraft die härtesten Metalle durchdringt und reinigt.«[21] Es symbolisiert »die vollständige und endgültige Reinigung, die durch die Kraft Gottes selbst bewirkt wird«.[22]

Diese Auslegung kann sich auch auf Abschnitte des Alten Testaments stützen, in denen das Feuer die Kinder Gottes reinigt, »wie man Silber läutert, und prüft, wie man Gold prüft« (Sach. 13,9; Mal. 3; 2,4). Die Rabbiner sprachen sogar von einer Feuertaufe, um den Menschen zu reinigen, da alles Wasser nicht zu einem vollständigen Bad Gottes ausreiche. Jes. 66,15: »Denn siehe, der Herr wird kommen mit Feuer«. Sie benutzen die Ausdrücke: »Bad im Feuer«, »Untertauchen ins Feuer«, und stützen sich auf 4. Mose 31,23: »Und alles, was das Feuer aushält, sollt ihr durchs Feuer gehen lassen und reinigen, nur muß es mit dem Sprengwasser entsündigt werden. Aber alles, was das Feuer nicht aushält, sollt ihr durchs Wasser gehen lassen.«[23]

Vielleicht ist es möglich, die beiden Begriffe Geist und Feuer folgendermaßen miteinander zu verbinden: wer die Geistestaufe akzeptiert, wird von seinen Sünden gereinigt; wer das reinigende Feuer ablehnt, muß auf das Feuer des Gerichts gefaßt sein.

B. Die Geistestaufe in der Apostelgeschichte

1. Apostelgeschichte 1,4—8: Die Zusage der Geistestaufe

»Und als er mit ihnen versammelt war, befahl er ihnen, sich nicht von Jerusalem zu entfernen, sondern auf die Verheißung des Vaters zu warten, die ihr (sagte er) von mir gehört habt; denn Johannes taufte mit Wasser; ihr aber werdet mit dem heiligen Geist getauft werden nach nicht mehr vielen Tagen . . . ihr werdet Kraft empfangen, wenn der Heilige Geist auf euch gekommen ist; und ihr werdet meine Zeugen sein . . .«

Vor seinem Weggang erinnert Jesus an das prophetische Wort des Täufers mit einer leichten, aber bedeutsamen Variante. Johannes hatte vorhergesagt, daß der, der nach ihm käme, mit dem Heiligen Geist taufen würde. Jesus weist diese Funktion dem Vater zu, indem er wie jeder gute Jude die Passivform gebraucht (». . . ihr werdet mit dem heiligen Geist getauft werden«), in der man von Gott sprechen konnte, ohne ihn zu nennen. Beweis der tiefen

---
[21] L. Bonnet, a.a.O. (Fußnote 7), T. I., S. 18.
[22] J. S. Javet, a.a.O. (Fußnote 8), S. 54.
[23] Sanh. 39 a zitiert von Strack-Billerbeck, a.a.O. T.I., S. 121—122.

Einheit zwischen dem Vater und dem Sohn in der Sendung des Heiligen Geistes.

Durch die Präzisierung »in nicht mehr vielen Tagen« setzt der Herr diese Vorhersage direkt in Verbindung mit dem Pfingstereignis. Jesus charakterisiert die Geistestaufe, die Pfingsten stattfinden sollte, durch drei Merkmale:
– »*Die Verheißung des Vaters*«: Dieser Ausdruck kann alle Prophezeiungen des alten Bundes decken, die das Kommen des Geistes betreffen – eingeschlossen die Johannes des Täufers. Denn in diesen Prophetien ist niemals die Rede von zwei Ankünften oder zwei verschiedenen Handlungen des Heiligen Geistes;
– »*die ihr von mir gehört habt*«: wir müssen die Zusagen des Geistes noch einmal in Johannes 14 bis 16 nachlesen, um zu wissen, worauf Jesus anspielt. Auch da finden wir keine Spur eines Kommens in zwei Stufen oder einer Unterscheidung zwischen einem einfachen Empfang und einem Bekleidetwerden;
– »*ihr werdet Kraft empfangen*, wenn der heilige Geist auf euch gekommen ist, und ihr werdet meine Zeugen sein.« Wort für Wort: Ihr werdet eine Kraft erhalten, wenn der Heilige Geist auf euch gekommen sein wird. Der Partizip-Aorist des Verbs auf (euch) kommen *(eperchomai)* hat die Bedeutung einer vorhergehenden und gleichzeitigen Handlung: »wenn gekommen sein wird« – hier: Wenn der Heilige Geist auf euch herabgestiegen sein wird. Es handelt sich nicht um eine ergänzende oder zusätzliche Handlung des Heiligen Geistes, sondern um eine der Wirkungen des Kommens des Geistes: die Kraft für das Zeugnis.

Die Jünger haben Geistestaufe und Kommen des Reiches Gottes zusammengesehen (V. 6). Tatsächlich beginnt das Reich Gottes erst dann wirklich, wenn die Menschen tot sind für ihren Ehrgeiz und ihre persönlichen Pläne – erste Phase der Taufe: Tod seiner selbst –, und wenn sie zu einem neuen Leben auferstanden sind, über das Gott herrschen kann. Jesus widerspricht der falschen judäischen materialistischen Auffassung von dem Kommen dieses Reiches (V. 7) und stellt ihr die wahre entgegen: die Ausdehnung dieser Herrschaft durch das Zeugnis der Jünger »zu Jerusalem und in ganz Judäa und Samarien und bis an das Ende der Erde« (V. 8). Diese Ausdehnung wird möglich sein, denn wenn der Heilige Geist auf die Jünger kommen wird, bekleidet er sie zugleich mit der zu diesem Zeugnis nötigen Kraft.

Ebenso erhält später ein Mensch, sobald er von neuem geboren ist, gleichzeitig die Kraft zum Zeugnisablegen (Joh. 15,27; 1. Phil. 2,9). Deshalb sind die Neubekehrten oft die eifrigsten und mutigsten Zeugen von Jesus Christus.

2. Apostelgeschichte 2,1–36: Das Pfingsten der Hundertzwanzig

Der Terminus »Taufe« wird in der Pfingsterzählung nicht gebraucht, aber der Apostel Petrus nimmt in seiner Rede einen Ausdruck auf, die der Herr auf die Geistestaufe angewandt hatte (»die Verheißung des Vaters« 1,4): »Nachdem er nun durch die Rechte Gottes erhöht worden ist und die Verheißung des heiligen Geistes vom Vater empfangen hat, hat er dieses ausgegossen« (2,33). So identifiziert er deutlich das Pfingstereignis als das erfüllte Versprechen der Geistestaufe, das zehn Tage zuvor angekündigt war.

Wir kommen hier nicht im Detail auf dieses Ereignis zurück. Erinnern wir uns einfach:

– Am Pfingsttag geschah die erste Ausgießung des Heiligen Geistes auf die Gemeinde (Apg. 2,33). Es ist die Einweihung des Neuen Bundes.

– Dieses Ereignis ist einmalig in der Geschichte. Mehrere außerordentliche Phänomene machen diesen Ausnahmecharakter deutlich (Feuerzungen, Sturmesrauschen, Rede in fremden Sprachen).

– Die Wiedergeburt der Jünger fand an diesem Tage statt. Vielleicht hatte Jesus ihnen schon ein »Angeld« des Geistes am Osterabend gegeben; aber auf keinen Fall kann ihr Beispiel normativ für uns sein, da die Jünger zwischen dem Alten und dem Neuen Bund lebten.

Die Ereignisse im Leben Jesu, die sie miterlebt und an denen sie geistlich entsprechend ihren Möglichkeiten teilgenommen haben, sind für die Gläubigen seit Pfingsten in ein und dieselbe Erfahrung zusammengefaßt: Tod, Auferstehung mit Christus und Ausgießung des Geistes.

3. Apostelgeschichte 2,37–42: Das Pfingsten der Dreitausend

Wir haben darauf hingewiesen, daß für viele Christen der wichtigste Vers in der Pfingsterzählung Apg. 2,4 ist »Und sie wurden alle mit heiligem Geist erfüllt und fingen an, in anderen Zungen zu reden«, und sie vergessen, daß es sich da um ein außergewöhnliches Phänomen handelt, das (einschließlich der fremden Zungen) niemals in der Apostelgeschichte wiederholt wird, und daß es sich um eine besondere Gruppe handelt, die Jünger, die Jesus begleitet hatten. Sie vergessen auch, daß an diesem Tag dreitausend Menschen eine Erfahrung gemacht haben, die viel eher dazu geeignet ist, uns als Beispiel zu dienen, die Erfahrung jener, die den Aufruf des Petrus beantwortet haben.

Man kann sich die Frage stellen, ob der Apostel Petrus, als er forderte, daß jeder auf den Namen Jesu Christi getauft werde, an die Geistestaufe dachte – oder ob er wenigstens *auch* an die Geistestaufe dachte. Das angefügte »zur Vergebung eurer Sünden« könnte es glauben machen. Außer in der sakramentalen Theologie und in der Lehre der »Kirchen Christi«[24] hat die Wassertaufe nicht die Kraft der Sündenauslöschung. Die Geistestaufe dagegen befreit uns, indem sie uns tötet, mit einem Schlag von der Schuld und erwirbt uns die Sündenvergebung.[25] Außerdem sagt Petrus, als ob es sich um eine Konsequenz der Buße und der Taufe handelte: »... und ihr werdet *die Gabe* des Heiligen Geistes empfangen«. Es ist logischer, die Gabe des Heiligen Geistes eher mit dem Untertauchen in den Heiligen *Geist* als mit dem *Untertauchen* ins Wasser zu verbinden. Der Geist dringt in denjenigen, der in ihn eingetaucht ist, ein und durchsetzt ihn. Es ist indessen klar, daß die Apostel nicht daran gedacht haben, die beiden Aspekte der Taufe zu trennen: Innerlich und äußerlich. Sie sind also weit davon entfernt zu denken, wie es gewisse Christen heute tun, daß man sich, weil die Geistestaufe das Wesentliche ist, der Wassertaufe entziehen könne; sie haben im Gegenteil die mit Wasser getauft, die mit dem Heiligen Geist getauft worden sind, und zwar *weil sie es* waren.

Auch wenn er sagt: »Die nun *sein Wort aufnahmen,* ließen sich taufen« (V. 41) kann man heraushören: getauft mit dem Heiligen Geist, aber man muß zwangsläufig hinzufügen: und mit Wasser, denn das Versende spricht von ungefähr dreitausend Seelen, die der Gemeinde hinzugefügt wurden. Sobald man zählt, muß man sich auf objektive Tatsachen beziehen können. Es ist wahr, daß man in vielen aktuellen Berichten liest: »So und so viele Personen haben sich bekehrt, und so und so viele wurden mit dem Heiligen Geist getauft«, und bei den letzteren hat man dann die gezählt, die in Zungen sprachen, was das Kommen des Heiligen Geistes ankündigte. Aber der Bericht der Apostelgeschichte bleibt in diesem Punkt stumm: keine Erwähnung von Zungensprechen in bezug auf die Dreitausend. Auf alle Fälle würden sie schwer in das pfingstlerische Schema passen, weil es sich hier ganz klar um eine *Anfangs*erfahrung des Heils handeln könnte.

Dagegen paßt sich der Bericht in die Zusammenhänge ein, wenn wir aus der Geistestaufe den Eintritt ins christliche Leben machen, und zwar für die Hundertzwanzig genauso wie für die Dreitausend; Pfingsten hat den Anfang eines Christenlebens im vollen Sinn des Wortes bezeichnet, das heißt: mit der bleibenden Innewohnung des Heiligen Geistes, wie Jesus es versprochen hatte (Joh. 14,23) und wie die Apostel es später lehren (Röm. 8,9; Gal. 4,6; 1. Kor. 6,19).

[24] Eine Kirche amerikanischen Ursprungs lehrt, indem sie sich im wesentlichen auf diesen Vers stützt, daß die Wassertaufe unerläßlich ist, um gerettet zu sein. In *Why I am a member of the Church of Christ,* werden mehrere dutzend englische Versionen dieses Abschnitts zitiert, um zu zeigen, daß überall die Taufe in Sicht auf die Sündenvergebung gegeben ist.
[25] Siehe: »Die Geistestaufe«: ein Tod mit Christus. Die Wirkungen des Todes: die Vergebung und die Rechtfertigung: in A. Kuen, *Ihr müßt von neuem geboren werden* (106), S 94–95.

4. Apostelgeschichte 10: Das Pfingsten der Heiden

Außer Apg. 1,5 gibt es nur noch einen Abschnitt in der Apostelgeschichte (11,16), der von der Geistestaufe spricht.

Es handelt sich einmal mehr um eine Erinnerung an die Prophetie Johannes des Täufers, genauer an das Wort des Herrn, zitiert in Apg. 1,5.

Petrus verteidigt sich gegen den Vorwurf, zu den Heiden gegangen zu sein (11,3). Er beschreibt seinen Kontrahenten, wie der Herr sein, des Petrus, Zögern überwinden mußte, bevor er zu Kornelius ging (V. 5–14). »Während ich aber zu reden begann, fiel der heilige Geist auf sie, wie auch auf uns im Anfang. Ich gedachte aber an das Wort des Herrn, wie er sagte: Johannes taufte zwar mit Wasser, ihr aber werdet mit heiligem Geist getauft werden. Wenn nun Gott ihnen die gleiche Gabe gegeben hat wie auch uns, die wir an den Herrn Jesus Christus geglaubt haben, wer war ich, daß ich hätte Gott wehren können?« (V. 15–17). Was können wir aus diesen Versen schließen?

a) Geistestaufe und Heil
Kornelius war vor der Ankunft des Petrus nicht gerettet. Er erzählte Petrus, was der Engel ihm gesagt hat: Laß Simon holen, mit dem Beinamen Petrus; der wird Worte zu dir reden, durch die du gerettet werden wirst, du und dein ganzes Haus (11,14; vgl. 15,7).

Kornelius war nicht wiedergeboren (11,18). Sein Herz war nicht durch den Glauben gereinigt (15,9).

Für Kornelius und die Seinen war die Geistestaufe folglich nicht eine Erfahrung, die der Bekehrung folgte, sie war zumindest gleichzeitig – um nicht zu sagen, identisch – mit der Bekehrung.[26]

b) Geistestaufe und Glaube an Jesus
Der Heilige Geist fiel in dem Augenblick auf die Zuhörer, als Petrus sagte: »Wer an ihn glaubt, soll die Vergebung der Sünden empfangen« (10,43). Weil sie an Jesus Christus glaubten, wurden Kornelius und die Seinen mit dem Heiligen Geist getauft. Petrus erinnert die Jünger in Jerusalem daran, indem er die Parallele mit ihrer eigenen Erfahrung zieht: »Gott hat ihnen die

---

[26] Diese Episode verwirrt die Pfingstler beträchtlich. Nachdem etwa Thomas-Brès bestätigt hat, daß »die beiden Erfahrungen: Wiedergeburt und Geistestaufe, nicht vereint sind«, macht er aus Kornelius und den Leuten seines Hauses den »einzigen Ausnahmefall«, die nicht die »allgemeine, von allen anderen Fällen gelieferte Regel aufhebt«. (*Le baptême du Saint-Esprit* (180), S. 9.) Aber gerade die zitierten »anderen Fälle« sind Ausnahmefälle: der Apostel (Apg. 2), die Samariter (Apg. 8) und die Epheser (Apg. 19). Es ist unglücklich, daß in den beiden einzigen Fällen, in denen die Apostelgeschichte den Ausdruck »Geistestaufe« benutzt, es sich genau um Ausnahmen von dieser »Regel« handelt.

gleiche Gabe gegeben wie auch uns, die wir an den Herrn Jesus Christus geglaubt haben« (11,17).

c) Geistestaufe und Zungenreden
Die jüdischen Gläubigen, die Petrus begleitet haben, sind überzeugt, daß der Heilige Geist auf die Heiden herabgekommen ist, »denn sie hörten, daß sie mit Zungen redeten und Gott hoch priesen« (10,46). Als Petrus in Jerusalem erklärt, was in Cäsarea passiert ist, sagt er: »Der heilige Geist fiel auf sie so wie auch auf uns im Anfang« (11,15). Diese Bemerkung ist wichtig. Petrus sagt nicht, der Heilige Geist sei auf das Haus des Kornelius gefallen, »wie er es immer und mit jedem machte«. Wenn er das gesagt hätte, könnten wir annehmen, daß der Heilige Geist in der Urgemeinde immer – oder wenigstens normalerweise – mit dem Zungenreden gegeben worden sei. Aber die einzige Parallele, die Petrus zu dem, was in Cäsarea geschehen ist, ziehen kann, ist das, was sich »im Anfang« ereignet hat. Dies verstärkt die Wahrscheinlichkeit, daß nach Pfingsten die Pfingstereignisse nicht nur nicht normativ waren, sondern sogar unbekannt waren.[27] In der Tat zieht Petrus viermal die Parallele zu Pfingsten (10,47; 11,15.17; 15,8).

d) Ein außergewöhnliches Ereignis
»Ich gedachte aber an das Wort des Herrn . . .« Diese Redewendung, mit der der Apostel das Zitat des Herrn über die Geistestaufe einführt, zeigt, daß die Apostel weder daran gewöhnt waren, an diese Taufe zu denken, noch von ihr zu sprechen. Für Petrus scheint sich die Prophetie des Täufers wesentlich auf Pfingsten zu beziehen und dieses zusätzliche Pfingsten, das er in Cäsarea erlebt hat.[28]

e) Verschiedene Aspekte derselben Erfahrung
Die verschiedenen Ausdrücke für das, was sich im Hause des Kornelius ereignete, lassen auf ihre Gleichwertigkeit schließen: der heilige Geist *fiel* auf alle (10,44; 1,15); die *Gabe* des heiligen Geistes wurde *ausgegossen* (10,45); getauft wurden, die den heiligen Geist *empfangen* haben (10,47), »du wirst *gerettet* werden« (11,14), *getauft mit dem heiligen Geist* (11,16), die gleiche

---

[27] Bruner, in *A Theology* (30), S. 194.
[28] Gewisse Autoren beschränken selbst den Ausdruck »Geistestaufe« auf das Pfingstfest der Juden und der Heiden. Sie sehen die Geistestaufe wie eine einmalige historische Tatsache, eine offizielle Handlung, die ein für allemal vor zweitausend Jahren stattfand. Sie für sich zu beanspruchen, widerspreche der Schrift und ihren Interpretationsgesetzen; sich diesem Gedanken ausliefern, bedeute, sich einer geistigen Verführung ausliefern. H. E. Alexander: *Pentecôtisme ou christianisme* (2), S. 22.

Gabe empfangen, wie auch die Jünger (11,17). So hat Gott auch den Heiden *Buße* gegeben zum Leben (wörtl.: die Umwandlung des inneren Seins hinsichtlich des Lebens 11,18). Bei der Zusammenkunft in Jerusalem erinnert Petrus an dieselben Fakten: die Heiden *glaubten* (15,7), Gott *gab ihnen den Heiligen Geist* wie auch den Aposteln (15,8), er hat ihre *Herzen durch den Glauben gereinigt* (15,9), *gerettet* (15,11), die Heiden, die sich zu Gott *bekehren* (15,19). Angesichts dieser Fakten wäre es völlig unnatürlich, diese Ausdrücke zu unterteilen und verschiedenen Erfahrungen zuzuordnen.

Das Ereignis zu Cäsarea zeigt also deutlich, daß Buße, Bekehrung, Glaube, Heil, Gabe und Empfang des Geistes sowie Geistestaufe absolut gleichwertig sind und sich auf ein- und dieselbe Erfahrung beziehen. Dies sind die einzigen Stellen der Apostelgeschichte, in denen das Verb *taufen* zusammen mit dem Wort *Geist* benutzt wird. Sie zeigen uns, daß sich der Ausdruck »getauft mit dem Heiligen Geist« auf die Anfangserfahrung des christlichen Lebens bezieht (auf den Tod und die geistliche Auferstehung mit Christus). Sie ist »eine unter vielen anderen Beschreibungen der Veränderung, die Gott im Leben derer bewirkt, die wahre Christen werden und sich zum Leib Christi zugehörig wissen« (Bridge-Phypers)[29]. »Die Geistestaufe vereint die Menschen mit Christus; die, die sie empfangen, gehören ihm, das heißt, daß sie Christen werden« (Bruner)[30].

C. Die Geistestaufe in den Briefen

1. Getauft in einem einzigen Geist, um einen einzigen Leib zu bilden
   – 1. Korinther 12,13

Es gibt nur eine einzige Stelle in den Briefen, wo sich das Verb taufen mit dem Wort Geist verbindet, und zwar in 1. Kor. 12,13, wo Paulus wörtlich sagt: »*Denn in einem Geist sind wir alle zu einem Leib getauft worden, es seien Juden oder Griechen, es seien Sklaven oder Freie, und sind alle mit einem Geist getränkt worden.*« Da es sich um einen Lehrtext des vom Heiligen Geist inspirierten Apostels handelt, verdient er unsere ganze Aufmerksamkeit. Jede Ansicht über die Geistestaufe in den Evangelien oder der Apostelgeschichte muß mit diesem für unser Thema so wesentlichen Lehrtext in Einklang gebracht werden, sagt M. Unger.[31]

---
[29] a.a.O. (24), S. 115.
[30] a.a.O. (30), S. 160.
[31] a.a.O. (188), S. 157.

a) Alle Korinther, an die sich der Brief richtet, *sind in dem Heiligen Geist getauft.* Denn die Adresse sagt uns, daß sie die »Geheiligten in Jesus Christus« sind, die »berufenen Heiligen«, und daß sie »den Namen unseres Herrn Jesus Christus anrufen« (1,2). Sie gehören zu denen, »die gerettet sind« (1,18). Paulus sagt ihnen: »In Christo Jesus habe ich euch gezeugt, durch das Evangelium« (4,15), sie sind also wiedergeboren. »Ihr seid *abgewaschen*, ihr seid *geheiligt*, ihr seid *gerechtfertigt geworden* durch den Namen des Herrn Jesus und *durch den Geist unseres Gottes*« (6,11). »Ihr seid teuer *erkauft*« (6,20; 7,23).

In Vers 1. Kor. 12,13 wiederholt der Apostel zweimal das Wort »alle«. Bevor er von der Verschiedenheit der geistigen Gaben spricht, möchte er die Aufmerksamkeit der Korinther auf zwei Punkte ziehen!

Erster Punkt: *der Geist,* der die Gaben gewährt, ist *einer:* »Es gibt aber Verschiedenheiten von Gnadengaben, aber es ist derselbe Geist« (V. 4); . . . nach *demselben Geist* . . . in *demselben Geist* . . . ein und derselbe Geist (V. 8–11); in einem Geist . . . getauft . . . mit einem Geist getränkt (V. 13).

Zweiter Punkt: Dieser Geist gewährt *allen* Gaben: »Jedem aber wird die Offenbarung des Geistes zum Nutzen gegeben« (V. 7). »Dies alles aber wirkt ein und derselbe Geist und teilt jedem besonders aus, wie er will. Denn wie der Leib einer ist und viele Glieder hat, alle Glieder des Leibes aber, obgleich viele, ein Leib sind: so auch der Christus« (V. 11–12), – dann kommt unser Vers.

Weil es *ein einziger Geist* ist, der seine Gaben *allen* Gliedern des Leibes gewährt, *ist dieser Leib einer*. Die Einheit der Gemeinde ist eine Frucht der Geistestaufe, die *allen* Gliedern des Leibes gewährt ist. Der Apostel benutzt in diesen wenigen Versen die Worte »ein«, »einziger« vierzehnmal, um die Einheit des Leibes Christi zu unterstreichen.

»So ist die Geistestaufe in diesem Vers alles andere als ein Element der Trennung (»einige haben es, andere haben es nicht«); sie ist das starke Element der Einheit (eine Erfahrung, die wir alle gemacht haben)«, schreibt J. Stott.[32]

---

[32] *Baptism and Fullness* (177), S. 15 Ein pfingstlerischer Autor interpretiert diesen Vers folgendermaßen: »Dieser Vers bedeutet nicht, daß alle Christen den Heiligen Geist erhalten haben, sondern daß alle Christen, die ihn erhalten haben, von diesem selben Geist erfüllt (sind) . . . wenn der in Frage kommende Vers ehrlich in seinem Zusammenhang betrachtet wird, kann er wie folgt interpretiert werden: Wenn wir im Geist getauft sind, dann in ein und demselben Geist, in den wir getauft worden sind« (Harold Horton: *Les dons de l'Esprit* (93), S. 39). Der Leser lese den Vers in seinem Zusammenhang nach und urteile, ob es sich da um eine ehrliche Interpretation handelt.

b) die Geistestaufe ist für alle Gläubige ein Ereignis der Vergangenheit. »Wir sind getauft worden« – der Apostel benutzt den Aorist, die Zeitform der ein für allemal vollendeten Handlung. Die Geistestaufe wird nirgendwo in den Briefen als eine Erfahrung beschrieben, nach der gewisse Christen trachten müßten. Der Apostel sagt den Korinthern, daß sie »fleischlich sind, Unmündige in Christus« (3,1–2); sein Brief spiegelt das tiefe geistige und moralische Niveau in dieser Gemeinde wider (1,11; 3,3; 5,1.15; 15,12 . . .). Dennoch bestätigt er unüberhörbar, daß sie alle mit dem heiligen Geist *getauft* sind, und daß sie alle mit demselben Geist *getränkt* worden sind (die beiden Verben stehen im Aorist).

c) Die Geistestaufe ist an die Eingliederung in den Leib Christi gebunden: »zu einem Leib«. Die Präposition *eis* = zu drückt Bewegung aus: Ziel ist der eine einzige Leib. Godet übersetzt so: »Da wir in einem einzigen Geist getauft sind, sind wir alle zu einem einzigen Leib geworden.«

Also werden wir im Augenblick unserer Wiedergeburt Glieder des Leibes Christi. Nachdem der Apostel die Epheser daran erinnert hat, daß sie auferweckt sind in Christus (2,6), gerettet aus Gnade durch den Glauben (2,13), sagt er ihnen: »So seid ihr nun nicht mehr Fremdlinge und Nichtbürger, sondern Mitbürger der Heiligen und Gottes Hausgenossen« (2,19). Es gibt keine zwei Leiber, den der Geretteten und den der im Geist Getauften[33], sondern, wie es der Apostel in demselben Brief präzisiert, »einen Leib und einen Geist« (4,4). Wie in den ersten Tagen »tat der Herr hinzu . . . die da selig wurden zu der Gemeinde« (Apg. 2,47).

Allein die, die im Heiligen Geist getauft worden sind, aber auch alle diese bilden den Leib Christi, der alle wahren Christen, alle durch den Geist Gottes wiedergeborenen Kinder Gottes, umfaßt.

d) »Wir alle sind mit einem Geist getränkt worden«.
Durch die Geistestaufe sind wir in den Geist getaucht, versenkt, um selbst zu sterben und für Gott zu leben (Röm. 6,3–5). So wie das Wasser einen Schwamm durchtränkt, wenn man ihn eintaucht, so durchdringt der Geist den, der dort untergetaucht ist, und »tränkt ihn«.

Der benutzte Terminus bedeutet: zu trinken geben, oder das Wasser in etwas eindringen lassen. Der Apostel benutzt diesen Ausdruck dreimal, um

---

[33] Wie es gewisse pfingstlerische Autoren vorgeben: »Wenn es genügt, wiedergeboren zu werden, um gerettet zu sein, ist es unentbehrlich, mit dem Heiligen Geist getauft zu werden, um am Leib Christi Anteil zu haben . . . Ein Kind Gottes, das nicht die Erfahrung der Geistestaufe gemacht hat, nimmt, wenn es das Abendmahl mit seinen Brüdern teilt, also nicht am Leib Christi teil, sondern nur am Leben seines Retters«, schreibt A. Hofer in *Eglise, où es-tu?* S. 17, 21.

zu sagen, daß Apollos das »begossen« hat, was er, Paulus, gepflanzt hatte (1. Kor. 3,6.7.8).

»Dieser Gedanke ist die Überleitung vom Thema »Einheit des Leibes« zu dem über die »Verschiedenheit der Gaben«. Nachdem die Gläubiggewordenen in das eine gemeinsame Leben eingetaucht worden sind, gehen sie mit den verschiedenen Gaben daraus hervor, die ihnen der Geist zuteilt« (F. Godet).[34]

e) Geistestaufe = Einverleibung in Christus

Diesem Vers (1. Kor. 12,13) zufolge ist die Geistestaufe also eine allen Christen gemeinsame Erfahrung, und zwar die, die aus ihnen Glieder des Leibes Christi gemacht hat, also die Anfangserfahrung, die sonst Bekehrung genannt wird.

Zuweilen hat man diesen klaren Folgerungen mit dem Hinweis ausweichen wollen, daß es – nach der in England am meisten verbreiteten Version – in den sechs anderen Versen, in denen die Rede von der Geistestaufe ist, »taufen *im* Geist« heiße, während hier steht, daß »wir *durch* einen Geist getauft worden sind«. Paulus spräche also in diesem Abschnitt von einer Anfangstaufe, die *durch* den Geist bewirkt wird und die zur Ausstattung jedes Gläubigen gehöre, der aber später eine Taufe *im* Geist folgen müsse. Diese scharfsinnige Argumentation hält aber einer einfachen Prüfung des griechischen Textes nicht stand, denn in allen sieben Fällen wird dieselbe Präposition »*in*« (den Geist) gebraucht.[35] Andere lösen die beiden Teile des Verses auf: der erste Teil beträfe alle Gläubigen im Augenblick der Bekehrung, der zweite bezöge sich auf das, was allgemein »Geistestaufe« in den pfingstlerischen Kreisen genannt wird.[36] Eine solche Folgerung tut dem Text Gewalt an. Augenscheinlich bezeichnet das »wir alle« in dem zweiten Teil des Verses dieselben Personen wie das »wir alle« zu Beginn des Verses, und die zwei Bilder (in den Geist eingetaucht sein und von ihm durchdrungen sein) beziehen sich auf zwei Aspekte einer und derselben Erfahrung.

Nach D. Bennett spricht 1. Kor. 12,13 von der »geistlichen Taufe in Christus, die stattfindet, wenn Jesus als Retter angenommen wird«. Dieser Taufe folge die »Taufe durch den Heiligen Geist, in der sich der Geist, der von nun an im Gläubigen bleibt, ausgießt, um Jesus in der Welt durch das Leben des Gläubigen zu verkünden. Vor oder nach der Taufe durch den Heiligen Geist

---

[34] *Commentaire sur la première épître aux Corinthiens* (Neufchâtel, 1887), T. II., S. 220.
[35] Siehe die detaillierte Widerlegung in Hoekema (88), S. 21ff.; Stott (177), S. 15–19; (178), S. 38ff.; Bruner (30), S. 60 und 293. Ryrie (157), S. 78; Unger (188), S. 16ff.
[36] Howard M. Ervin, *These Are not Drunken, as Ye Suppose* (57), S. 46–47.

findet das äußere Zeichen der Wassertaufe statt«[37]. Danach gäbe es also drei unterschiedliche Taufen: die geistliche Taufe in Christus, die Geistestaufe und die Wassertaufe.

Solche Versuche zeigen einfach, daß es nicht leicht ist, klaren Folgerungen dieses einen Verses über die Geistestaufe in den Briefen auszuweichen. Denn diese Folgerungen widerlegen eindeutig die pfingstlerische und neo-pfingstlerische Lehre in diesem Punkt.

2. Eine von der Wiedergeburt unterschiedliche Wirkung?

Die Taufe im Heiligen Geist ist nach diesem Vers (1. Kor. 12,13), wie M. Unger sagt, »die göttliche Wirkung des Geistes Gottes, der den an Christus Glaubenden in seinen Leib, die Gemeinde, versetzt, ihn also mit den anderen an Christus Glaubenden eins werden läßt«[38]. Die Funktion der Geistestaufe »bezieht sich auf die Kirche, den Leib Christi« (W. A. Criswell).[39]

Diese Autoren unterscheiden auf der Basis dieses Verses zwischen der »Taufe des Heiligen Geistes« und der »Wiedergeburt«: »Obgleich Wiedergeburt und Geistestaufe in der gegenwärtigen Ära immer gleichzeitig sind – so daß alle Wiedergeborenen auch durch den Geist in den Leib Christi getauft worden sind –, handelt es sich doch um zwei unterschiedliche Wirkungen . . . Die Geistestaufe versetzt den Gläubigen in Christus (Röm. 6,3.4; Gal. 3,27; 1. Kor. 12,13; Kol. 2,12), während die Wiedergeburt Christus in ihnen geboren werden läßt (Joh. 17,23; Kol. 1,27; Offb. 3,20). Die Wiedergeburt gibt das Leben. Die Geistestaufe vereint den, der das Leben hat, mit Christus und denen, die das Leben in ihm haben . . . ›Ihr in mir‹ und ›ich in euch‹ (Joh. 14,20). Zwei gleichzeitige und sich ergänzende – und dennoch verschiedene Werke Gottes« (M. Unger).[40]

Dieser Autor unterscheidet mit demselben Genauigkeitsbedürfnis die Geistestaufe von dem Wohnen des Geistes in uns, von der Salbung und dem Siegel des Heiligen Geistes als göttlichen Handlungen, die gleichzeitig geschehen, aber nicht dasselbe bedeuten: »Durch die Wiedergeburt gibt uns Gott sein eigenes Leben. Durch die Geistestaufe vereint er uns unauflösbar und lebenerhaltend mit sich. Indem er in uns wohnt, gewährt er uns seine ständige Anwesenheit. Durch das Siegel zeichnet er uns als die Seinigen für alle Ewigkeit. Durch die Salbung weiht er uns einem heiligen Leben und dem Dienst. Das Werk Gottes ist immer vollkommen und vollständig.«[41]

[37] a.a.O. (9), S. 34. Siehe, was M. Green darüber sagt (72), S. 143–144.
[38] a.a.O. (188), S. 21.
[39] a.a.O. (42), S. 16.
[40] a.a.O. (188), S. 22–23.
[41] Unger, a.a.O. (188), S. 24.

Aber kann man in dieser Sache eine bilderreiche Sprache so systematisieren? Man kann wie Harnack sagen: »Ein Synonym ersetzt das andere, um zu beweisen, daß keines obligatorisch, genau und erschöpfend ist. Die Gläubigen sind ›erneuert‹, ›neu geschaffen‹ oder ›wiedergeboren‹, sie sind ›aus Gott geboren‹ oder ›vom Geist‹; sie sind ›Geistliche‹, ›Träger des Geistes Gottes oder Christi‹, aber sie sind auch ›getragen von Gott, vom Geist‹, alles ist ein Emporschießen des Lebens und der ursprünglichen Wahrheit, die sich auf eine vielfältige Art auszudrücken sucht.«[42] Oder wie E. Brunner es ausdrückt: »Alle diese Ausdrücke sind Strahlen eines Kreises, die zu einem identischen Zentrum führen, ohne es jemals zu berühren.«[43] Wir sind in Christus im Geist; Christus oder der Geist lebt in uns. »Kann man, wenn unsere Hände gefaltet sind, sagen, daß die linke in der rechten oder die rechte in der linken ist?« fragt M. Green.[44]

3. Andere Aussagen über die Geistestaufe in den Briefen

Obwohl kein anderer Abschnitt in den Briefen die Worte »Taufe« oder »taufen« mit dem Heiligen Geist in Verbindung bringt, kann man annehmen, daß die Autoren dieser Briefe, wo sie von der Taufe sprechen, an die Geistestaufe gedacht haben oder wenigstens an ein Faktum, das die Geistestaufe und die Wassertaufe beinhaltet hätte.

Tatsächlich haben die Apostel niemals die Geistestaufe und die Wassertaufe getrennt. Das Untertauchen im Namen des Herrn und der Empfang des Heiligen Geistes gehören zusammen. Sowohl das eine als auch das andere heißt Taufe, und mit diesem Wort wird in der Praxis des Neuen Testaments ihre Einheit bezeichnet. »Die zwei bilden ein Ganzes«, schreibt F. F. Bruce. »Die Taufe im Geiste ist das inwendige Werk der Gnade und die Wassertaufe das äußere Zeichen . . . Ich frage mich nicht, ob in Gal. 3,27; Eph. 4,5; Kol. 2,12; und Röm. 6,2–3 die Rede von der Wasser- oder von der Geistestaufe ist, als ob es das eine *oder* das andere sein sollte . . . Die vier erwähnten Abschnitte schließen sicherlich die Geistestaufe ein, selbst wenn sie nicht *ausdrücklich* erwähnt wird.«[45]

Sehen wir uns also alle Stellen in den Briefen an, in denen das Wort Taufe oder Bad vorkommt:

---

[42] A. Harnack, *Die Terminologie der Wiedergeburt*. Texte und Untersuchungen zur Geschichte der altchristlichen Literatur. Dritte Reihe – Band XII, Leipzig, Hinrich 1918, S. 140–149.
[43] E. Brunner, *Der Mittler* (Tübingen, 1930), S. 411. Siehe: A. Kuen: *Ihr müßt von neuem geboren werden* (106): Gleichwertige Bedingungen für den Zutritt zum Reich Gottes S. 118–121.
[44] a.a.O. (72), S. 77.
[45] *Answers* (29), S. 155.

83

Römer 6,3—7 (diesen ganzen Abschnitt nachlesen): Der Apostel spricht von einem Tod mit Christus und einer Auferweckung mit ihm. Die Wassertaufe stellt dies durch Untertauchen dar: Tod durch Ertrinken, dem eine Geburt aus dem Wasser folgt. Einige vom Apostel gebrauchte Ausdrücke zeigen indessen, daß er nicht nur an den Ritus gedacht haben muß, sondern auch an das geistliche Ereignis, für das die äußere Taufe nur die sichtbare Darstellung ist: Wir sind in Jesus Christus untergetaucht worden (Vers 4) (bei der Wassertaufe werden wir ins Wasser untergetaucht) . . . »wir sind mit Jesus verwachsen — ein Leben mit ihm geworden (Vers 5) . . . unser alter Mensch ist mit ihm gekreuzigt worden (Vers 6) . . . wir sind mit Christus gestorben« (Vers 8): solche geistlichen Wirkungen können nicht Folgen einer nur äußeren Handlung sein — es sei denn, daß man ihr eine sakramentale Kraft zuerkennt. Der Apostel spielt hier also auf die Taufe im Geist an, die alle Glieder der Gemeinde zu Rom (»daß wir« V. 3) erlebt haben. So sterben wir und so auferstehen wir mit Christus im Augenblick der Wiedergeburt, denn wir sind durch den Glauben gerechtfertigt (Röm. 3,24; 5,1.10).[46]

Die Geistestaufe, die uns mit Christus sterben läßt, befreit den Gläubigen von seiner Situation als Nachkomme Adams, als welcher er der Verdammung unterworfen ist, und identifiziert ihn mit Christus, der gerecht ist.[47]

1. Korinther 1,13—17: »Seid ihr denn auf des Paulus Namen getauft? Ich danke Gott, daß ich niemand unter euch getauft habe, außer Krispus und Gajus . . .«: der Apostel spricht augenscheinlich von der in Apg. 18,8 erwähnten Wassertaufe, nachdem Krispus, der Oberste der Synagoge, »glaubte an den Herrn«.

1. Korinther 6,11: »Aber ihr seid *abgewaschen,* ihr seid *geheiligt,* ihr seid gerecht geworden durch den Namen des Herrn Jesus und *durch den Geist unseres Gottes«.* Wenn dieser Vers eine indirekte Anspielung auf die Geistestaufe enthält — was wahrscheinlich ist: *abgewaschen . . . durch den Geist unseres Gottes* —, beweist er, daß diese Geistestaufe in Parallele zu unserer Rechtfertigung gesetzt worden ist.

Ananias hatte dieselbe Formulierung gebraucht, als er Paulus einlud, sich taufen zu lassen: »Steh auf und laß deine Sünden *abwaschen«* (Apg. 22,16; vgl. Hebr. 10,22).

1. Korinther 10,2: »Denn ich will nicht, daß ihr in Unkenntnis darüber seid, Brüder, daß unsere Väter . . . alle in der Wolke und im Meer auf Mose getauft wurden« (indem sie das Meer durchquerten). Für die jüdische Tradition waren die Ereignisse des Auszuges aus Ägypten Vorausdarstellungen

---

[46] Siehe A. Kuen, *Ihr müßt von neuem geboren werden* (106), S. 92—94.
[47] M. Unger, a.a.O. (188), S. 103—105.

der letzten Zeit, Ankündigung dessen, was bei Anbruch des ewigen Heils geschehen würde. Der Auszug aus Ägypten war schon immer Vorbild des Heils, und die »Taufe« im Roten Meer war der entscheidende Augenblick dieses Heils: dort sind die Israeliten endgültig von ihren Verfolgern getrennt worden. Viele moderne Autoren glauben, daß man die Proselyten taufte, um sie nachträglich in den Genuß des Durchzugs durch das Rote Meer zu bringen.[48]

Aber warum »getauft auf Mose?« Mose wird hier wie in der Rede des Stephanus (Apg. 7,35) genannt, wo er als »Oberster und Erlöser« bezeichnet wird. Er ist der Typ des Retters, des von Gott eingesetzten Werkzeuges, um sein Volk zu führen und zu befreien; und Israel wurde tatsächlich durch den Glauben gerettet, der es mit dem vereint, den Gott an seine Spitze gestellt hatte; es bildete eine Einheit mit ihm, es band sein Schicksal an das seinige. In diesem Sinn kann man wirklich von einer Taufe der Israeliten »in Mose« sprechen. Die Situation der von der Vernichtung durch das Wasser bedrohten Israeliten war nicht ohne Analogie mit der Verdammung zum Tode, die dieses Untertauchen in der Taufe darstellt.[49] Wie Römer 6, spricht auch diese kurze Erwähnung der Taufe von Heil, von Einverleibung in Christus.

1. Korinther 15,29: »Was werden sonst die tun, die sich für die Toten taufen lassen?« Wie auch immer die Interpretation dieses Abschnitts lauten mag, sie lehrt uns nichts von einer zweiten Erfahrung.

Galater 3,26–27: »Denn ihr alle seid Gottes Kinder durch den Glauben an Christus Jesus. Denn ihr alle, die ihr auf Christus getauft worden seid, ihr habt Christus angezogen.« »Getauft auf Christus« bezieht sich wahrscheinlich auf die Geistestaufe.« »Ihr habt Christus angezogen«: »Wir sind in Christus wie wir in unseren Kleidern sind. Wir sind mit Christus bekleidet. Das ist die Wirkung der Geistestaufe«, sagt W. A. Criswell.[50]

Der Apostel nimmt sein Bild von den Sitten seiner Zeit. Der junge Grieche oder Römer, der von der Kindheit zum Jungenalter übergeht, wechselt die Tunika des Jungen gegen die Toga des Mannes, das Zeichen des Erwachsenen. So verleiht uns die Geistestaufe den Status des Gottessohnes, indem sie uns mit der Gerechtigkeit Jesu bekleidet. Also verbindet der Apostel hier diese Taufe mit dem Glauben an Jesus Christus (V. 26), mit der Rechtfertigung durch diesen Glauben (V. 24) und mit der Einheit aller dieser Glieder des Leibes Christi (V. 28).

Epheser 4,4–5: »Ein Leib und ein Geist, wie ihr auch berufen seid in einer

---

[48] Chr. Senft, *Vocabulaire biblique*, Paris 1954, S. 33.
[49] F. J. Leenhardt, *Le baptême chrétien* (113), S. 49–50.
[50] a.a.O. (42), S. 14.

Hoffnung eurer Berufung. Ein Herr, ein Glaube, *eine Taufe*, ein Gott und Vater aller . . .«In dieser Aufzählung von geistlichen Wirklichkeiten (Glauben, Hoffnung, Berufung . . . .), scheint es sinnvoller zu sein, den Ausdruck, »eine Taufe« auf die geistliche Taufe zu beziehen, oder zumindest diesen Aspekt der »totalen Taufe« nicht auszuschließen (Geist und Wasser). Diese Taufe ist an den *Glauben* an Christus, den *Herrn*, an *Gott*, den Vater, und den *Heiligen Geist* gebunden. Dieser Glaube gliedert uns in den Leib Christi ein und läßt uns gegenwärtig in *der Hoffnung* auf die zukünftige Herrlichkeit leben. Die sieben hier aufgeführten Charakteristika sind wesentlich für jedes Gotteskind und schaffen die Einheit unter ihnen (V. 3). Es könnte also nicht die Rede von *einer* Taufe sein, die den Leib Christi in *zwei* Gruppen teilt, in die, die ihn erhalten hätten, und die anderen. Ein solcher Gedanke widerspräche den Versicherungen des Apostels hier.

Der Ausdruck »eine Taufe« bezieht sich offenbar auf dieselbe Personengruppe wie »ein Herr« und »ein Glaube«, das heißt: alle Christen.[51]

Epheser 5,25: »Christus hat die Gemeinde geliebt und hat sich selbst für sie gegeben, auf daß er sie heiligte, und hat sie gereinigt durch das Wasserbad im Wort.« Diese indirekte Anspielung auf die Taufe läßt seine erste Bedeutung hervortreten, die durch den Täufer zur Geltung gebracht wird: der Reinigung von Sünden.

Kolosser 2,12–13: ». . . mit ihm begraben in der Taufe, in ihm auch auferweckt durch den Glauben an die wirksame Kraft Gottes, der aus den Toten auferweckt hat und als ihr tot wart in den Vergehungen und in der Unbeschnittenheit eures Fleisches, hat er euch lebendig gemacht mit ihm, indem er uns alle Vergehungen vergeben hat.« In diesem Vers bestätigt Paulus dieselben Wahrheiten wie in Röm. 6. Er bindet unsere geistliche Taufe an den Glauben an die Kraft Gottes, an den Gnadenakt, der unsere Sünden ausgewischt hat. Vor unserer Geistestaufe waren wir »tot durch unsere Vergehungen«, also geistlich tot, unsere Taufe im Geist hat uns »das Leben gegeben«, mit Christus auferweckt.

Titus 3,5–7: »Gott hat uns errettet . . . durch die Waschung der *Wiedergeburt* und *Erneuerung des Heiligen Geistes.* Den hat er durch Jesus Christus, unseren Heiland, reichlich über uns ausgegossen, damit wir, gerechtfertigt durch seine Gnade, Erben nach der Hoffnung des ewigen Lebens würden.«

Wenn eine Taufe (wörtl. hier: Waschung) uns rettet, so kann es nur die Geistestaufe sein. Folglich nennt der Apostel sie hier ausdrücklich »die Waschung (oder das Bad) *der Wiedergeburt*«, und damit es hier keinen Zweifel gibt, fügt er hinzu: »und Erneuerung des Heiligen Geistes«: Der Heilige

---

[51] Ch. C. Ryrie, a.a.O. (157), S. 76.

Geist schafft in uns etwas Neues (*anakainosis*, von *kainos* = neu), das das Sein von Grund aus erneuert (vgl. 2. Kor. 5,17: »Darum – ist jemand in Christo, so ist er eine neue Kreatur« geworden). Alle diese Ausdrücke beziehen sich offensichtlich auf den Anfang des christlichen Lebens in dem Augenblick, wenn wir durch seine Gnade *gerechtfertigt* worden sind (V. 7).

Hebräer 6,1.2: »Deshalb wollen wir . . . nicht wieder einen Grund legen mit . . . der Lehre von Waschungen . . .« (Luther und Zürcher: »Taufhandlungen« bzw. »Taufen«). Zur »Grundlegung« zählt der Autor die Entsagung von toten Werken, den Glauben an Gott, die *Lehre der Taufen* (Waschungen), die Handauflegung. Man ist nicht sicher, was er mit diesen »Taufen« sagen wollte. Wollte er diesen vom Judentum abstammenden Christen gegenüber den Unterschied zwischen der christlichen Taufe und den jüdischen Waschungen oder der Taufe von Johannes betonen? Dachte er an die geistliche Bedeutung der Wassertaufe und der Fußwaschung (Joh. 13,10.14)? Bezieht er sich auf die beiden Aspekte der Taufe: Geistestaufe – Wassertaufe? Selbst die letzte Hypothese[52] würde keine Unterscheidung zwischen Wiedergeburt und Geistestaufe rechtfertigen, auch nicht, daß ein Zeitpunkt sie notgedrungen trennt. Auf alle Fälle ist diese kurze Anspielung zu lakonisch, als das man daraus eine Lehre ableiten könnte.

1. Petrus 3,21: »Das Gegenteil errettet jetzt auch euch, (das ist) die Taufe – nicht ein Ablegen der Unreinheit des Fleisches, sondern die Bitte an Gott um gutes Gewissen – durch die Auferstehung Jesu Christi . . .« Wenn es die Taufe ist, die uns rettet – worauf der griechische Satzbau schließen läßt – kann es sich nur um die Geistestaufe handeln, sonst legen wir einem Ritus magische Bedeutung bei. Außerdem stehen die Ereignisse des Alten Bundes allgemein für geistliche Tatsachen des Neuen Bundes; so war die Sintflut ein Symbol der Geistestaufe: sie stellte gleichzeitig das Ende der vorsintflutlichen, infolge ihrer irreparablen Verderbtheit verdammten Welt und mit Noah und seiner Arche den Übergang zu einer neuen Welt dar. So ist die geistliche Taufe, mit der unser christliches Leben beginnt, gleichzeitig Verdammung des vorherigen Zustands und Übergang zu einer neuen Schöpfung: »Darum, ist jemand in Christo, so ist er eine neue Kreatur; das Alte ist vergangen, siehe, es ist alles neu geworden« (2. Kor. 5,17).

---

[52] Wenig wahrscheinliche Hypothese, denn wie wir gesehen haben, kontrastiert das Neue Testament oder setzt es niemals beide Taufen nebeneinander. Sie bilden ein unlösbares Ganzes: »es gibt eine Taufe« (Eph. 4,5). Wenn die Geistestaufe einer Wassertaufe entgegengestellt ist, so ist es die von Johannes, auf die er anspielt.

4. Schlußfolgerungen über die Geistestaufe in den Briefen

a) Fast alle Abschnitte der Briefe, die von Taufe, Waschung oder Bad sprechen, beziehen sich sowohl auf die Geistestaufe als auch auf die Wassertaufe. Die Taufe, die uns rettet, kann nur die Geistestaufe sein; sie wäscht uns von unseren Sünden rein, verbindet uns mit Christus, läßt uns mit ihm sterben und auferstehen, sie macht aus uns Kinder Gottes und gliedert uns in den Leib Christi ein.

b) In allen diesen Abschnitten ist die Geistestaufe verbunden mit dem Glauben, dem Tod und der geistlichen Auferstehung, dem Heil, der Sündenvergebung, mit dem Ankleiden von Christus, mit unserer Annahme als Sohn Gottes und unserem Eingang in den Leib Christi. Folglich ist das einzige Ereignis in unserer geistlichen Geschichte, das diese verschiedenen Wirkungen hervorruft, unsere Bekehrung, unsere Wiedergeburt. Man kann sogar sagen, daß die Wiedergeburt nichts anderes als eine Seite der Geistestaufe darstellt und bei der Wassertaufe durch das Auftauchen aus dem Wasser symbolisiert wurde. Die Geistestaufe ist das vollständige Geschehen, das den Tod des alten Menschen mit Christus wie auch die Auferweckung des neuen Menschen mit ihm einschließt.

c) Nirgendwo ermuntern die Autoren der Briefe die Christen, nach der Geistestaufe zu trachten, sie zu erwarten oder zu erbitten. Wenn sie von ihr sprechen, so *immer* in der Vergangenheit, allgemein im Aorist, dem Tempus der ein für allemal vollendeten Handlung.

d) Nirgendwo in den Briefen ist die Geistestaufe mit dem Zungenreden in Verbindung gebracht.

5. Das Schweigen der Briefe

Es handelt sich um Fakten, die unmöglich zu verleugnen sind und die man schlecht verdrehen kann, wenn man seine Lehre und seinen Glauben auf die Schrift gründen will. Aber wie soll man es dann erklären, daß die Apostel niemals die geringste Anspielung in ihren Briefen gemacht haben, daß sie niemals von den Christen verlangt haben, diese »zweite Segnung« zu suchen, dieses Bekleidetwerden mit der Kraft für den Dienst, wenn sie die pfingstlerische Auffassung von der Geistestaufe geteilt hätten?

Der Römerbrief
Ihr Schweigen wäre besonders unverständlich in Briefen wie denen an die Römer und an die Epheser, die unter zwei verschiedenen Gesichtspunkten Gottes Plan entwickeln.

Man kann sagen, daß die Apostel in den anderen Briefen die besonderen örtlichen Probleme beantworteten, und daß sie sich an Christen wandten, die ihre Lehre in diesem Punkt gut kannten; eine solche Erinnerung wäre infolgedessen unnötig. Aber der Brief an die Römer ist an Christen gerichtet, die Paulus nicht kannte (1,13), und denen der Apostel das Ganze der christlichen Botschaft ins Gedächtnis rufen will (15.16). Also spricht der Apostel in diesem Brief zuerst von der Rechtfertigung, dann von der Geistestaufe, aber nur um zu sagen, daß alle Christen getauft worden sind (6,3) und daß diese Taufe ihre Geburt zu einem neuen Leben war (6,4).

Alle Christen haben den Heiligen Geist empfangen (8,9), der ihnen Zeugnis gibt, daß sie Gottes Kinder sind (8,16). In diesem ganzen Brief gibt es nicht die geringste Anspielung auf eine zweite Erfahrung oder auf ein sichtbares Zeichen, das sie kennzeichnete. Das Zungenreden wird in diesem Brief überhaupt nicht erwähnt, weder in Verbindung mit der Geistestaufe noch unter den geistlichen Gaben (12,6–8) oder anderswo.

Der Epheserbrief

Dieselben Feststellungen gelten für den Epheserbrief, der aller Wahrscheinlichkeit nach ein an alle Gemeinden Kleinasiens gerichtetes Rundschreiben war.[53]

Paulus kennt die meisten Empfänger des Briefes nicht (1,15; 3,1–12; 4,21). Was den Heiligen Geist betrifft, sagt er ihnen, daß sie mit ihm versiegelt worden sind, als sie gläubig wurden (1,13); er erinnert sie daran, daß es nur »eine Taufe« (4,5) gibt, und gerade dies wäre unerklärbar, wenn sich die Wassertaufe und die Geistestaufe nicht auf dieselben Tatsachen bezögen. Und er ermahnt sie, sich ständig vom Geist erfüllen zu lassen (5,18). Keine Anspielung, weder auf eine Erfahrung, die der geistigen Auferweckung mit Christus (2,6–8) folgen solle, noch auf das Zungenreden. Pfingstler beantworten dieses Argument im allgemeinen damit, daß Paulus die Geistestaufe deshalb in diesem Brief nicht erwähnt, weil die Christen von Ephesus bereits diese Taufe erhalten hätten (Apg. 19).

Aber 1. der Brief an die Epheser wurde Jahre nach der Reise des Apostels durch Ephesus geschrieben. Die Gemeinde dieser Stadt mußte also außer den in Apostelgeschichte 19 erwähnten zwölf Jüngern viele neue Christen haben, die nicht notgedrungen diese Erfahrung gemacht hatten. Der Apostel hätte sie also auffordern müssen, danach zu forschen.

2. Es wird im allgemeinen angenommen, daß dieser Brief nicht nur an die Gemeinde von Ephesus gerichtet war, sondern als Rundschreiben an alle

---

[53] Siehe: A. Kuen, *Lettres pour notre temps*, S. 208.

Gemeinden der Gegend. Ein weiterer Grund, die Geistestaufe zu erwähnen, wenn sie die Wichtigkeit gehabt hätte, die ihr heute in manchen Kreisen zugesprochen wird.

3. Selbst wenn der Brief nur an die zwölf ehemaligen Johannes-Jünger gerichtet gewesen wäre, wäre bei Beibehaltung der Lehre vom »zweiten Segen« kaum zu erklären, warum der Apostel sie zuerst gefragt hätte: »Habt ihr den Heiligen Geist empfangen, als ihr gläubig wurdet?« und ihnen dann bestätigt: »Ihr seid gläubig geworden und mit dem Heiligen Geist versiegelt worden« (1,13). Für Paulus heißt Glauben, den Heiligen Geist empfangen; also haben diese zwölf Männer, *die ihn nicht erhalten hatten*, nicht wirklich an Jesus Christus »geglaubt« – denn sie kannten nur die Lehre des Vorläufers.

Die anderen Briefe
Dasselbe Stillschweigen stellen wir in dem ersten Brief des *Petrus* und dem des *Johannes* fest, die ebenfalls Rundschreiben sind. Dennoch hätten beide Apostel Befürworter dieser Erfahrung sein müssen, denn den Anhängern der »zweiten Erfahrung« zufolge hätten sie sie zu Pfingsten erlebt und sie dann bei den Samaritern und im Hause des Kornelius hervorgerufen. Aber kein Wort, weder von einer zweiten Erfahrung noch vom Zungenreden. Johannes spricht von der »Salbung«, aber nach ihm haben sie alle Christen erhalten (2,20.27).

Der *Hebräerbrief* ist an Christen gerichtet, die geistlich in einem kindlichen Stadium geblieben sind (5,11–14). Sie sind faul und entmutigt (12,3.12), sie werden von fremden Lehren versucht (13,9) und laufen Gefahr, den Glauben aufzugeben (3,12; 10,26). In der pfingstlerischen Perspektive wäre die Geistestaufe das Heilmittel, das neue Liebe zu Christus und seinem Wort, neuen Eifer und erneuerte Kraft für den Dienst verleihen würde. Der Schreiber des Hebräerbriefes scheint dieses Mittel zu ignorieren. Er begnügt sich damit, seinen Empfängern eine gediegene Lehre über Jesus Christus zu geben; er ermahnt sie zu forschen, nicht nach einer geistlichen Taufe, sondern nach der Heiligung (12,14).

Alle diese Briefe sind an mehr oder weniger große Gruppen von Christen gerichtet, um sie die Grundlagen des Glaubens zu lehren. Ihr übereinstimmendes Schweigen über diese »zweite Erfahrung« macht uns stutzig, wenn wir diese Briefe neben Darlegungen von pfingstlerische oder neo-pfingstlerische Lehren stellen, in denen die »Geistestaufe« und das Zungenreden eine zentrale Stellung einnehmen. Ein aufmerksamer Leser der pfingstlerischen Literatur über die »Geistestaufe« ist zwangsweise betroffen darüber, daß ihnen in der biblischen Argumentation jede Beziehung zu den Briefen fehlt. Bei der Europäischen Pfingstkonferenz im Jahre 1939 stellte Leonhard Steiner als erste Frage: »Ist es richtig, unsere Auffassung von der Pfingsttaufe nur auf die Apostelgeschichte und die Erfahrung der zwölf Jünger zu stützen? Kann man sie auch von den apostolischen Briefen ableiten?« Als Antwort, so berichtet Hollenweger, hat die Versammlung einfach den traditionellen pfingstlerischen Gesichtspunkt weiterentwickelt.[54] Außer einem oder zwei Versen in 1. Kor. 14 über das Zungenreden (das pfingstlerischen Autoren zufolge jedoch etwas anderes als jenes die Geistestaufe begleitende Zeichen sei), findet man in den pfingstlerischen Schriften über die Geistestaufe nur einige Verse der Evangelien und vor allem vier Texte der Apostelgeschichte zitiert.[55] Dieses Stillschweigen der für die christliche Lehre normativen Schriften sollte alle die beunruhigen, die ihre Lehre ernsthaft auf Gottes Wort stützen wollen.

6. Was ist die Geistestaufe?

Die genaue Untersuchung all der Abschnitte, wo in der Schrift von ihr die Rede ist, zeigt, daß die inspirierten Autoren in der Geistestaufe einen Aspekt des messianischen Werkes sahen: die Wieder-Erschaffung des Menschen nach dem Bild des Sohnes Gottes. Es ist ein Aspekt unter anderen, und dieser ist dazu bestimmt, uns das Geheimnis der Wiedergeburt verstehen zu helfen. Das Bild weist auf Reinigung hin, die bei unserer Rechtfertigung erfolgt ist, auf den Tod des alten Menschen und die Auferstehung eines neuen Menschen, auf das Anziehen eines neuen Kleides, die Trennung von einer verdammten Welt (Sintflut), der Welt der Knechtschaft (Rotes Meer). Kein Text stellt die Geistestaufe als eine zweite Erfahrung dar, deren Ziel die Erteilung von geistlichen Gaben für den Dienst Gottes wäre. Denn wie gesagt bleibt die Verheißung von Apg. 1,8 für die Ausgießung des Geistes im Augenblick der Wiedergeburt bis heute noch gültig: »Ihr werdet Kraft empfangen, wenn der Heilige Geist auf euch gekommen ist.« Es ist an uns, sie mit dem Glauben zu ergreifen.

Gebraucht man diesen biblischen Ausdruck jedoch in einem der Bibel fremden Sinn, so ergeben sich Verwirrungen, die nach M. Green zu folgenden ärgerlichen Konsequenzen führen:
– Man vernachlässigt oder man verdreht, was das Neue Testament über den Geist und die Taufe sagt.

---

[54] W. S. Hollenweger *Enthusiastisches Christentum* (89), S. 379.
[55] »Nur dort (das heißt in der Apostelgeschichte), gesteht der Pfingstler C. Brumback, können wir eine detaillierte Beschreibung der Taufe finden, in der die Überfülle des Geistes von diesen ersten Christen erfahren wird.« (Zitiert von Bruner (30) S. 61).»Die Wahrheit der Lehre des Pfingstlertums beruht im wesentlichen auf der Exegese der Apostelgeschichte, die den Heiligen Geist betreffen« (S. 62).

– Man findet sich unverzüglich vor beträchtliche theologische Schwierigkeiten gestellt. Beispiel: es ist klar, daß Texte wie Röm. 8,9 zufolge alle Christen den Geist haben. Wie kann es sich also zutragen, daß sie einerseits den Geist haben, aber andererseits nicht vom Geist getauft sind?

– Diese Ansicht, die Geistestaufe sei eine tiefere Gotteserfahrung, die sich häufig durch Zungenreden bemerkbar macht, schafft Trennungen: diejenigen, die den Geist erhalten haben, sind »drin«, die andern, die ihn nicht erhalten haben, sind »draußen«. Daher der trennende Einfluß der charismatischen Bewegung in vielen Gemeinden. Viele Schwierigkeiten sind verschuldet durch den unangemessenen Gebrauch des Ausdrucks »getauft im Heiligen Geist«. Denn Taufe bedeutet Anfang; es ist der christliche Einführungsritus und spricht von der christlichen Anfangserfahrung. Wenn man glaubenden Christen sagt, sie müßten vom Heiligen Geist getauft werden, so suggeriert man ihnen unvermeidlich ein, daß, da ihnen diese Taufe fehle, sie nicht wirklich angefangen haben. Aber sie haben angefangen! Sie sind in Christus gerechtfertigt, sind in die Familie Gottes aufgenommen, haben seinen Gnadengeist empfangen. Der unfreiwillige Hochmut derer, die die Christen in zwei Gruppen spalten – die, die im Heiligen Geist getauft worden sind, und jene, die es nicht sind – würde sich verlieren, wenn die Charismatiker darauf verzichteten, den Terminus »Taufe im Heiligen Geist« ganz unbiblisch auf eine zweite Erfahrung von Christen zu beziehen. »Ein solcher Gebrauch ist gegen das Neue Testament, er sät eine extreme Verwirrung und trägt dazu bei, das Volk des Geistes, das eins ist, zu teilen«, schreibt Michael Green.[56]

---

[56] a.a.O. (72), S. 143–145.

Kapitel VI

Ist das Zungenreden das Zeichen der Geistestaufe?

Bei den beiden Malen, in denen der Ausdruck »getauft vom Heiligen Geist« in der Apostelgeschichte benutzt wird (Apg. 2 und 10), ist auch die Rede vom »Zungenreden« (2,4; 10,46). Andernorts, so in Ephesus, »kam der Heilige Geist auf sie, und sie sprachen in Zungen und prophezeiten« (19,6), nachdem Paulus den ehemaligen Johannesjüngern die Hände aufgelegt hatte. In bezug auf Samarien, als Simon sah, daß durch das Auflegen der Hände der Apostel Geist gegeben wurde (8,18), denken einige, ein *sichtbares* Zeichen habe diesen Empfang begleitet, und dieses Zeichen sei das Zungenreden gewesen. Ansonsten wird das Zungenreden am Ende des Markusevangeliums sowie in 1. Kor. 12 und 14 erwähnt.

War das Zungenreden das Zeichen der Geistestaufe – das heißt der Bekehrung oder einer zweiten Erfahrung, die irrtümlich Geistestaufe genannt wurde?

Die unterscheidende Lehre der Pfingstler

Die unterscheidende Lehre der Pfingstgemeinden, schreibt Donald Gee, ist das Zungenreden als »Anfangszeichen« der Geistestaufe. Praktisch haben heute alle pfingstlerischen Benennungen diesen Glaubensartikel ihrem Lehrgebäude einverleibt. Gee glaubt, daß gerade die Verbindung der Geistestaufe – die ja als eine von der Bekehrung abgetrennte Erfahrung verstanden wird – mit dem Zungenreden der entscheidende Faktor in der Entstehung des Pfingstlertums gewesen ist. Das Zungenreden allein, das viel leichter als ein isoliertes Phänomen angesehen wurde als die Geistestaufe, hätte nicht eine Erweckung von weltweiter Bedeutung in Bewegung gesetzt.[1]

Ein anderer Theologe der Bewegung, C. Brumback, schreibt, alle, die in Gottes Reich eintreten wollen, müßten *eine* Erfahrung machen, die Wiedergeburt. Ebenso sei allen Gläubigen verordnet, *eine* Erfahrung zu machen: die

---

[1] Siehe: Zeitschrift »*Pentecost*« Nr. 45 (Sept. 1958), S. 17, andere Hinweise bei Bruner a.a.O. (30), S. 76, Fußnote 29. »Obgleich zahlreiche Gruppen innerhalb dieser weltweiten Pfingsterweckung von sekundären Punkten der Lehre abweichen, gibt es eine beeindruckende Einmütigkeit bei ihnen über die Tatsache, daß das Zungenreden der Anfangsbeweis ist, die biblische Gewißheit der Taufe im Heiligen Geist. Es gilt außerdem zu bemerken, daß die Kirchen, die in diesem Punkte abweichen, sich immer weniger als Pfingstgemeinden bekennen« *Glossolalia,* S. 107).

Taufe oder die Überfülle des Geistes. Die physischen, emotionalen und intellektuellen Reaktionen seien verschieden (wie für die Wiedergeburt), aber *ein* Beweis begleite unveränderlich diese Erfahrung: »*das Zeugnis des Geistes durch uns in anderen Zungen*«[2]. Ohne diesen Beweis des Zungenredens, sagt er anderswo, »glauben wir ernsthaft, daß es keine wirkliche, biblische Taufe im Heiligen Geist geben kann«[3].

Diese Lehre ist im großen und ganzen von der charismatischen Bewegung aufgenommen worden, die man größtenteils deswegen – neopfingstlerisch nennt. Dennis Bennett, der episkopalische Rektor, der das Feuer ans Pulver legte, als er die charismatische Erweckung in die historischen Gemeinden einführte, gibt auf die Frage, ob man den Heiligen Geist empfangen könne, ohne in Zungen zu reden, eine deutliche Antwort. Für ihn ist das zwangsläufig: Zungenreden sei nicht die Taufe im Heiligen Geist, aber das, was geschieht, wenn man im Geist getauft sei und in dem Moment, in dem man es sei.[4]

Im allgemeinen spricht man nicht von *obligatorischem* Zeichen, sondern von *normalem*. »Im Neuen Testament ist das normale Zeichen *(standard)* oder der Beweis der Geistestaufe das Reden in anderen Sprachen, je nachdem, wie der Geist es gibt, sich auszudrücken. Es ist die offensichtliche Absicht Gottes, daß alle Gläubigen die Geistestaufe mit dem Zeichen erhalten, das das Neue Testament erwähnt (das heißt das Zungenreden)«, schreibt E. B. Stube.[5]

---

[2] *What Meaneth This? A Pentecostal Answer to a Pentecostal Question* (28), S. 248. Der Autor selbst unterstreicht. A. A. Hoekema hält dieses Buch für eines der zwei besten Arbeiten über die offizielle Unterweisung der »Versammlungen Gottes *(Tongue – Speaking)* (87), S. 39, Nr. 10. An anderer Stelle sagt der Autor, daß er nur das vorbringt, was allgemein als Glaubensartikel in der ganzen Bewegung zugelassen ist (S. 32).

[3] a.a.O. (28), S. 188. Das Zungenreden mache aus der Geistestaufe eine wirkliche und bestimmte Erfahrung, sagt Donald Gee in *Verheißung des Vaters* (Nov. 1956, S. 8). Eine Pfingsterfahrung ohne körperliche Offenbarung stimme weder mit dem biblischen Modell noch mit einem gesunden menschlichen Verstand überein (Dez. 1958, S. 15). »Wer auch immer die Taufe im Heiligen Geist empfangen hat, hat in Zungen geredet, wenigstens einmal, im Augenblick seiner Taufe. Es gibt kein anderes Zeichen der Geistestaufe als dieses« (H. Horton: Glossolalia, S. 62). »Der Beweis der Geistestaufe in Jerusalem, in Cäsarea und in Ephesus war nicht der Glaube, jedoch das Zungenreden. Genauso verhält es sich heute. Nur getauft zu sein, ohne einen Beweis, bedeutet gar nicht getauft zu sein« (H. Horton: *Baptism in the Holy Spirit*, Ass. of the God Publ. House 1956, S. 13–14). Einige Gruppen der Pfingstgemeinden, die das Zungenreden als normales Zeichen der Geistestaufe völlig bejahen, sind jedoch nicht damit einverstanden, daß daraus das einzige nötige und ausreichende Zeichen gemacht wird. Es sind dies die Gruppe aus Mülheim an der Ruhr, die Deutsch-Schweizerische Pfingstlermission, die »Elim Foursquare Gospel Alliance« Englands und die beiden Pfingstkirchen Chiles, die dem ökonomischen Rat angeschlossen sind.

[4] a.a.O. (9), S. 64.

[5] »*The Ministries of the Holy Spirit in the Church*« Trinity 1,3, 1962. Hoekema folgert: Es dominiert im Neo-Pfingstlertum dasselbe wie bei den Pfingstlern (mit möglichen Ausnahmen): das Zungenreden ist der notwendige Beweis für den Empfang der Geistestaufe, S. 48.

Der Lutheraner L. Christenson meint, indem die Schrift uns dieses Modell gibt, lege sie uns kein anderes nahe. In der Urgemeinde, sagt M. Harper, einer der Leiter der englischen Bewegung, habe die Gabe der Zungen normalerweise den Empfang des Geistes begleitet, aber heute, sei es möglich, diesen Segen ohne gleichzeitiges Zungensprechen zu empfangen, und zwar wegen der Unwissenheit, der Angst und den Vorurteilen gegenüber dieser Gabe.[6] Auf katholischer Seite scheint man weniger auf das Zeichen der »Ausgießung des Geistes« zu drängen. K. und D. Ranaghan zitieren in ihrem *Return of the Spirit* eine gewisse Anzahl von Zeugnissen, in denen die Gabe der Zungen nicht erwähnt ist. Aber auch sie sagen, daß sehr oft, wenn jemand im Heiligen Geist getauft ist, er sich dazu gedrängt fühle, gewisse Töne oder unbekannte Silben auszusprechen, und sie sprechen davon als von einer Offenbarung der Gegenwart des Geistes. Dort wo sich eine entscheidende und vertrauensvolle Begegnung mit dem Geist des Herrn vollzieht, sehe man unaufhörlich die Gabe der Zungen erscheinen. Die Glossolalie solle die »normale Erfahrung aller Christen« sein.[7]

In Deutschland macht A. Bittlinger daraus kein Zeichen, aber er sagt, daß die Zungenrede »sehr häufig« den Zugang zur charismatischen Dimension herstellt.[8] In Frankreich sagt der Pastor G. Ramseyer seitens der Protestanten: »Ob man es will oder nicht, das Zungenreden ist das normale Zeichen der Taufe im Heiligen Geist neben anderen sichtbaren und wahrnehmbaren Zeichen, die ausschließen, daß die Taufe unbemerkt vorbeigehen kann.«[9]

So findet man trotz der extremen Verschiedenheiten innerhalb der charismatischen Bewegung trotz allem das Echo der pfingstlerischen Lehre vom Zungenreden als dem Zeichen der Geistestaufe.

Was sagt die Schrift?

Das Zungenreden wird in fünf Abschnitten der Bibel erwähnt, die über drei Bücher des Neuen Testamentes verteilt sind (Mk., Apg., 1. Kor.). Auf den ersten Blick scheint es also weniger Bedeutung in der Urgemeinde gehabt zu haben als in den Pfingstkreisen und bei den heutigen Charismatikern. Diese Abschnitte bestätigen indessen deutlich die Gabe der Zungen zur Zeit der Apostel, und wir müssen untersuchen, was sie sagen. Wir beschränken uns hier auf die Frage: ist das Zungenreden das Zeichen der Geistestaufe?

---

[6] *Une puissance pour le Corps de Christ* (82), S. 27, 155, 167.
[7] *Le Retour de l'Esprit* (149), S. 27, 155. 167.
[8] *Und sie beten in anderen Sprachen* (15), S. 8.
[9] *Flashes sur la prière charismatique* (Charleville-Mézières, 1975, S. 15. Siehe die anderen Zeugnisse bei A. Kuen: *Die charismatische Bewegung* (104), S. 52–54.

A. Die Evangelien

Der einzige Abschnitt der Evangelien, in denen die Zungen erwähnt sind, sind zwei Verse am Ende des Markusevangeliums.

Mk. 16,17–18: »Diese Zeichen werden denen folgen, die glauben: In meinem Namen werden sie Dämonen austreiben, sie werden in neuen Sprachen reden, Schlangen aufheben, und wenn sie etwas Tödliches trinken, wird es ihnen nicht schaden; Schwachen werden sie die Hände auflegen, und sie werden sich wohlbefinden.«

Einige Bemerkungen drängen sich beim Lesen dieses Abschnittes auf: Jesus[10] spricht von Zeichen, die denen folgen (genau: zur Seite mitfolgen) werden, »die da glauben« (V. 17) im Gegensatz zu denen, die verdammt werden (V. 16).

Es ist die Rede vom Sprechen in neuen Zungen *(kainais glossais)*. Das Wort *glossa* bedeutet gewöhnlich: eine Sprache, die der Gemeinschaft zur Verständigung dient, also eine verständliche Sprache. Diese Prophezeiung ist also zu Pfingsten verwirklicht worden, denn die Parther, die Meder, die Elamiter . . . haben die Jünger in ihren Sprachen die großen Taten Gottes verkünden hören (Apg. 2,6.11). Die Kirchengeschichte und die zeitgenössischen missionarischen Jahrbücher führen einige andere Fälle an, in denen Diener Gottes das Evangelium in Sprachen verkünden haben können, die sie nicht gelernt hatten. Überhaupt befinden sich alle die Verheißungen in einem missionarischen Zusammenhang: Es sind »Zeichen«, die dazu bestimmt sind, die Aufmerksamkeit der Ungläubigen anzuziehen und den Verkünder und seine Botschaft bekannt zu machen. In diesem Zusammenhang haben die ersten Christen die Erfüllung dieser Verheißungen erlebt.

Es ist eine Sache, wenn man eine neue Sprache spricht, um Ungläubige zu evangelisieren, und es ist eine andere Sache, wenn man unverständliche Worte in seinem Gebet ausspricht.

Die neuen Sprachen sind nur eines der fünf Zeichen, die jene begleiten, die gläubig werden. Die ersten Christen haben gesehen, wie sich die meisten dieser Prophezeiungen erfüllten: die ausgetriebenen Dämonen (Apg. 16,18;

---

[10] Die Verse 9–20, zu denen diese Worte gehören, fehlen in den ältesten Dokumenten (Sinaiticus, Vatikanus). Sie befinden sich in den Manuskripten ab dem V. Jahrhundert. Sie enthalten Worte und Ausdrücke, die Markus gewöhnlich nicht benutzte. Überhaupt scheint sich der Vers 9 nicht an Vers 8 anzuschließen. Einige Manuskripte haben ein unterschiedliches Ende. Deshalb schätzen einige Spezialisten, selbst unter den konservativsten Evangelikalen, daß diese Verse nicht aus der Feder des Markus sind. Selbst wenn Markus diesen Schluß nicht abgefaßt hat, kann Jesus diese Worte ausgesprochen haben, und jemand anders hat sie hören und notieren können. Wenn die Verse nicht authentisch sind, so sind sie auf jeden Fall kanonisch. Wenn sie nicht von Markus sind, gehen sie aus der Urgemeinde hervor und bilden also ein Zeugnis, das zu analysieren ist.

19,22), die neuen Sprachen (Apg. 2,4; 10,6), die ohne Schaden ergriffene Schlange (Apg. 28,3-6), die geheilten Kranken (Apg. 5,15-16; 19,11-12) und viele andere Wunder (Apg. 5,12; 6,8; 8,6.13; 12,6-10; 14,3; 15,12; Röm. 15,19; 2. Kor. 12,12; Hebr. 2,3-4). Der Herr sagt nicht, daß alle Christen diese Wunder vollbringen. Die Gesamtheit dieser Zeichen ist viel mehr der Gesamtheit der Gläubigen gegeben, dem Leib der Gemeinde, in dem jeder seine besondere Gabe hat: »Dem einen wird durch den Geist das Wort der Weisheit gegeben . . . einem andern verschiedene Arten von Zungenreden . . . Haben alle Wunderkräfte? Haben alle Gnadengaben der Heilungen? Reden alle in Zungen?« (1. Kor. 12,8.10.30).
Es ist klar, daß nicht alle Christen diese verschiedenen Erfahrungen machen können. Dagegen weiß man, daß solche dramatischen Wirkungen häufig die evangelistische Predigt begleiten und die Umkehr im Glauben. Man kann sich also nicht dieses Verses bedienen, um die Lehre zu stützen, nach der alle Christen nach ihrer Bekehrung diese eine Erfahrung haben müßten, nämlich die Rede in unverständlichen Worten. Dann müßten nämlich alle treuen Christen auch Schlangenbändiger sein und ohne Schaden Gift trinken können. Aber die Pfingstler sind nicht sonderlich darum bemüht, ihre Jünger zu lehren, wie man Schlangen fängt und Gift trinkt, um zu beweisen, daß sie wahre Gläubige sind.

B. Die Apostelgeschichte

Die Apostelgeschichte liefert die einzige biblische Stütze für die neue Lehre, die aus dem Zungenreden das Zeichen der Geistestaufe macht. Donald Gee gesteht: »Unsere Kenntnis von der dem Gläubigen in der Geistestaufe geschenkten Bestätigung beschränkt sich streng auf die Fälle in der Apostelgeschichte.«[11]

Drei Beispiele werden als Beweise zitiert: Pfingsten, das Haus des Kornelius und die Jünger zu Ephesus. Allgemein fügt man die Episode der Samariter und die Bekehrung von Paulus an, obgleich in diesen beiden Fällen die Apostelgeschichte kein Zungenreden erwähnt.

1. Apostelgeschichte 2,4-13: Pfingsten

»Und sie wurden alle mit Heiligem Geist erfüllt und fingen an, in anderen Sprachen zu reden, wie der Geist ihnen gab auszusprechen (V. 4) . . . weil

---

[11] *Glossolalia*, S. 101, in *Pentecostal Evangel*, 47, S. 23.

jeder einzelne sie in seiner eigenen Mundart reden hörte« (V. 6). »Wie hören wir sie, ein jeder in seiner eigenen Mundart, in der wir geboren sind? Parther und Meder . . . wir hören sie von den großen Taten Gottes in unseren Sprachen reden?« (8.11). Man läßt allgemein gelten, daß die Sprachrede am Pfingsttage anders war als die, die in 1. Korinther 12-14 erwähnt wird. Die Unterschiede können hier folgendermaßen zusammengefaßt werden[12]:

Pfingsten (Apostelgeschichte)	In der Gemeinde zu Korinth (1. Korinther)
– alle 120 sprachen in Zungen (2,4)	– nicht alle sprachen (12,30)
– die Zungen wurden von allen Zuhörern verstanden (2,6)	– niemand verstand sie (14,2)
– die 120 sprachen zu den Menschen (2,6)	– man sprach zu Gott (14,2.9)
– kein Ausleger war nötig (2,6.8)	– Paulus verbietet das öffentliche Sprachenreden ohne Ausleger (14,23.28)
– die Zuhörer verwunderten sich (2,7-8)	– die Fremden wären geneigt, die Sprachenredner als verrückt zu erklären (14,23)
– alles geschah in Harmonie (2,1)	– die nicht geordneten Zungen säten Verwirrung (14,23)
– endgültiges Resultat: das Heil vieler Zuhörer (2,40)	– wer in Zungen ohne Ausleger redet, erbaut nur sich selbst (14,4)

Der wesentliche Unterschied zwischen den beiden Offenbarungen des Geistes war auf zwei Weisen erklärt worden:

a) Zu Pfingsten habe der Heilige Geist den Jüngern die Gabe verliehen, in den Sprachen der Völker zu reden, die durch die angereisten Juden vertreten waren. Das scheint fünfmal der Text von Lukas zu unterstreichen: »mit anderen Zungen« (= Sprachen) *(heterais glossais)*, »jeder in der eigenen Mundart« *(dialektö)*, »jeder in Unserer *Mundart*, darin wir geboren sind«, »in unseren *Zungen*« (V. 4.6.8.11). Für Jerusalem beschreibt Lukas das Zungenreden als ein an die Menschen gerichtetes Predigen *(apophthengesthai:* laut erklären, jemanden enthusiastisch anreden Apg. 24,14), das Evangelium in frem-

---

[12] Nach O. Sanders: *The Holy Spirit and His Gifts* (160), S. 125 und Griffiths (75), S. 16.

den Sprachen predigen (H. Haarbeck[13]). F. Büchsel sagt, für Lukas bedeute *glossa* immer eine existierende Sprache. Das Zungenreden sei auf alle Fälle niemals ein bedeutungsloses Stammeln, niemals Sprechen in einem exstatischen Zustand wie in den heidnischen Religionen.[14]

b) Andere machen darauf aufmerksam, daß der Text auf die Tatsache des Hörens in der eigenen Sprache hinweise (Ab V. 4). Es handele sich also ebenso um ein »Wunder des Hörens« wie des Sprachenredens. In Korinth dagegen verlangt Paulus, daß man in einer öffentlichen Versammlung nicht in Zungen redet, ohne daß jemand auslegt (1. Kor. 14,13.27.28). Diese Interpretation oder Auslegung ist auch eine Gabe des Geistes (12,10). Vom »Hörwunder« ist dort also nicht die Rede. »Am Pfingsttage aber tut der Heilige Geist in eigener Person ohne menschliche Vermittlung diesen Übersetzungsdienst . . . Das Pfingstgeschehen ist also *auch* ein »Hörwunder« . . . Nicht die einzelnen Jünger sprachen je verschiedene Sprachen, sondern der einzelne Hörer hörte alle Jünger *(wir hören sie)* je in seiner eigenen Sprache . . .« (W. de Boor)[15].

Welche Erklärung wir auch immer übernehmen, das Ziel des Wunders ist klar: Es sollte auf das göttliche Eingreifen aufmerksam machen und die Her-

---

[13] *Theol. Begriffslexikon*, Wuppertal 1971, Bd. III, S. 1409.
[14] *Der Geist Gottes im N.T.* (1926), S. 240, zitiert von Bittlinger *Glossolalia* (14), S. 46.
[15] *Die Apostelgeschichte* (Wuppertaler Studienbibel) (200), S. 53. Diese Auslegung hätte den Vorteil, das Zungenreden in der Apg. mit dem in 1. Kor. in Übereinstimmung zu bringen. Die verschiedenen Reaktionen der Zuhörer »Wie hören wir sie ein jeder in unserer Mundart . . . von den großen Taten Gottes reden« bis »Sie sind voll des süßen Weines« kommen denen auf die vom Himmel kommende Stimme sehr nahe: »Ich habe ihn verherrlicht und will ihn abermals verherrlichen.« Damals sprach das Volk, das dabeistand und zuhörte: Es donnert. Die anderen sprachen: es redete ein Engel mit ihm (Joh. 12,28-29). Kann man eine Stimme, die verständliche Worte ausspricht, mit einem Donnerschlag verwechseln – oder das Loben Gottes in Sprachen, die man versteht, mit dem Lallen eines Betrunkenen? Muß man nicht die Unterschiede der Wahrnehmung in den verschiedenen inneren Voraussetzungen der Zuhörer sehen? Wie beim Verstehen der Gleichnisse (Mt. 13,13-16) hätte der Geist eine Auswahl unter denen getroffen, die mit hörenden Ohren nicht hören (V. 13) aus Angst sich zu bekehren (V. 15), und denen, »deren Ohren hören« (V. 16), denn sie sind bereit, Gottes Botschaft zu empfangen. – Andererseits erklären sich die Dinge viel einfacher aus der Perspektive dieser zweiten Auslegung. Tatsächlich, sitzen Sie neben zwei oder drei Personen, die verschiedene Sprachen sprechen, von denen wenigstens eine Ihnen unbekannt ist – Sie wären unfähig zu verstehen, was es auch immer sei. Wer schon einmal bei internationalen Kongressen Simultanübersetzung durch ausgerichtete Lautsprecher hören mußte, kann das bestätigen, wenn sie in den Übersprechungsfeldern zweier Sprachen saßen. Zu Pfingsten sprach man wenigstens fünfzehn Sprachen gleichzeitig. Eine andere Tatsache, die mir von einem Freund berichtet wurde, läßt mich diese Auslegung vorziehen. In einer Versammlung charismatischen Typus überzeugte ein »Zungenredner« einen anwesenden Spanier dadurch, daß dieser sich in seiner eigenen Sprache angerufen hörte. Da die Versammlung auf Band aufgenommen worden war, wurde diese Botschaft einem Spanischlehrer unterbreitet, der dort nur Kauderwelsch hörte. L. Morris in seiner Erklärung von 1. Kor. 14,21: Vielleicht meint Paulus, die Gemeinde gehe es wie denen, die sich weigern, auf die Worte des Apostels zu hören und die damit bestraft werden, daß sie eine unverständliche Sprache hören (1. *Cor.*, Tyndale Press, London).

zen auf Gottes Wort vorbereiten. Die Gabe der Sprachen, das Windesrauschen und die Feuerzungen waren also *für die Nichtgläubigen ein Zeichen* des Eingreifens und der Gegenwart Gottes, lebendiges Zeichen als Beweis, daß der Geist und mit ihm die neue Befreiung gekommen war.

2. Apostelgeschichte 8: Die Bekehrung der Samariter

Lukas erwähnt nicht das Zungenreden. »Simon sah, daß der Heilige Geist gegeben wurde, wenn die Apostel die Hand auflegten« (V. 18); aber nichts erlaubt uns zu sagen, was er »gesehen« hat. Paulus sagt, daß die Frucht des Geistes die Liebe, die Freude, der Frieden ist . . . Diese Empfindungen offenbaren sich auch sichtbar, und man kann den Wunsch verstehen, anderen diese neue Lebensqualität mitteilen zu können.

In einem neuen Leben wandeln ist nach Paulus in Röm. 6,4 eben auch sichtbar. Gott loben, nach seinem Willen leben, sind ebenso sichtbare Zeichen des neuen Lebens wie das Sprechen fremder Sprachen.

Bruner: Wenn Lukas – oder die Urgemeinde – überzeugt gewesen wäre, daß nur die Zungenredner den Heiligen Geist empfangen haben, wenn dieses Zeichen die Bedeutung gehabt hätte, die man ihm zuspricht, daß, wo das Zeichen fehlt, das Vorhandensein des Faktums selbst angezweifelt werden kann – warum hat Lukas es dann versäumt, die Unverzichtbarkeit dieser Bedingung zu erwähnen? Warum erwähnt er es dann nicht bei jeder Gelegenheit und warum nicht hier, wo der Heilige Geist vorerst nicht empfangen worden war? Die einzige Folgerung, die Bruner aus diesem Stillschweigen zieht, ist, daß Lukas anderer Meinung ist. Paulus lehrte das nicht, die Evangelien verlieren kein Wort darüber. Diese Lehre kann nirgendwo im Neuen Testament gefunden werden.[16]

Danach ist es zwar nicht unmöglich, daß die Samariter in Zungen gesprochen haben, aber Lukas erwähnt es nicht, und dieses Stillschweigen hat Gewicht.

Aber selbst wenn wir den Verteidigern der Zungenrede hier Zweifel zugestehen, würde dies noch nicht beweisen, daß Zungenreden das Zeichen einer »zweiten Erfahrung« sei, die Geistestaufe genannt wird; denn bei diesem »samaritanischen Pfingsten«, in dessen Verlauf zum erstenmal eine Gruppe von Nichtjuden zur Gemeinde zugelassen wurde, hätte das Zungensprechen dieselbe Rolle gespielt wie bei der Bekehrung der Heiden im Hause des Kornelius: als Zeichen der Ausweitung des Reiches Gottes auf eine neue Volksgruppe, Erinnerung an Pfingsten (vgl. Apg. 11,16–17).

---

[16] a.a.O. (30), S. 179.

3. Apostelgeschichte 9: Die Bekehrung des Paulus

Da Paulus den Korinthern sagt, daß »er mehr mit Zungen redet als sie alle« (1. Kor. 14,18), schließt man, daß er wohl einmal hat beginnen müssen und daß er wie alle im Augenblick seiner Geistestaufe begonnen hat bei Ananias – im Hause des Judas. Diese Auslegung legt die Bekehrung auf den Weg vor Damaskus und trennt sie von der Geistestaufe im Hause des Judas. Da Ananias von einem vom Geist Erfülltsein spricht (V. 17) und da man Zutritt dazu durch »die Geistestaufe« hat, und da diese Taufe immer vom Zungenreden begleitet ist, muß – nach diesen Folgerungen – Paulus in Damaskus in Zungen gesprochen haben.

Unglücklicherweise sagt gerade dies der Text nirgendwo, obwohl Lukas doch dreimal die Erzählung von der Bekehrung des Apostels berichtet, die eine Art Hauptrolle in seinem Buch spielt (Kap. 3; 22; 26). Aber in keinem dieser Berichte gibt es die leiseste Anspielung auf das Zungenreden. Ist das nicht der Beweis, daß Lukas kein waschechter Pfingstler war und daß er wohl kaum an die Lehre dieses »obligatorischen« oder »normalen« Zeichens geglaubt hat. Kann man vernünftigerweise annehmen, Lukas hätte eine solche Gelegenheit verfehlt, wenn es seine Überzeugung gewesen wäre, daß Zungenrede das offenbare Zeichen von der Fülle des Geistes ist? Zeigt diese »Beweisführung« nicht die Zerbrechlichkeit der biblischen Stützen und den künstlichen Charakter der Schlußfolgerungen?

4. Apostelgeschichte 10 und 11: Die Bekehrung des Kornelius

»Während Petrus noch diese Worte redete, fiel der Heilige Geist auf alle, die das Wort hörten. Und die Gläubigen aus der Beschneidung, die mit Petrus gekommen waren, gerieten außer sich, daß auch auf die Heiden die Gabe des Heiligen Geistes ausgegossen worden war, denn sie hörten sie in Zungen reden und Gott hoch preisen« (10,44–46). – »Während ich aber zu reden begann, fiel der Heilige Geist auf sie, so wie auch auf uns im Anfang. Da dachte ich an das Wort des Herrn, wie er sagte: Johannes taufte zwar mit Wasser; ihr aber werdet mit Heiligem Geist getauft werden. Wenn nun Gott ihnen die gleiche Gabe gegeben hat wie auch uns, die wir an den Herrn Jesus Christus geglaubt haben: Wer war ich, daß ich hätte Gott wehren können . . .« (11,15–17).

Erinnern wir uns zunächst, daß es sich auch hier um die Anfangserfahrungen der Bekehrung handelt und nicht um eine »zweite Erfahrung«. Der Bezug auf die Geistestaufe (11,16) bestätigt, was der Rest der Schrift über dieses Thema lehrt: Die Geistestaufe bezieht sich auf die Wiedergeburt, auf die Eingliederung in den Leib Christi.

Hier wohnen wir der ersten Bekehrung von Heiden bei, dem ersten Eingegliedertwerden von Nichtjuden in den Leib Christi. Diese Bekehrung ist vom Zungenreden gezeichnet – nach zehn Jahren Stillschweigen über dieses Thema der Zungen. Um was für »Zungen« handelt es sich?

a) – um dieselben Zungen wie am Pfingsttag, antworten die einen, denn Lukas benutzt dasselbe Wort *(glossais)*, Petrus präzisiert, daß der Heilige Geist auf die Heiden hinabstieg, »wie auf uns am Anfang« und daß Gott jenen »dieselbe Gabe« wie ihnen gewährt hat *(isèn* = gleich. Das Wort »Gabe« kann sich auf den Heiligen Geist beziehen; aber das Herabsteigen des Heiligen Geistes war wie am Pfingsttag durch das Zungenreden erkannt worden, das besagt das »Denn . . .« des Verses 46).

b) – um verschiedene Sprachen, sagen andere, um ein ekstatisches Reden wie in Korinth und wie in den heutigen pfingstlerischen Versammlungen. Lukas wiederholt nicht das Wort »andere *(heterais)* Zungen«, das er in Apg. 2,4 benutzt. »Sie hörten sie in Zungen reden und Gott hoch preisen«: Es handelt sich um zwei verschiedene Dinge.

Wir können dabei noch nicht zu einer sicheren Lösung über die Natur dieser Gaben kommen. Wenn es sich in Apg. 2 um eine Sprache handelt, die ohne ein Hörwunder Gottes unverständlich war, kann es sich in Apg. 10 um das gleiche handeln. Die Jünger haben die Heiden Gott in Zungen verherrlichen hören können, weil Gott ihnen die Gabe der Auslegung gab. Oder: Gott hat sie in einer für sie selbst unbekannten Sprache sprechen lassen, die aber von den Juden – in aramäisch, beispielsweise – verstanden wurde.

Wichtiger als die Art ist einmal mehr das Ziel des Wunders: die Zungen bezeichneten auch hier die Ankunft des Heiligen Geistes.

»Ohne das Zeichen der Zungen hätten die Juden die Heiden nicht als authentische Christen und wirkliche Gemeindeglieder anerkannt« (Griffiths).[17] »Das Zungenreden der Heiden sprach lauter als die Gesetzesvorschriften; sie wurden von dieser Erfahrung überholt, und die Gemeinde öffnete sich für sie« (M. Kelsey).[18]

Vielleicht will Paulus seine rätselhafte Bemerkung über das Zungenreden in 1. Kor. 14,21–22, wo er Jes. 28,11–14 zitiert, als Zeichen für die ungläubige jüdische Nation angewendet sehen. Das Reden in den unbekannten Sprachen der Fremden ist für die Juden ein Zeichen der Annahme dieser Fremden in das Volk Gottes, aber auch zugleich ein Zeichen ihrer eigenen Ablehnung als auserwähltes Volk.[19]

Der Heilige Geist fiel auf sie – Petrus sagt nicht »wie sonst immer, wenn er

[17] a.a.O. (75), S. 27.
[18] a.a.O. (101), S. 49.
[19] Siehe: Criswell, a.a.O. (42), S. 114–155.

die Gabe der Zungenrede als Zeichen seines Kommens gewährte« – »wie auf uns im Anfang« (11,15). Petrus erwähnt eben als einzige Parallele Pfingsten. Man kann daraus schließen, daß er entweder keine anderen kannte oder daß für ihn das Geschehen in einer Art neue Pfingsten war. »Da dachte ich an das Wort des Herrn« (V. 16). Diese Bemerkung hat keine Bedeutung mehr, wenn das Zungensprechen eine gewöhnliche, allgemeine Erfahrung gewesen wäre, wenn Apg. 2 die Regel gewesen wäre und das Kommen des Geistes normalerweise durch das Zungenreden gekennzeichnet gewesen wäre (Griffiths). »Wenn nun Gott ihnen die gleiche Gabe gegeben hat wie auch uns, die an den Herrn Jesus Christus glauben . . .« (V. 17): Wie gesagt, Petrus setzt die Gabe des Heiligen Geistes in Beziehung zum Glauben an Jesus Christus; sie wird verliehen, sobald man gläubig wird. Sie dient Petrus als Zeichen, die Taufe gewähren zu können, als Symbol der Wiedergeburt, die Eingangserfahrung des christlichen Lebens. Wenn wir annehmen, Petrus habe durch das Wort *Gabe* die Gabe der Zungenrede bezeichnen wollen, können wir unterstreichen, daß er nicht sagt »dieselbe Gabe wie allen Gläubigen« oder »all denen, die vom Heiligen Geist getauft sind«, sondern: »dieselbe Gabe wie auch *uns,* die da glauben an den Herrn Jesus Christus«. Hier ist die einzige Parallele, die außergewöhnliche Erfahrung von Pfingsten.

5. Apostelgeschichte 19: Die Bekehrung der Epheser

»Als sie es aber gehört hatten, ließen sie sich auf den Namen des Herrn Jesus taufen, und als Petrus ihnen die Hände aufgelegt hatte, kam der Heilige Geist auf sie und sie redeten mit Zungen und weissagten« (19,2–6).

Erinnern wir uns, daß es sich hier nicht um eine der Bekehrung nachfolgende Erfahrung handelt, sondern um die Eingliederung der ehemaligen Johannesjünger in den Leib Christi. Bruner weist darauf hin, daß uns Lukas vom Zeitraum zwischen der Konferenz in Jerusalem und dieser Episode sechs Bekehrungen von Griechen berichtet: die von Lydia, dem Kerkermeister zu Philippi, den Thessalonichern, den Beröern, einigen Athenern und Korinthern. Die einzigen angezeigten Erscheinungen sind der Glaube an das Evangelium, die Taufe und die Früchte des neuen Lebens: die Liebe, die Freude, der Wunsch nach dem Gemeinschaftsleben. »Nichts anderes scheint Lukas zu interessieren.«[20]

Nun, erst hier in Ephesus fangen Johannesjünger an, in Zungen zu reden, und erst im Augenblick ihrer Bekehrung beginnen sie zu prophezeien. Warum? Hier wie auch anderswo sind wir auf Mutmaßungen angewiesen – die

[20] a.a.O. (30), S. 205.

Pfingstler wie auch andere, weil es keine Erklärung dafür gibt, warum Lukas das Reden in Zungen hier, aber nicht anderswo erwähnt, wenn es doch während des Hinabsteigens des Heiligen Geistes obligatorisch gewesen wäre.

Hoekema denkt, weil diese Jünger noch nichts von der Ausgießung des Heiligen Geistes gehört hatten, sollten sie ohne den Schatten eines Zweifels wissen, daß die große Erlösung tatsächlich stattgefunden hatte. Das beste Mittel, sie zu überzeugen, waren zwei der besonderen Gaben, die der Geist den Jüngern am Pfingsttag verliehen hatte: die Sprachenrede und die Prophetie. Auch Hoekema sieht hier in Ephesus eine Art Ausweitung von Pfingsten.[21] Damals galt das Zeichen denen, die den Heiligen Geist empfingen.

Andere erinnern daran, daß wir mit diesem Beispiel einmal mehr am Übergang vom Alten zum Neuen Bund stehen. Wieder andere unterstreichen die große Freiheit, die in den ersten Tagen im Handeln der Diener Gottes feststellbar sei, und wir müßten zu Protokoll nehmen, daß Gott seine Freiheit liebt. Diese Bemerkung gibt keinem der Anhänger und Gegner der Zungen recht: es ist klar, daß die Zungen in Ephesus ein Zeichen des Kommens des Geistes gewesen sind, so wie sie es zu Pfingsten gewesen sind und während der Bekehrung des Kornelius. Es ist nicht weniger klar, daß sie nur in diesen drei Fällen der Bekehrung erwähnt sind und nicht in den zahlreichen anderen.

Folgerungen zur Apostelgeschichte

Die Apostelgeschichte erzählt uns ein einzigartiges Geschehen: die Gründung und Ausdehnung der Gemeinde in der jüdischen und heidnischen Welt. Diese Geschichte kann sich niemals wiederholen. Wir können also nicht ohne weiteres die berichteten Tatsachen auf unsere zeitgenössischen Situationen anwenden. Gewisse markante Zeitabschnitte sind durch außergewöhnliche Ereignisse hervorgehoben worden. Erinnern wir uns, daß es zu den Grundprinzipien biblischer Interpretation gehört, daß die biblischen Berichte von Ereignissen zwar eine biblische Lehre illustrieren und erklären, sie niemals aber begründen können.

Nichtsdestoweniger können wir aus der Apostelgeschichte Folgerungen hinsichtlich der Frage, die uns beschäftigt, ziehen:

1. Die Apostelgeschichte berichtet uns nur *drei Fälle* von Zungenreden, und jeder dieser Fälle kann als außergewöhnlich angesehen werden.

2. Alle drei beziehen sich auf *die Ankunft des Geistes* in Gläubige, also bei ihrer Bekehrung, und nicht auf eine zweite Erfahrung.

3. Die Apostelgeschichte berichtet auch von *vielen Fällen von Bekehrung*

---

[21] *What about tongue-speaking* (87), S. 76.

ohne Zungenreden. Aber selbst die Annahme, dieses Buch sei für aktuelles Christentum normativ, bedeutet nicht, das Kommen des Geistes müsse notwendigerweise gleichzeitig von sichtbaren Zeichen begleitet sein. Man zitiert immer die drei außergewöhnlichen Fälle, in denen Gruppen im Augenblick der Bekehrung in Zungen geredet haben. Man vergißt die anderen, deren Bekehrung nicht auf diese Weise gekennzeichnet war. Man kann um die zwanzig Abschnitte aufzählen, die von der Bekehrung von Tausenden von Gläubigen berichten[22], und stellt fest, daß das Zeugnis der Apostelgeschichte die pfingstlerische Lehre nicht stützt, nach der das Zungenreden zur Geistestaufe gehöre und dies das neutestamentliche Modell für alle Gläubigen sei.

4. Gar nirgends steht, daß auch nur in *einem der Fälle* die, die in Zungen redeten, danach getrachtet hätten. Die Gabe wurde ihnen souverän verliehen.

5. Die Gabe der Zungenrede wurde nicht besonders Erwählten oder dafür vorbereiteten Individuen, sondern *ganzen Gruppen* verliehen. Alles ist unerwartet geschehen in ein und derselben Versammlung am Anfang ihrer christlichen Erfahrung. So kann die Gabe der Zungenrede zwar als ein Beweis dafür gelten, daß der Heilige Geist einer bestimmten Gruppe gegeben wurde – nicht aber als Nachweis für die Taufe oder die Fülle des Geistes.

6. In der Apostelgeschichte wird *ein einziges Mal die Fülle des Geistes und das Zungenreden zusammen erwähnt:* Apg. 2. Wir haben gesehen, daß in diesem Buch neunmal vom Erfülltsein mit dem Heiligen Geist die Rede ist. Aber keine dieser Erfahrungen von Fülle des Geistes nach Pfingsten trägt das Zeichen der Zungenrede. Weder Petrus vor dem Hohen Rat (4,8), noch die Diakone (6,5), noch die Jünger, die zusammen gebetet haben (4,31), noch Stephanus (7,55), noch Barnabas (13,8), noch Paulus bei seiner Taufe (9,17), noch die Jünger von Antiochien (13,52) haben in Zungen gesprochen, und alle waren vom »Heiligen Geist erfüllt«. Man kann also keineswegs sagen, das Zungenreden sei ein normales – noch weniger ein obligatorisches – Zeichen der Tatsache, daß man vom Geist erfüllt ist.

7. Bei allen in der Apostelgeschichte beschriebenen Fällen ist das Zungenreden Zeichen des Geistes, entweder für die Anwesenden (Apg. 2 und 10) oder für die Nutznießer (Apg. 19). Wir finden aber nirgendwo die Ausübung der »Gabe des Zungenredens«, von der Paulus in 1. Kor. 12,14 spricht, weder für private Erbauung, noch im Verlaufe einer Versammlung.

Eine Frage bleibt offen: Handelte es sich um existierende fremde Sprache oder um unverständliches Sprechen in einem ekstatischen Zustand?

---

[22] Apg. 3; 4,4; 5,14; 6,7; 8,36; 9,42; 11,21; 13,12.43; 14,1.21; 16,14.34; 17,4.11.12.34; 18,4.8; 28,24.

C. Die Briefe

Die einzige Erwähnung des Zungenredens in den Briefen befindet sich in 1. Kor. 12–14. Nach diesen Kapiteln war die Gabe der Zungenrede eine namhafte Gabe des Geistes Gottes (12,10.30). Selbst wenn sie den anderen untergeordnet und für die Gemeinde unnütz war, solange sie nicht von einer Auslegung begleitet wurde (14,4–5), sollte man nicht ihre Betätigung verhindern (14,39). Was sagt nun Paulus zur Frage, ob die Zungenrede das Zeichen der Geistestaufe ist?

1. Der Apostel benutzt dasselbe Wort wie Lukas in der Apostelgeschichte: Glossais, es gibt also trotz der oben angeführten Unterschiede keinen Grund, darin *ein anderes Phänomen* zu sehen.

2. Paulus bringt Zungenreden *niemals mit einer »zweiten Erfahrung« in Verbindung,* die »Geistestaufe« genannt würde, und der sie als Anfangszeichen diente. Von Geistestaufe ist in diesem Abschnitt wohl die Rede, aber so, daß zwar alle Korinther sie erhalten haben (12,13), aber nicht alle auch in Zungen sprechen (12,30).[23]

3. Das Zungenreden wird auch nicht *mit der Fülle des Geistes in Verbindung gebracht.*[24] Die Fülle des Geistes zeigt sich in der Apostelgeschichte und im Epheserbrief in einer engen Beziehung zu Gott und in neuen Beziehungen zu den Menschen (vgl. Eph. 3,14–19; 5,15–22). Aber nichts dergleichen zeigt sich in der Gemeinde zu Korinth, in der diese Gabe praktiziert wurde. Paulus, der anerkennt, daß ihnen keine Gabe fehlt (1,7), bedauert ihren geistlichen Infantilismus und ihr fleischliches Christsein (3,1–3). Das Zungenreden ist also sicherlich nicht das Zeichen eines vom Geist erfüllten Lebens.

4. Paulus sagt, daß Zungenrede *ein Zeichen* ist, aber für den *Ungläubigen* (14,22). Er zitiert Jesaja (28,11), und dort handelt es sich um ein Zeichen der Verdammung. Nichts paßt hier in diesem schwierigen Abschnitt zu den Zungen, die das Kommen des Geistes anzeigen.

5. Zungenrede ist nicht an sich ein Zeichen für die Anwesenheit von Gottes Geist, sie soll im Gegenteil einer Untersuchung unterworfen werden, um ihren Ursprung zu überprüfen. Die Entfaltung des Themas »geistliche Gaben« beginnt mit einer Ermahnung: »Deshalb tue ich euch kund, daß niemand, der

---

[23] Selbst pfingstlerische Autoren geben zu, daß dieser Abschnitt der Schrift nicht die Frage behandelt, ob die Zungenrede Beweis für die Taufe im Geist ist (D. Gee, *Glossolalia,* S. 100).
[24] Einer der besten Theologen des Pfingstlertums, C. Brumback, räumt ein, daß 1. Kor. 12–14 nicht den geringsten Hinweis gibt, daß die Zungen mehr oder weniger direkt der Fülle des Geistes zugestellt sind (a.a.O.) (28), S. 266.

im Geist Gottes redet, sagt: Fluch über Jesus! und niemand kann sagen: Herr Jesus, außer im Heiligen Geist« (12,3).

Vermutlich – so die Kommentatoren – brachten die Prophezeiungen oder die Auslegungen der Botschaften in Zungenrede solch blasphematorischen Ausspruch (Fluch über Jesus), daß die aus der Fassung geratenen Korinther den Apostel um Rat gebeten haben, was man davon zu denken habe. Paulus gibt ihnen ein Kriterium zum Prüfen der Geister: Wenn jemand durch den Geist Gottes spricht, kann er nur die Herrschaft Christi bekennen. Die Unsicherheit, die sich hier äußert, läßt folgern, daß man sehr gut – in Prophezeiungen oder in Zungenrede – unter der Inspiration eines anderen Geistes sprechen kann.

Die Geschichte lehrt uns tatsächlich, daß das Zungenreden sehr häufig in den heidnischen Religionen vorkommt, von denen ja auch die Korinther herkamen (Wunderreligionen: Eleusis, Delphi).[25] Übrigens wurde die Formulierung in Vers 2 (»ihr werdet zu den stummen Götzen hingezogen, ja *fortgerissen*«: *apago*) als ein »Terminus technicus« erkannt, der für die Ekstase in den dionysischen Kulten gebraucht wurde.

Jede charismatische Aktivität bleibe mehrdeutig und mache eine eingehende Prüfung erforderlich, schreibt S. Trugwell.[26] Es gibt seiner Ansicht nach keinen Grund, *a priori* anzunehmen, daß die Personen, die in Zungen reden, unbedingt unter dem göttlichen Einfluß sprechen.

Die Erfahrung hat bewiesen, daß ernsthafte Personen unter den Einfluß von schlechten Geistern geraten sind, als sie die Gabe der Zungen suchten. Sie haben in Zungen gesprochen, aber ihr Leben hat das Zeichen eines satanischen Einflusses getragen, und für ihre Gesundung war eine echte Austreibung nötig. Das Zungenreden kann auch das einfache Produkt einer übernervösen Seelenstruktur sein. Wenn das Zungenreden also satanischen oder psychischen, genausogut wie göttlichen Ursprungs sein kann, kann es nicht als gültiges Kriterium dienen.

Folgerungen

Keiner der Abschnitte des Neuen Testaments lehrt, daß das Zungenreden den ersten Empfang des Geistes bezeichnen muß oder aber eine zweite Erfahrung, die »Taufe im Heiligen Geist« oder »Fülle des Geistes« genannt wird. Die einzige Erwähnung der Zungen in den Evangelien befindet sich in einer Liste von

---

[25] Siehe: J.Weiss, *Korintherbrief*, S. 335–339; H.Litzmann, *Korinther* S. 68ff.; J. Behm. Art. glossa in Theol. Wörterbuch, N.T., T. I., S. 722ff.
[26] Die Gabe der Zungen nach dem N.T., *Vie Spirit*, 1–2, 1974, S.58.

verschiedenen Zeichen, die die Predigt des Evangeliums begleiten können; die drei Texte der Apostelgeschichte beziehen sich auf besondere Fälle, die jedoch von einer Vielzahl von Fällen aufgewogen werden, in denen Personen den Heiligen Geist erhielten, von ihm erfüllt wurden, ohne in Zungen zu sprechen. Der einzige Abschnitt der Briefe, der den Zungen gewidmet ist, erwähnt weder den Empfang noch die Fülle des Geistes und sagt auch nicht, daß die Zungen das Zeichen der einen oder anderen Gnadengabe wären. Außerhalb dieser sechs Kapitel, die die Zungen erwähnen, bleiben 226 Kapitel des Neuen Testaments in diesem Punkt völlig stumm. Dieses Stillschweigen sticht einzigartig von den Zeugnissen ab, die aus den pfingstlerischen oder charismatischen Kreisen hervorgehen, in denen fast ohne Ausnahme die Zungen erwähnt sind. Hätten sie für die Apostel den Wert eines Zeichens gehabt und dieselbe Bedeutung für das geistliche Leben, wie man das heute behauptet, müßte man sich fragen, warum der Apostel Paulus in seinen Lehrbriefen an Christen, die er nicht persönlich kannte, niemals davon spricht (Römer, Epheser, Kolosser) oder auch in den Briefen an Neubekehrte, die er zu früh hatte verlassen müssen (Thessalonicher). Warum machen weder der Autor des Hebräerbriefes, noch Jakobus, noch Petrus, noch Judas, noch Johannes darüber die geringste Andeutung, wo sie doch gerade um das geistliche Leben ihrer Briefempfänger besorgt sind, um deren Beziehung zu Gott, um ihr Gebet, um ihr Loben, um ihre Fürbitte – das heißt, um Aspekte des inneren Lebens, denen das Gebet in Zungen sichtbar eine neue Dimension, eine tiefe, unbekannte Intensität gäbe? Es gibt keinen Zweifel: Die Bibel setzt den Akzent auf andere geistliche Realitäten als die pfingstlerischen oder neopfingstlerischen Autoren. Der Schwerpunkt ist anderswo als bei diesen Autoren, bei denen wir eine gefühlvollere Frömmigkeit finden, die mehr auf das ausgerichtet ist, was man sieht und was man nachempfinden kann. Deshalb spielt das Zungenreden eine unterschiedliche Rolle.

Nun verhehlen die Pfingstler nicht, daß sich ihre Lehre nicht so sehr auf die Bibel selbst stützt, sondern auf gewisse dogmatische Prämissen zum Thema Geistestaufe. Der hervorragendste pfingstlerische Theologe, Donald Gee, erklärt es so:»Unsere Aussage«, daß der»Anfangsbeweis«einer Taufe im Geist das Zungensprechen ist, beruht auf der logischen Konsequenz folgender Beweisführung: das Neue Testament betont, daß die Taufe im Heiligen Geiste eine endgültige persönliche Erfahrung ist. Sie ist gleichzeitig dem bewußt, der sie gemacht hat, und sie offenbart sich denen, die bei dieser Gelegenheit anwesend sind. Daraus ergibt sich, daß es im Augenblick der Taufe im Heiligen Geist sowohl eine persönliche und bewußte Erfahrung geben muß als auch eine äußere und offenkundige. Genau das sehen wir im Neuen Testament verwirklicht. Welches ist diese Erfahrung?« Der Autor zitiert dann die vier klassischen Fälle der Apostelgeschichte und folgert: »Die Bestätigung dieser Lehre wird mit Sicherheit heute noch durch die Erfahrung von Tausenden von Gläubigen aller Denominationen in der ganzen Welt gestützt.« Ein wenig weiter: »Eine geistliche, derart überwältigende Erfahrung, die die Bibel ›Taufe‹ nennt, erscheint undenkbar und auch nicht nachprüfbar, wenn sie nicht von emotionalen, äußeren Erscheinungen begleitet ist.«[27] So nimmt man den biblischen Ausdruck »Geistestaufe«, definiert diese Taufe als eine notwendigerweise für den Nutznießer bewußte und für die Anwesenden offensichtliche Erfahrung und kommt so über die logische Schlußfolgerung (»es muß da sein«) zum Zeichen der Zungen. Sobald es also heute eine der Bekehrung nachfolgende Erfahrung gibt, die die bestimmten Charakteristika hat – d.h. sobald es Leute gibt, die bei einer nach der Bekehrung gemachten Erfahrung in Zungen sprechen –, muß die Beweisführung richtig sein. Wenn dagegen »die Geistestaufe« aus biblischer Sicht nicht unbedingt eine für den Nutznießer bewußte und für die Anwesenden offensichtliche, wenn es eine zweite Erfahrung überhaupt nicht gibt, wenn sie selbst im Rahmen der biblischen Offenbarungen nicht existiert, bricht die ganze Begründung zusammen. Die Erfahrung bleibt offensichtlich, aber sie hat sicher nicht die Bedeutung, die ihr von der pfingstlerischen oder charismatischen Lehre zugesprochen wird – selbst dann nicht, wenn man, anstatt sie »Geistestaufe« zu nennen, von einem »Erfüllt-sein vom Geist« spricht, denn, wie wir in einem folgenden Kapitel sehen werden, ist die »Fülle des Geistes« nach der Bibel etwas anderes.

[27] *Glossolalia*, S. 100, 108.

Kapitel VII

Die Zeichen der Geistestaufe

Wenn, wie wir es gesehen haben, die Geistestaufe die Wiedergeburt ist, gibt es ein – oder mehrere – Zeichen, das uns erkennen hilft, ob jemand die geistliche Taufe erhalten hat oder nicht?

Jesus und die Apostel benutzen häufig das »kennen, wiedererkennen« (ginôskô), und nennen dann Zeichen, die uns helfen, die wahre Natur dessen festzustellen, was wir vor uns haben: »An ihren Früchten sollt ihr sie erkennen« (Mt. 7,16.20), denn »an der Frucht erkennt man den Baum« (12,33). In seinem ersten Brief hilft der Apostel Johannes den Christen anhand bestimmter Kriterien zu erkennen, ob jemand »von Gott geboren ist«, ob er »ein Kind Gottes ist«, ob er den Geist Gottes erhalten hat. Welches sind diese Erkenntniszeichen oder Früchte des neuen Lebens?

A. Christus bekennen

An dem ersten Bekenntnis eines Menschen zu Jesus als dem Christus, dem Sohn des lebendigen Gottes (Mt. 16,16), hat Jesus das Handeln des Geistes Gottes erkannt: »Selig bist du, Simon, Jonas Sohn«, sagt er, »denn Fleisch und Blut hat dir das nicht offenbart, sondern mein Vater im Himmel« (Mt. 16,17). Ohne diese innere Offenbarung kann niemand Jesus als Christus, den Herrn, bekennen. Der Apostel Paulus erklärt: »Niemand kann Jesus einen Herrn heißen, außer durch den Heiligen Geist« (1. Kor. 12,3). Deshalb läßt die Gemeinde den Täufling im Augenblick der Wassertaufe, dann also, wenn sie jemanden als vom Heiligen Geist getauft und in den Leib Christi eingegliedert erkannt hat, bekennen: »Ich glaube, daß Jesus Christus Gottes Sohn ist« (Apg. 8,37). Selbst wenn dieser Vers, der nur in späteren Handschriften zu finden ist, nicht zum Urmanuskript gehörte, bescheinigt er doch den Gebrauch eines Taufbekenntnisses in einer sehr frühen Epoche . . . »Es ist eines der ältesten Glaubensbekenntnisse, die wir kennen«, schreibt O. Cullmann.[1]

Eines Tages werden sich »im Namen Jesu aller derer Knie beugen, die im Himmel und auf Erden und unter der Erde sind, und alle Zungen bekennen, daß Jesus Christus der Herr sei, zur Ehre Gottes, des Vaters« (Phil. 2,11). Der Christ bekennt es seit Pfingsten, denn er gehört bereits der zukünftigen Welt an.

---

[1] *Les premières confessions de foi chrétiennes,* Paris 1943, S. 14.

Weil sie gesagt haben »*Kyrios Christos*« (Christus ist der Herr) anstelle von »*Kyrios Kaisar*« (der Kaiser ist der Herr), haben die Christen den Märtyrertod erduldet. »Was ist schon so Schreckliches dabei, zu sagen *Kyrios Kaisar* und zu opfern?« fragte der kaiserliche Beamte den Christen Polycarpus zu Smyrna.[2] Aber wenn der sich zum Kaiser als Herrn bekennt, so leugnet er damit Christus als alleinigen Herrn. Denn »wenn du mit deinem Mund Jesus als Herrn bekennst und in deinem Herzen glaubst, daß ihn Gott von den Toten auferweckt hat, so wirst du errettet« (Röm. 10,9). Der Apostel Johannes bezeichnet das Bekenntnis zu Christus als Unterscheidungskriterium für den aus Gott Geborenen: »Wer den Sohn bekennt, hat auch den Vater« (1. Joh. 2,23). »Hieran erkennt ihr den Geist Gottes: Jeder Geist, der Jesus Christus im Fleisch gekommen bekennt, ist von Gott« (4,2–3). »Wer bekennt, daß Jesus der Sohn Gottes ist, in dem bleibt Gott und er in Gott« (4,15; vgl. 5,10).

Da der Neubekehrte im Augenblick seiner Taufe seinen Glauben an Christus bekannte, kann Brunner sagen, daß die Wassertaufe zum *medium exhibitirum* (Mittel zur äußeren Offenbarung) der Taufe im Geist wird . . . Die Apostelgeschichte lehrt, daß die Taufe das sichtbare Zeichen für den Empfang der Sündenvergebung ist, an die die Gabe des Heiligen Geistes gebunden ist![3]

Die Geistestaufe war zur Zeit des Neuen Testaments nicht durch das Zungensprechen gekennzeichnet, obgleich es öfters geschehen ist, sondern durch die Wassertaufe, durch die sich der Christ der Gemeinde anschloß; sie gab das öffentliche Zeugnis dessen, was auf geistigem Gebiet geschehen war. Das notwendige Zeichen der Geistestaufe war die Wassertaufe, bestätigt auch Bridge-Phypers.[4]

Calvin sagte: »Die Taufe dient unserem Bekennen vor den Menschen auf folgende Weise: Es ist ein Zeichen und ein Aushängeschild, durch das wir erklären und öffentlich versichern, welches unser Glaube ist.«[5]

Es ist klar, daß dieses »liturgische« Bekenntnis zu Christus dem Herrn von einem praktischen Bekenntnis begleitet sein muß: denn durch unser ganzes Leben zeigen wir, daß Christus wirklich unser Meister ist, daß wir ihm gehorchen und nicht mehr den Anweisungen unseres früheren Meisters folgen.

Deshalb ist das zweite Kriterium der Geistestaufe:

---

[2] Martyr Polyc. 8,2.
[3] a.a.O. (30), S. 169–170.
[4] a.a.O. (24), S. 115–116.
[5] Institutio IV. 15,1

B. Im Lichte wandeln

Das ist es, an was der Herr dachte, als er von den Früchten sprach, an denen man die wahren von den falschen Propheten unterscheiden kann. Tatsächlich fügt er gleich hinzu: »Nicht jeder, der zu mir sagt: Herr, Herr! wird in das Reich der Himmel eingehen, sondern *wer den Willen meines Vaters tut, der in den Himmeln* ist« (Mt. 7,21). Er setzt diese letzteren denen gegenüber, die »Übeltäter« sind (V. 23) und er illustriert seinen Gedanken durch das Gleichnis von den zwei Häusern (V. 24–27), nach dem nur der fortbestehen wird, der sein Wort in die Tat umsetzt.

Nach der Lehre Jesu ist der Gehorsam gegenüber dem Willen Gottes eines der wesentlichen Zeichen des wahren Jüngers: »Wer meine Gebote hat und sie hält, der ist es, der mich liebt . . . Wenn jemand mich liebt, so wird er mein Wort halten; und mein Vater wird ihn lieben, und wir werden zu ihm kommen und Wohnung bei ihm machen« (Joh. 14,21.23). Das Innewohnen Gottes und Christi in uns – durch den Geist – ist an den Gehorsam gegenüber den Geboten gebunden, die der Herr uns gegeben hat.

Jesus war für seinen Vater ein gehorsamer Sohn (Luk. 22,42; Joh. 4,34; 6,28; 8,29; Hebr. 5,8–9; 10,7); »er hat uns ein Beispiel gelassen, damit wir seinen Spuren folgen« (1. Petr. 2,21).

Auch die Apostel bestehen mit Nachdruck auf dem Gehorsam (Röm. 1,5; 6,17; 15,8; 16,26; Röm. 10,5; 2. Thess. 1,7–8; Jak. 1,22.23; 1. Petr. 1,1.22) und den Weg zur Heiligung (Röm. 6,19; 12,1–2; 1. Thess. 4,3.7.8; Eph. 5,25–27; 1. Petr. 3,15; Hebr. 12,14 . . .). Der Apostel Johannes macht daraus eines der wesentlichen Kriterien des Neuen Weges: »*Und hieran erkennen wir, daß wir ihn erkannt haben:* wenn wir seine Gebote halten« (1. Joh. 2,3). »Wer aber sein Wort hält, in dem ist wahrhaftig die Liebe Gottes vollendet. Hieran erkennen wir, daß wir in ihm sind (2,5). »Und wer seine Gebote hält, der bleibt in ihm, und er in ihm. Und daran erkennen wir, daß er in uns bleibt: durch den Geist, den er uns gegeben hat« (3,24; vgl. 2,14.17; 3,22.23; 5,2–3; 2. Joh. 5–6).

Dieser Gehorsam nimmt verschiedene Formen an. Johannes übersetzt ihn durch die Ausdrücke wie »im Licht wandeln« (1. Joh. 1,6–7; 2,9–10), wandeln, wie Christus gewandelt ist (2,6; 4,17) – Gerechtigkeit üben: ». . . daß auch jeder, der die Gerechtigkeit tut, *aus ihm geboren ist*« (2,29; vgl. 3,7) – nicht die Welt lieben (2,15–17) – keine Sünde tun: »Wer aus Gott geboren ist, der tut nicht Sünde, denn sein Same bleibt bei ihm; und kann nicht sündigen, denn er ist von Gott geboren. Daran wird's offenbar, welche die Kinder Gottes und die Kinder des Teufels sind. Jeder, der nicht Gerechtigkeit tut, ist nicht aus Gott« (3,9–10; vgl. 5,18).

Diese Umwandlung des Gläubigen in das Modell Christus ist gleichzeitig das Werk des Geistes und der Beweis seiner Anwesenheit (2. Kor. 3,18; Röm. 8,9–10. 13–14). Einer der bedeutsamsten Aspekte dieses Lebens ist die Liebe.

C. Die Brüder lieben

Jesus hat daraus das Unterscheidungsmerkmal des Christen gemacht[6], das Zeichen, das ihn auszeichnet. »Daran werden alle erkennen, daß ihr meine Jünger seid, wenn ihr Liebe untereinander habt« (Joh. 13,35).
»Inmitten der Welt, inmitten unserer sterbenden Kultur verleiht Jesus der Welt ein Recht. Kraft seiner Vollmacht erteilt er der Welt das Recht, aufgrund unserer sichtbaren Liebe zu allen Christen zu beurteilen, ob wir, Sie und ich, wiedergeborene Christen sind,« schreibt Francis Schaeffer.[7]

Für den Apostel Paulus ist die Liebe *die* »Frucht des Geistes« (Gal. 5,22); die anderen Tugenden: Freude, Frieden, Geduld usw . . . sind nur andere Offenbarungen, andere Aspekte dieser Liebe. »Es ist nur eine einzige Frucht«, Paulus spricht von *der* Frucht, nicht von Früchten; der Glauben handelt also durch die Liebe und schafft so einen vielseitigen christlichen Charakter.[8] Wenn wir dieses Pauluswort mit dem Wort Jesu verbinden: »An ihren Früchten werdet ihr sie erkennen«, finden wir die Bestätigung in dem weiteren Jesuswort von Joh. 13,35: »Daran werden alle erkennen, daß ihr meine Jünger seid, wenn ihr Liebe untereinander habt.« Wenn jemand als Frucht in seinem Leben die Liebe in ihren verschiedenen Äußerungen zeigt, so ist das der Beweis, daß er den Geist Gottes in sich hat. »Denn wer den anderen liebt, hat das Gesetz erfüllt« (Röm. 13,8.10; vgl. Mt. 22,40). Nach 1. Kor. 13 entscheidet sich an der Liebe alles. Sie steht über Menschen- und Engelszungen, über den Gaben der Prophezeiung, der Erkenntnis des Glaubens als ein absolutes Kriterium, ohne das vor Gott auch höchste menschliche Worte wie Kenntnis aller Geheimnisse, alles Wissen, größter, Berge versetzender Glauben, totaler Selbstverzicht (»wenn ich alle meine Habe zur Speisung der Armen austeile«) und selbst zum Martyrium (»wenn ich meinen Leib hingebe, damit ich verbrannt werde«), absolut nichts bedeuten.

Auch Johannes legt in seinem Brief den Finger auf die Liebe, dieses Kriterium der Wiedergeburt: »Wir wissen, daß wir aus dem Tod in das Leben hinübergegangen sind, weil wir die Brüder lieben . . . daran erkennen wir, daß

---

[6] F. Schaeffer, *Das Kennzeichen des Christen*, Genf-Wuppertal 1971, S. 6.
[7] a.a.O., S. 15.
[8] J. W. Sanderson, *The fruit of the Spirit* (161), S. 126.

wir aus der Wahrheit sind, und können unser Herz vor ihm damit stillen« (1. Joh. 3,14.19). »Jeder, der liebt, ist von Gott geboren . . . wer nicht liebt, hat Gott nicht erkannt« (4,7). »Wenn jemand sagt: Ich liebe Gott, und haßt seinen Bruder, der ist ein Lügner« (4,20; vgl. 2,9.10; 3,10−11.23; 4,10.12.16.21; 5,1.2; 2. Joh. 5).

Drei Untrennbare Kriterien

Jesus und die Apostel bieten uns also ein dreifaches Zeichen der Geistestaufe an, drei Prüfsteine, dank deren wir beweisen können, ob wir mit Christus gestorben und auferstanden sind:

1. *Ein lehrmäßiges Kriterium:* Glauben wir, daß Jesus der Herr ist, der Christus, der Sohn Gottes, der im Fleisch auf die Welt gekommen ist und nach der messianischen Prophezeiung von Jesaja 53 für unsere Sünden gestorben ist?

2. *Ein moralisches Kriterium:* Leben wir im Licht, indem wir an Gottes Geboten festhalten?

3. *Ein Kriterium der Beziehungen:* Lieben wir die Brüder und darüber hinaus alle Menschen?

Diese drei Tests, sagt J. Stott sind untrennbar, denn der Glaube, die Liebe und die Heiligung sind alle drei Werk des Heiligen Geistes. *Wenn Gott uns seinen Geist gegeben hat, dann* können wir glauben, lieben und gehorchen (1. Joh. 3,24; 4,13). So gibt der, der an Jesus, den Christus, glaubt, der liebt und Gerechtigkeit praktiziert, damit den Beweis, daß er von Gott geboren ist.[9]

Derselbe Ausdruck kommt dreimal im Johannesbrief vor: »Jeder, *der die Gerechtigkeit tut,* ist aus ihm geboren« (2,29). »Jeder, *der liebt,* ist aus Gott geboren« (4,7). »Jeder, *der glaubt,* daß Jesus der Christus ist, ist aus Gott geboren« (5,1).

Hier handelt es sich nicht um isolierte Zeichen, daß man sich mit einem oder zwei begnügen könnte. Der Apostel bindet sie aneinander: »Jeder, der glaubt, daß Jesus der Christus sei, ist aus Gott geboren; und jeder, der den liebt, der ihn geboren hat, der liebt auch den, der aus ihm geboren ist. Daran erkennen wir, daß wir die Kinder Gottes lieben, wenn wir Gott lieben, seine Gebote halten« (1. Joh. 5,1−2).

Diese Kriterien sind nicht nur gegeben worden, damit »ein jeder sich selbst prüfe«, sondern offensichtlich auch, damit die Gemeinde die beurteilen kann, die sich ihr durch die Taufe oder beim Abendmahl anzuschließen wünschen.

[9] Die drei Tests zitiert J. Stott in: *Epistles of John,* London 1969, S. 53.

Nur ein einziges Mal wird in den Briefen das Problem des Heiligen Geistes (1. Kor. 12,13) in Verbindung mit der Taufe und dem Leib Christi aufgenommen. Die Kirche tauft die, die glauben, daß Jesus der Christus ist, die sich anschicken, in der Heiligung zu leben (1. Petr. 1,15, was viele für eine Ermahnung an die Neubekehrten während der Taufe halten) und in der brüderlichen Liebe (1. Petr. 1,22). Sie läßt diejenigen zum Heiligen Abendmahl zu, dem Abbild des Leibes Christi, die in der Lehre der Apostel bleiben wollen (Röm. 16,17; Gal. 1,7–9), die entsprechend ihrem Glauben leben (1. Kor. 5,7; 2. Kor. 6,14–18; Eph. 5,5–7) und die einen einheitlichen Leib mit ihren Brüdern bilden (1. Kor. 10,17). Wer diese Bedingungen nicht erfüllte, war aus der Gemeinschaft ausgeschlossen (Mt. 18,15–17; 1. Kor. 5,11–13; 2. Thess. 3,14–15; 2. Thess. 3,6–9; Tit. 3,10–11; 2. Joh. 7–11).

Auf welchem Weg wir auch kommen, wir werden alle immer zu diesen drei Zeichen geführt, die sowohl vom Herrn als auch durch die Apostel in ihren dogmatischen Schriften bestätigt werden. Daran ist nichts Erstaunliches. Die Bibel liefert uns zwei grundlegende Offenbarungen über die Natur Gottes: Er ist heilig (1. Sam. 2,2; Ps. 22,4; Jes. 6,3; Hos. 11,9 . . .); und er ist Liebe (2. Mo. 34,7; Ps. 86,5; Jes. 54,10; 1. Joh. 4,8 . . .). Wenn wir also berufen sind, der »göttlichen Natur teilhaftig zu werden« (2. Petr. 1,4), dann heißt das, heilig sein (3. Mo. 11,44; Joh. 3,9) und zu lieben (3. Mo. 19,18; Mt. 19,19; 22,39) wie er (1. Petr. 1,15–16; Joh. 15,12). Wir können aber die Gemeinschaft mit ihm nur aufnehmen durch den Glauben an Jesus Christus, den einzigen Mittler zwischen Gott und den Menschen (Joh. 14,6; Apg. 4,12; 1. Tit. 2,5–6). Hier befinden wir uns also auf biblischem Terrain, das unvergleichlich solider ist als die Versicherung, Zungenreden sei ein Zeichen der Geistestaufe. Alle, die an Jesus glauben, daß er für sie am Kreuz gestorben ist, die ihn als Retter akzeptiert haben und als Herrn, was heißt, daß sie sich bemühen, seinen Geboten und dem Beispiel seiner Liebe zu folgen – sie alle können sicher sein, im Heiligen Geist getauft zu sein, um ihrer früheren ungläubigen, sündigen, egoistischen Natur zu sterben und vom Geist des Glaubens, der Heiligung und der Liebe, die in Jesus war, getränkt zu werden. »Es ist unmöglich, als christlich die Lehre zu bezeichnen, die aus dem Zungensprechen ein unumgängliches Zeichen des Lebens im Geiste Christi macht. Im Gegenteil, das ist unleugbar eine christliche Sehweise der Dinge, wenn man sagt, daß die Liebe und die Heiligung, die den eingeborenen Sohn so sichtbar prägen, die notwendigen Zeichen derer sind, die vorgeben, seinen Geist zu besitzen. In einem Wort: der Geist Jesu treibt uns zu Jesus zurück« (M. Green).[10]

[10] a.a.O. (72), S. 54.

Kapitel VIII

Vom Heiligen Geist erfüllt

»Es gibt nichts, dessen die Gemeinde mehr bedarf, als vom Geiste Gottes erfüllt zu sein. Diese Fülle ist der wichtigste Schlüssel für ein siegreiches christliches Leben und ein glänzendes christliches Zeugnis. Soweit das Neo-Pfingstlertum wieder den Nachdruck auf die Bedeutung dieser Fülle legt, sind wir ihm dafür dankbar« (A. Hoekema).[1]

Was ist die Fülle des Geistes nach dem Neuen Testament?

Für viele pfingstlerische und neo-pfingstlerische Autoren sind die Ausdrücke »vom Geist getauft« und »vom Heiligen Geist erfüllt« Formulierungen des gleichen Tatbestands.

Viele evangelische Christen aber, die die Bibel davon überzeugt hat, daß die Geistestaufe den Eintritt in das christliche Leben kennzeichnet, sprechen doch noch von der »Fülle des Geistes« als von einem zweiten Stadium dieses Lebens. Wie es die einen Christen gibt, die noch nicht vom Geist getauft sind, und solche, die es sind, unterteilen diese nun wieder die Gläubigen in »leibliche« Christen und »geistliche«, und diese letzteren sind dann die vom »Heiligen Geist erfüllten« Christen.

»Vom Geist erfüllt sein« ist danach also wie das »vom Heiligen Geist getauft werden«, eine zweite Erfahrung, durch die man, ob sie nun von hohen außergewöhnlichen Erfahrungen gekennzeichnet ist oder nicht, eine höhere Sprosse des christlichen Lebens erklimmt.

Man kann die verstehen, die in dieser Kontroverse nur einen Wortstreit sehen. Denn obwohl dieser zweite Begriff biblisch ist, kann allein die einfache Wortunterscheidung keine Rechtfertigung für die scharf getrennten Gegensätze zwischen diesen beiden evangelischen Blocks abgeben.

Jeder dieses Namens würdige Christ sehnt sich nach einem Leben der Fülle, das mehr dem Ruhme Gottes dient als das, das er augenblicklich führt. Wir möchten alle die Gesamtheit der geistlichen Segnungen besitzen, die Gott für uns bereit hält. Aber wir glauben, daß wir diese höheren Segnungen, wenn sie authentisch sind, im Worte Gottes wiederfinden müssen, wir also in der Bibel als unserer einzigen Norm finden, was Gott an Besserem für uns hat. Und es stimmt: Die Bibel spricht vom »Geist erfüllt sein«. Was will sie damit sagen?

[1] *Holy Spirit Baptism* (88), S. 79.

Was ist die Fülle des Geistes?

A. Einige einleitende Feststellungen

1. *Die Bibel benutzt nicht den Ausdruck:* »die Fülle des Heiligen Geistes«, als ob es sich um einen bestimmten katalogisierbaren Zustand handelte; sie spricht von Männern und Frauen, die in einem gegebenen Augenblick »vom Heiligen Geist erfüllt« gewesen sind oder die »voll des Heiligen Geistes« waren: Es handelt sich eher um eine Erfahrung, um ein Werden, um eine Lebensqualität, als um einen Zustand.

2. Die Formulierungen: »vom Heiligen Geist erfüllt« und »voll des Heiligen Geistes« befinden sich *fünfzehnmal im Neuen Testament:* vierzehnmal in den Schriften des Lukas und einmal in einem Paulusbrief. Um aus dieser Lehre »eine der wichtigsten des christlichen Glaubens zu machen«. muß man sich noch auf andere Texte stützen können.

3. Lukas und Paulus scheinen die Ausdrücke: »Voll von« und »Erfüllt von« mit ganz verschiedenen Ergänzungen zu lieben: voll von Lepra, von Wut, Bosheit und Arglist, von guten Werken und Almosen, von Weisheit, von Glauben, von Gnade und von Kraft . . . Erfüllt von Freude, von Frieden, von Wissen, von Trost, aber auch von Zorn, von Furcht, von Eifersucht. Lukas fügt häufig in derselben Formulierung den Heiligen Geist und die Weisheit zusammen (Apg. 6,3) oder den Glauben (6,5; 11,24). Von den vierzig Vorkommen dieser im übertragenen Sinn benutzten Redewendung im Neuen Testament sind nur zwei aus der Feder eines anderen Autors (Joh. 1,14; 16,6). Von dem vierundzwanzigmaligem Gebrauch von *pimplesthai* (erfüllt sein von) im Neuen Testament findet man zweiundzwanzig bei Lukas.

Dies zeigt, wie sehr der Heilige Geist, der die Schreiber inspiriert hat, ihre geistigen Strukturen und ihre literarischen Gewohnheiten respektiert. Das zeigt aber auch, daß man sich hüten muß, *eine* Ausdrucksweise bestimmter biblischer Autoren in *eine* starre Lehre zu pressen.

4. Lukas wendet die Ausdrücke »erfüllt« oder »voll des Heiligen Geistes« bei sehr verschiedenen Personen an, die vor oder nach der Ausgießung des Geistes zu Pfingsten leben: Johannes der Täufer (Luk. 1,15), Elisabeth (1,41), Zacharias (1,67), Jesus (4,1), die Jünger der Urgemeinde (Apg. 2,4; 4,8 . . .), Apostel (4,8; 13,9), Diakone (6,5; 7,55; 11,24), einfache Christen (4,31; 13,52) sind »erfüllt« oder »voll des Heiligen Geistes«.

5. Häufig sind »ganze Gruppen vom Heiligen Geist erfüllt« (Apg. 2,4; 4,31; 13,52).

6. Bei gewissen Stellen scheint der Anteil Gottes vorherrschend zu sein und der des Menschen unbedeutend: Johannes der Täufer war von Mutter-

leib an vom Heiligen Geist erfüllt (Luk. 1,15); mehrere Male spricht Lukas von Neubekehrten, die vom Heiligen Geist erfüllt sind (Apg. 2,4; 4,31; 9,17; 13,52).

7. Andererseits werden diese Ausdrücke nicht automatisch für alle Christen angewandt. Im Gegenteil, Lukas bedient sich ihrer, um gewisse Menschen Gottes zu charakterisieren (Apg. 6,5.8; 7,55; 11,24 . . .), die Apostel verlangen, daß man die Diakone unter den Christen auswählt, »die vom Heiligen Geist erfüllt sind« (Apg. 6,3). Paulus fordert die Epheser auf». . . werdet voll Geistes!« (Apg. 5,18). Anderswo sagte er, daß sie schon vom Heiligen Geist versiegelt worden sind (1,13; 4,30). Es handelt sich also um eine Gnade, die nicht *pauschal* gewährt wird. Der Imperativ von Epheser 5,18 zeigt uns, daß der Christ, um »voll Geistes« zu werden, ebenfalls eine Rolle zu spielen hat.

Versuchen wir ein wenig genauer hinzusehen, wie Lukas und Paulus diese Ausdrücke gebrauchen. Wir werden dann fragen, ob sie die einzigen inspirierten Autoren sind, die uns diese Botschaft gebracht haben, und schließlich, was die Fülle des Heiligen Geistes nach dem gesamten Neuen Testament ist.

B. Die Geistesfülle nach den Schriften des Lukas

Die Theologen haben bemerkt, daß Lukas zwei verschiedene Ausdrücke benutzt, um von der »Fülle des Geistes« zu reden: »*erfüllt* vom Geist« und »*voll* des Geistes«.

Erfüllt vom Heiligen Geist:

In bestimmten Abschnitten benutzt Lukas das Verb *pimplemi*. In allen diesen Fällen übt die vom Geist erfüllte Person einen Dienst am Wort aus: Johannes der Täufer (Luk. 1,15), Elisabeth (1,41) und Zacharias (1,67) prophezeiten. Die hundertzwanzig Jünger, die sich vor dem Hohen Rat versammelten, wurden am Pfingsttag vom Heiligen Geist erfüllt (2,4) und verkündeten in verschiedenen fremden Sprachen die Wunder Gottes (2,11): Die Zuhörer »wurden ergriffen«, und dreitausend von ihnen bekehrten sich (2,41). Petrus, der von den Priestern befragt wird, ist vom Heiligen Geist erfüllt (4,8) und legt mutig Zeugnis ab für Jesus (4,10-13). Er befindet sich in einer von Jesus vorhergesehenen Situation (Mk. 13,11). Die Jünger, die von den jüdischen Autoritäten bedroht waren (Apg. 4,18.21) wagen es in ihrem Gebet, sich dem Befehl der Menschen zu widersetzen; sie sind vom Heiligen Geist erfüllt (4,31), und beginnen freimütig das Wort Gottes zu verkünden.

Paulus war seit seiner Bekehrung vom Heiligen Geist erfüllt (Apg. 9,17), aber vor Elymas, dem Zauberer, der sich seinem Wort widersetzt (Apg. 13,8), ist der Apostel von neuem vom Heiligen Geist erfüllt (13,9) und schleudert gegen diesen Diener des Teufels die Worte der Verdammung (V. 10), die er mit einem Wunder stützt (V. 11). Der Prokonsul bekehrt sich (V. 12).

In allen diesen Texten ist das Verb *erfüllen* im Aorist, dem Tempus der zu einem bestimmten Augenblick vollendeten Handlung.

Die meisten dieser Fälle stehen mit Widerstand in Zusammenhang: Christen sind vom Heiligen Geist erfüllt, um ihren Widersachern zu trotzen, ein Wort voll Autorität wird ausgesprochen, Gott spricht durch die Christen – ein Wort der Prophezeiung, der Verkündigung oder ein Urteil. Dabei handelt es sich um bestimmte Begebenheiten: »Die Situationen ähneln den Ereignissen des Alten Testaments, in denen der Heilige Geist mit Macht auf Saulus, Samson und Propheten kam«, sagt M. Griffiths.[2]

Voll vom Heiligen Geist:
In anderen Abschnitten benutzt Lukas das Verb *pleroo* oder das entsprechende Adjektiv *pleres*, das wir gewöhnlich mit »voll« übersetzen.

Jesus wird »voll des Heiligen Geistes« in die Wüste geführt, wo er vom Teufel versucht wird (Luk. 6,1). Man mußte ein gutes Zeugnis empfangen haben und »voll des Heiligen Geistes und Weisheit sein« (Apg. 6,3), um für den Tischdienst ausgewählt zu werden.

Einige Männer, die diesen Bedingungen entsprochen haben, sind uns besser bekannt. *Stephanus*, »voll des Glaubens und Heiligen Geistes« (V. 5), »von Gnade und von Kraft« (V. 8). Diese Eigenschaften offenbaren sich durch große Zeichen und Wunder (V. 8), durch unwiderstehliche Weisheit in der Diskussion (V. 10) und durch eine vom Heiligen Geist inspirierte Rede (Kap. 7). Am Ende seiner Predigt sieht Stephanus »voll des Heiligen Geistes« den Christus (7,55).

Philippus – einer der Diakone, die »voll des Heiligen Geistes« waren – predigt Christus mit Erfolg (8,35–40); er wird später den Namen »Evangelist« tragen (21,8).

Barnabas ist ein Mann »voll des Heiligen Geistes und des Glaubens« (Apg. 11,24). Die Apostelgeschichte gibt uns zahlreiche Hinweise über das, was Lukas darunter verstand (Apg. 4,36–37; 9,27; 11,22; 12,25; 13,1 . . .).

Die Neubekehrten sind angesichts der sie verfolgenden Juden »voll Freude und Heiligen Geistes« in Antiochien zu Pisidien (Apg. 13,52). In diesem letz-

---

[2] a.a.O. (75), S. 73.

119

ten Fall steht das griechische Verb im Imperfekt, was besagt, daß diese Jünger bleibend vom Geist erfüllt gewesen sind.

Vom Geist erfüllt nennt man gewöhnlich eine Person, die vom Geist beherrscht und kontrolliert wird (wie Jesus es gewesen ist).[3] Das ist es, was H. Blocher »Überfülle, Sättigung«, ein Tränken des christlichen Charakters mit der Gegenwart des Heiligen Geistes nennt, die innere Erfahrung, die friedliche, kontinuierliche, innere, versteckte Ausgießung, die unser Leben bestimmt und die Frucht, die wir tragen. »Man erhält also einmal die Gabe des Heiligen Geistes, wenn man von oben zum Leben geboren wird, aber man wird dann durch mehrere Eingriffe vom Heiligen Geist erfüllt . . . Der souveräne Geist erfüllt uns insbesondere mit Kraft während verschiedener Zeiten des Zeugnisses, der Aktivität, in denen diese Kraft zu Gottes Ehre nötig ist« (J. Cadier).[4]

C. Die Geistesfülle nach dem Epheserbrief

Es gibt in den Briefen, wie gesagt, nur einen Abschnitt, der von der Fülle des Geistes spricht: Eph. 5,18; »Werdet voll des Geistes!« Der Apostel scheint am Ende des dritten Kapitels dasselbe zu erwähnen, ohne das Wort »Geist« zu benutzen: ». . . so daß ihr erfüllt werdet zur ganzen Fülle Gottes« (3,19).

Was lehren uns diese beiden Abschnitte über die Natur der »Geistesfülle«?

Epheser 3,19

Der Apostel erwähnt diese Fülle, die er den Ephesern wünscht, in einem Gebet, daß er ihretwegen an den Vater richtet. Die »Fülle des Geistes« ist also eine *Gabe Gottes,* die er als Antwort auf die Fürbitte gewähren kann.

Diese Erfüllung stellt die letzte Bitte im Gebet des Paulus dar. Sie ist gewissermaßen *der Höhepunkt* einer Reihe von Bitten und gleichzeitig das letzte Wort des dogmatischen Teils des Epheserbriefes. Welches sind die Bitten, die *vorangehen* und die vermutlich auf dieses Erfülltsein vorbereiten?

Der Apostel bittet:

– daß seine Briefempfänger »gestärkt werden durch Seinen Geist im inneren Menschen« (V. 16). Dieser Geist, der die Gläubigen bereits versiegelt hat (1,13), arbeitet in ihrem inneren Sein und stärkt sie geistlich. Die Fülle ist also für Gläubige, die den Heiligen Geist bereits empfangen haben.

[3] M. Green, a.a.O. (72), S. 149.
[4] a.a.O. (202), S. 91.

– daß »der Christus durch den Glauben in ihren Herzen wohne«. Das hier benutzte Wort meint ständiges Wohnen (V. 17) im Gegensatz zu einem vorübergehenden Aufenthalt von »Fremden und Gästen« (2,19). Jesus macht dieses Innewohnen von zwei aneinandergebundenen Bedingungen abhängig: ihn zu lieben und sein Wort zu halten (Joh. 14,23).

– daß sie »in Liebe gewurzelt und gegründet« sind (V. 17), die Liebe Gottes und die Nächstenliebe sollen in ihnen ebenso unerschütterlich sein wie bei einem Baum, der seine Wurzeln tief in den Boden versenkt, oder wie ein Haus mit soliden Grundmauern. Der Geist, von dem in V. 16 die Rede ist, erzeugt notwendigerweise als Frucht die Liebe (Röm. 5,5; Gal. 5,25) mit allen ihren Ausformungen und ihren Offenbarungen: Freude, Frieden, Geduld, Güte.

– »mit allen Heiligen völlig zu erfassen, was die Breite und Länge und Höhe und Tiefe ist . . .« – von was? Der Apostel sagt es nicht. Nach den einen, handelt es sich um die Liebe des Herrn[5], von der im folgenden Satz die Rede sein wird; den anderen zufolge, die den Ausdruck »mit allen den Heiligen« mehr beachten, handelt es sich um die Gemeinde, die Gemeinschaft der Heiligen.[6] Beide Erklärungen haben im Textzusammenhang ihren Platz: Der Geist verherrlicht den Herrn Jesus (Joh. 16,14), und er läßt uns verstehen, wie er uns geliebt hat. Andererseits führt er uns auch zur Gemeinschaft der Heiligen.

– daß sie »die alle Erkenntnisse übersteigende Liebe Christi« erfassen können.

Es handelt sich also im wesentlichen bei dieser vom Apostel für die Epheser erbetenen Fülle um eine neue Dimension des geistlichen Lebens: Kräfte des inneren Menschen, Glauben, Liebe, Verständnis, Erkenntnis Christi. »Die ganze Fülle Gottes«, von der der Christ erfüllt sein soll, ist Gott der Vater (V. 14, siehe Joh. 14,23), der Sohn (V. 17) und der Heilige Geist (V. 16), der das ganze innere Sein des Gläubigen durchtränkt und beherrscht, um keinen Platz für Gedanken, Gefühle oder einen Willen zu lassen, die sich Gott widersetzen.

In diesem Abschnitt gibt es keine Anspielung auf eine bestimmte Erfahrung, auf geistliche Gaben oder einen christlichen Dienst. Wie in den ersten Versen des Briefes sind wir im Bereich des inneren Lebens, der geistlichen Tatsachen, die Gott in seiner Gnade für uns – und in uns – gemacht hat.

Epheser 5,18

»Und berauscht euch nicht mit Wein, worin Ausschweifung ist, sondern werdet voll Geistes«: Diese zweite Erwähnung der Geistesfülle befindet sich

---

[5] Siehe Ad. Monod, *Explication de l'Epitre aux Éphésiens*, Paris 1867, S. 202ff.
[6] Siehe F. Rienecker, *Der Brief an die Epheser*, Wuppertal 1961, S. 124–125.

mitten in dem sogen. praktischen Teil des Briefes, unter viel anderen den alltäglichen Lebenswandel eines Christen betreffenden Ratschlägen.

a) Göttliches oder menschliches Werk?

In den ersten drei Kapiteln hat der Apostel vor den Augen seiner Leser alle die Gnaden ausgebreitet, die Gott uns in Christus zugebilligt hat: Er hat uns ausgewählt (1,4), erlöst (1,7), durch den Heiligen Geist versiegelt (1,13), er hat uns wiedergeboren (2,1–10) und seiner Gemeinde eingegliedert (2,11–22). In den letzten drei Kapiteln sagt uns Paulus, was Gott von denen erwartet, die die göttliche Gnade angenommen haben. Den Privilegien entsprechen Verantwortungen. Im ersten Teil des Briefes legt er dar, was der Heilige Geist für uns und in uns getan hat. Jedem erwähnten Werk des Geistes im dogmatischen Teil entspricht im praktischen Teil eine Verantwortung des Gläubigen gegenüber diesem Geist.

Der *Geist* hat uns als Besitz Gottes versiegelt (1,13); *wir* werden vom Apostel gebeten: »Und betrübt nicht den Heiligen Geist, mit dem ihr versiegelt seid« (4,30). *Durch den Geist* haben wir Zugang zum Vater (2,18); *wir* sollen von diesem Privileg Gebrauch machen, indem wir »stets in allen Anliegen mit Bitten und Flehen im Geist beten« (6,18). *Der Geist* hat den Aposteln *und* Propheten das Geheimnis Christi kundgetan (3,5); wir sollen »uns des Schwertes des Geistes, welches das Wort Gottes ist«, bedienen (6,17). *Gott* gibt uns »den Geist der Weisheit und der Offenbarung zur Erkenntnis seiner Selbst« (1,17); *wir* sollen den alten Menschen ablegen, damit uns Gott »im Geist unserer Gesinnung erneuern« kann (4,22). Der *Heilige Geist* schafft die Einheit in der Gemeinde (2,22; 4,4); *wir* sollen uns befleißigen, »die Einheit des Geistes« (4,3) zu bewahren. Dem Gebet des Apostels, daß *Gott* die Epheser durch seinen Geist am inneren Menschen stärke, so daß sie erfüllt werden »zur ganzen Fülle Gottes«, entspricht der Imperativ von 5,18. ». . . *werdet* voll Geistes«.

Diese Fülle ist also gleichzeitig von Gott geschenkt und vom Menschen errungen – wie übrigens alle Gaben Gottes: die Liebe (Gal. 5,22; 1. Joh. 3,11), die Freude (Gal. 5,22; Röm. 15,13; 1. Thess. 5,16), der Frieden (Röm. 15,13; 1. Thess. 5,13), die Selbstbeherrschung (Gal. 5,23; 2. Petr. 1,6), usw. Das ist das Paradoxe der göttlichen Logik: »Da seine göttliche Kraft uns alles zum Leben und zur Gottseligkeit geschenkt hat . . ., so wendet aber auch allen Fleiß auf und reicht in eurem Glauben die Tugend dar, und in der Tugend Erkenntnis . . .« (2. Petr. 1,3.5).

In unserem Vers selbst (Eph. 5,18) stellen wir fest, daß diese beiden Aspekte in der vom Apostel benutzten Verbform erscheinen: Passiv und Imperativ.

b) Souveränität Gottes
Das *Passiv* macht uns aufmerksam auf das Werk Gottes: »werdet voll Geistes« oder »laßt euch erfüllen«. Diese Form erinnert uns an das Gebet des Apostels im ersten Teil: »So daß ihr *erfüllt werdet* zur ganzen Gottesfülle«. »Der Heilige Geist ist souveräner Gott, er hat eine Willenskraft, die über allen menschlichen Willen dominiert. Sein Werk ist die Gnade, und die Gnade ist letzten Endes immer eine Gabe, die kein menschlicher Wille und kein menschliches Gefühl beeinflussen kann: ›Der Geist teilt jedem das seine zu, *wie er will*‹ (1. Kor. 12,11). Die Souveränität des Heiligen Geistes beschreibt die geistliche Kraft nicht als die Kraft des Christen durch den Geist, sondern als die Kraft des Heiligen Geistes durch den Christen. Gott der Geist kann niemals benutzt werden, niemals gebraucht werden. Niemals bedient man sich Gottes. Man *hat* niemals den Heiligen Geist, man *besitzt* niemals den Heiligen Geist. Er ist es, der uns hat, er ist es, der uns besitzt für nur ihm bekannte Ziele . . . Ein Christ hat keine Macht oder gar Vollmacht, wie es einige ärgerliche Ausdrücke, die in unseren religiösen Kreisen verbreitet sind, glauben lassen. Er ist mit Kraft angetan aus der Höhe (Luk. 24,49) . . . Diese Kraft wird niemals ein für alle Male erlangt . . . Wenn eine Schuld, wenn Unglaube in uns die Gemeinschaft mit dem Heiligen Geist unterbricht, verschwindet diese Kraft. Mehr noch: wenn es in Gottes Plan ist, kann er einen seiner Diener, nachdem er ihn benutzt und mit der Kraft für ein bestimmtes Ziel versehen hat, für gewisse Zeit in Ruhe, in der Stille lassen und auf eine Art beiseite stellen. Gott ist souverän, und wir können nur seinen Willen akzeptieren . . . Die Souveränität des Heiligen Geistes erlaubt es uns auch nicht, die Bedingungen seiner Offenbarung in uns festzulegen, indem wir ihm irgendwie sein Programm und die Abschnitte in unserem Leben vorzeichnen . . . Wir müssen uns, im Gegenteil, zu seiner Verfügung stellen, damit er uns in seiner Arbeit benutzt, die er für uns vorbereitet hat, und damit er uns auch die Gabe gewährt, die uns erlaubt, diese Arbeit zu tun« (J. Cadier).[7]

c) Menschliche Verantwortlichkeit
Indessen steht in dem Satz »werdet voll Geistes!« das Verb *im Imperativ*. Es handelt sich also um einen Befehl, mit dem sich der Apostel an unseren Willen richtet. Es ist ein Befehl, der uns nicht die Wahl läßt, ihn zu respektieren oder nicht. Wenn wir Christen sind, sollen wir nach der Geistesfülle streben. Wir spielen dabei also auch eine Rolle.

---

[7] In *Le Saint-Esprit* (202), S. 74–77.

d) Was ist Geistesfülle nach diesem Abschnitt?
1. Sie ist das, was Gott für uns will. Dem Befehl geht eine Ermahnung voran: ». . . seid nicht töricht, sondern versteht, was der Wille des Herrn ist«. Der Apostel präzisiert, was er unter »töricht« versteht: beispielsweise sich mit Wein betrinken. Wie kann man den Willen des Herrn verstehen, wie kann man ihn verwirklichen? Indem man vom Heiligen Geist erfüllt ist.
2. *Geistesfülle ist das Gegenteil von Trunkenheit.* Der negative Befehl, der unserem Imperativ vorangeht, hilft uns zu verstehen, was der Apostel meint:
— Wer sich betrinkt, flieht die Wirklichkeit des Alltags. Er handelt »unvernünftig« (V. 15), auf eine »törichte«, dumme Art (V. 17), denn diese Wirklichkeit bleibt unverändert, während er unfähiger wird, sie zu meistern.

Der geisterfüllte Mensch dagegen findet mit Gottes Hilfe in den verschiedenen Situationen, die in den folgenden Versen (5,19–6,9) genannt werden, in der Kraft und Weisheit, die ihm der Geist gibt, die entsprechende Einstellung zu alledem.

— Die Trunkenheit wird als Ausschweifung, Verderben bezeichnet. Im griechischen Text steht hier das Wort *asotia,* was Heillosigkeit, das, was nicht mehr zu retten, zu bemeistern ist, bedeutet. Sie ist Verlust der Selbstbeherrschung, die ja zu den Früchten des Geistes (Gal. 5,23) zählt. »Die Konsequenzen der Geistesfülle, wie sie der Apostel beschreibt, sind intelligente, kontrollierte und gesunde Beziehungen zu Gott und dem Nächsten«, schreibt J. Stott.[8]

— Zwischen der alkoholischen Trunkenheit und der Fülle des Geistes gibt es auch gemeinsame Züge: Die betrunkene Person wird vom Alkohol beherrscht, sie handelt auf eine Weise, die nicht natürlich ist, ihre Persönlichkeit ist wie von einer anderen verdrängt.

Wer vom Geist erfüllt ist, handelt ebenfalls anders als gewöhnlich »Ich lebe; doch nun nicht ich, sondern Christus lebt in mir« (Gal. 2,20), »seine Wirkung wirkt kräftig in mir« (Kol. 1,29), »unsere Tüchtigkeit kommt aus Gott« (2. Kor. 3,5).

So sagen die Leute zu Pfingsten von den geisterfüllten Aposteln, sie wären betrunken (Apg. 2,13). Ein vom Geist erfüllter Mensch tut mit Leichtigkeit, was ihn normalerweise abschreckt: Zeugnis ablegen, sich liebenswürdig gegenüber seinen Feinden verhalten, sich anderen unterordnen (V. 21), gehorchen und lieben. So wie die Trunkenheit Kräfte und erstaunliche Heftigkeit verleiht, so erfüllt der Geist den Christen mit Kraft und neuem Enthusiasmus. Der Wein wie die Geistesfülle veranlassen uns zu singen (5,19). »Wie Unzucht ein übermäßiges Verlangen nach Liebe zugrunde liegt, so der Trun-

---
[8] a.a.O. (177), S. 29.

kenheit ein übermäßiges Bedürfnis nach Leidenschaft und Enthusiasmus . . . der Glaube allein befriedigt dieses Bedürfnis rein, heilsam und beständig durch die Gabe des Heiligen Geistes«. (Ad. Monod).[9]
– Die beiden Verben berauschen und erfüllt werden stehen im Plural. Paulus wendet sich nicht an den individuellen Christen, sondern an die Gemeinde. »Die gewöhnliche Beschäftigung der Sklaven während der seltenen Augenblicke der Freizeit war die Sauferei. Was sollen Christen miteinander in ihrer freien Zeit tun? Festlich schmausen mit fröhlichen Kumpanen? Keineswegs, Paulus sagt ihnen: »Sucht eure Brüder im Glauben und werdet gemeinsam voll Geistes! Wenn eure Versammlungen voll Geistes sind, werdet ihr euch unterhalten durch Psalmen, Lobgesänge, geistliche Lieder . . .« (M. Griffiths).[10]

Der Geist wird niemals für die Erhebung einer einzelnen Persönlichkeit gegeben, sondern zur Erbauung der Gemeinschaft (1. Kor. 12,7). Der Plural deutet auch an, daß diese Geistesfülle kein Privileg für einige wenige ist; sie ist für alle Gläubigen da; man empfängt sie, bewahrt sie und entwickelt sie weiter im brüderlichen Austausch und durch das Leben in der Gemeinde.

3. Sie verwandelt unsere Beziehungen zu Gott und den Menschen. Wie offenbart sich diese Geistesfülle in unserem Leben?

Nach der Aufforderung »werdet voll Geistes!« erwähnt der Apostel vier Merkmale, die er alle auf ein Leben der Beziehungen anwendet.

– *Ermuntert einander* mit Psalmen und Lobgesängen und geistlichen Liedern: wörtlich: »indem ihr zueinander in Psalmen . . . redet« (vgl. Parallelstelle Kol. 3,16: »lehrt und ermahnt einander . . .«). Es ist bedeutsam, daß als erstes Zeichen der Geistestaufe die Tatsache des miteinander Redens genannt wird, was Gemeinschaft, und hier geistliche Gemeinschaft bedeutet.

– ». . . *singt und spielt dem Herrn in euren Herzen.«* Der Heilige Geist ist ein Geist des Lobens, er will Jesus, den Herrn, erfreuen und verherrlichen. Aus unseren Herzen erhebt sich Musik zu ihm.

– »*Sagt allezeit für alles dem Gott und Vater Dank* . . .« Nur der Geist, der unsere Herzen erfüllt, kann uns diese Gewohnheit schenken, daß wir *in allen Dingen* die Hand des Herrn sehen, um uns dafür zu bedanken.

– »*Ordnet euch einander unter* in der Furcht Christi . . .« In den folgenden Versen entwickelt der Apostel diesen Punkt weiter, wenn er die verschiedenen familiären und sozialen Beziehungen anspricht. John Stott betont, daß sich in unserer Beziehung zu Gott und in der zu den Menschen die Geistesfülle äußert und nicht etwa in übernatürlichen Phänomenen.[11]

[9] *Explication de l'épître aux Éphésiens,* Paris 1867, S. 346–347.
[10] a.a.O. (75), S. 84.
[11] a.a.O. (177), S. 31–32.

D. Die Geistesfülle nach Lukas und Paulus

Wie könnten wir also die Geistesfülle nach den genannten Abschnitten definieren?

1. Was sie nicht ist

a) Sie ist keine Erfahrung, die an übernatürliche Offenbarungen gebunden ist. Die einzige Erwähnung der Geistesfülle im Neuen Testament, in der außergewöhnliche Phänomene erwähnt werden, befindet sich in der Pfingsterzählung, und wir haben gesehen, daß es sich hier in vieler Hinsicht um ein außergewöhnliches Ereignis handelt. In den vierzehn anderen Abschnitten, in denen wir die Ausdrücke »erfüllt« oder »voll des Geistes« finden, ist weder die Rede von Zungenreden noch von Ekstase; ein einziges Mal wird eine Vision hinzugefügt: während Stephanus stirbt, sieht er den Himmel geöffnet (Apg. 7,55).[12]

b) Es ist keine Erfahrung, die ein für allemal gemacht wird. Petrus wurde mit den 120 Jüngern am Pfingsttage vom Geist erfüllt (Apg. 2,4). Danach wurde er, als er vor dem Hohen Rat erschien, von neuem »erfüllt« (4,8: Verb im Aorist). Auch Paulus wurde »vom Geist erfüllt« am Tage seiner Bekehrung (9,17) und später vor Elymas, dem Zauberer (13,9).

Man kann also mehrere Male vom Heiligen Geist erfüllt werden. Dies wird uns durch das Tempus bestätigt, das Paulus in Eph. 5,18 benutzt: »Werdet vom Heiligen Geist erfüllt« = wörtlich »Seid immer dabei, euch vom Heiligen Geist erfüllen zu lassen.« Der griechische Imperativ hat zwei Tempora: den Aorist, der eine ein für allemal gemachte Handlung anordnet (Beisp.: »Klopft an, so wird euch aufgetan« (Mt. 7,7) und das Präsens (der Befehl »klopfet« im Imperativ Präsens würde bedeuten: weiter klopfen mit wiederholten Schlägen). Der Apostel Paulus verlangt also vom Christen, daß er sich immer von neuem vom Geist erfüllen läßt.

c) Die Geistesfülle verändert die Gläubigen nicht in »christliche Übermenschen«, mit strahlenden Augen, einer unerschöpflichen Energie und einer dynamischen, faszinierenden Persönlichkeit.

Der Apostel Paulus, ein vom Geiste erfüllter Mann, sagte von sich, daß er einen Schatz in irdenem Gefäß trägt ... in allem bedrängt ... in Zweifel ... verfolgt ... unterdrückt ... (2. Kor. 4,7–9). Seine Gegner sagten,

---

[12] Wie anders lehren die Pfingstler, wenn sie betonen, daß zur inneren Offenbarung der Geistesfülle als »normale biblische« äußere Offenbarung das Zungenreden komme.

daß er schwach und seine Rede verächtlich sei (10,10). Er war krank in Galatien (Gal. 4,13), in einem Zustand der Schwäche »mit Furcht und vielem Zittern« in Korinth (1. Kor. 2,3). Seine Mitarbeiter hatten es nicht besser getroffen: Timotheus litt unter häufigen Unpäßlichkeiten (1. Thess. 5,2.3): Epaphroditus war ernsthaft und lange krank (Phil. 2,26–27); Paulus hatte Trophimus allein und krank in Milet zurücklassen müssen (2. Tim. 4,20). Wir dürfen also keinen Idealchristen als normale neutestamentliche Wirklichkeit verkündigen, weil es den gar nicht gab und eine solche unrealistische Vorstellung den Gläubigen von heute, der mit den selben Schwachheiten zu kämpfen hat wie die Gläubigen der jungen Kirche, nur zu Heuchelei oder geistlichen Kraftakten verführt.

d) Geistesfülle ist etwas anderes als Geistestaufe. Criswell zitierte fünf wesentliche Unterschiede zwischen der Geistestaufe und der Geistesfülle:
– Der Christ wird niemals aufgefordert, sich vom Geist taufen zu lassen, jedoch vom Geist erfüllt zu sein.
– Die Taufe ist ein für allemal geschehen. Erfüllt sein ist ein Akt, der sich ständig wiederholt.
– Die Taufe bezieht sich auf unsere Stellung: Gott hat uns erworben. Erfüllung ist Sache der Erfahrung.
– Die Ergebnisse sind verschieden: unsere geistliche Taufe gliedert uns dem Leib Christi ein. Die Geistesfülle erfüllt uns mit Kraft.
– Die Geistestaufe bringt uns zu den Gliedern der Kirche, wo die Geistesfülle Wunder bewirkt.

2. Was ist also »Geistesfülle«?

Die Bibel beschreibt den Menschen so, wie er ist, mit seinen negativen Seiten. Jesus bestätigt: »Denn aus dem Herzen kommen arge Gedanken: Mord, Ehebruch, Hurerei, Diebsterei, falsches Zeugnis, Lästerung« (Mt. 15,19). Paulus sagt, daß die Menschen erfüllt sind von aller Ungerechtigkeit, Bosheit, Habsucht, Neid, Mord, Streit, List, Tücke . . . (Röm. 1,29).

Aber wenn der Heilige Geist kommt, um in uns zu wohnen, reinigt er uns von allen diesen Sünden. Je mehr wir ihm Raum geben, desto mehr ersetzen die Früchte des Geistes die Werke des Fleisches, so weit, daß der Geist allen verfügbaren Platz einnehmen wird. Auch nach der Bekehrung können uns Wut, Eifersucht, Furcht oder Traurigkeit »erfüllen« (Luk. 5,26; 6,11; Joh. 16,6; Apg. 5,17; 13,45; 19,28), das heißt, daß diese Gefühle das Herz und den Geist so in Besitz nehmen und beherrschen, daß jede andere Sache sekundär wird. So herrscht jetzt in dem vom Geist erfüllten Herzen des Gläubigen dieser Geist souverän über den Willen, die Gefühle, die Intelligenz, und zwar mit voller Einwilligung und aktiver Mitarbeit des Gläubigen (Sanders).[13] Was völlig Besitz von einem Menschen ergreift, erfüllt ihn. Ein Ölkanister ist dann von Öl gefüllt, wenn das Öl das ganze verfügbare Volumen einnimmt und keine andere Flüssigkeit darin ist. In einem Menschen, der voll des Heiligen Geistes ist, besetzt der Heilige Geist Gottes den ganzen verfügbaren Innenraum. Und er läßt weder Leere noch Platz für die Sünde oder das Ich. Diese Fülle wird als das innere Leben engster Gemeinschaft mit Gott erlebt: Glaube, Liebe, Erkenntnis göttlicher Geheimnisse (Eph. 3,15–19), als das Leben in der Gemeinschaft, als Lob, Gnadenakt, familiäre und soziale Beziehung, die als wesentliche Charakteristika die Liebe und die gegenseitige Unterordnung haben (Eph. 5,19–6,9). Endlich gibt sie dem Zeugnis des Christen Autorität und Wirksamkeit, die er ohne Geistesfülle nicht hätte.

E. Die Geistesfülle in den übrigen Schriften des Neuen Testaments

Ein solches Leben, wie wir es soeben beschrieben haben, ist das Ziel, zu dem die Apostel alle Christen führen wollten. Es ist deshalb unmöglich anzunehmen, außerhalb der beiden Schriften eines einzigen inspirierten Autors (Lukas) wäre die Geistesfülle nur in ein oder zwei Versen der Briefe erwähnt, das heißt, in einer Ermahnung unter zweiundsiebzig anderen des Epheserbriefes. Alle Autoren des Neuen Testaments haben davon sprechen müssen, aber wahrscheinlich haben sie es mit anderen Worten getan.

Der Apostel Johannes berichtet die Worte Jesu von der Quelle Wassers, das ins ewige Leben quillt (4,14). Wer an Jesus glaubt, wird niemals hungern noch dürsten (6,35). Ströme des lebendigen Wassers werden von seinem Leibe fließen (7,38), er wird ein Leben in Überfluß haben (10,10), die vollkommene Freude (15,11; 16,24; 17,23; 1. Joh. 1,4). Was ist das anderes als ein vom Geist erfülltes Leben?

Wenn der Apostel Paulus von der Befreiung des Christen durch das Gesetz des Geistes des Lebens in Jesus Christus spricht (Röm. 8,2), vom Leben nach dem Geist (Röm. 8,5.13.15.26; Gal. 5,16); wenn sagt, daß wir alle »in allem überwinden« (Röm. 8,37) – von was spricht er, wenn nicht von der Fülle des Geistes? Die »geistlich« sind im Gegensatz zu den »fleischlichen« (1. Kor.

---

[13] a.a.O. (160), S. 139.

3), die »nach dem Geiste wandeln« (Röm. 8,4), die »vom Geist geführt werden« – würde Lukas sie nicht »Christen voll des Heiligen Geistes« nennen?

Der Abschnitt von Römer 12,9–21 könnte als eine praktische Definition dieser Christen betrachtet werden. Wenn wir wissen wollen, wie ein Mensch lebt, der vom Heiligen Geist erfüllt ist, lesen wir den 2. Korintherbrief: »Allezeit guten Mutes« (5,6), einander zum Ruhm (2,14), fest in Erprobungen (11,23ff), kämpfend. um alles Denken auf den Gehorsam zu Christus zu richten (10,5). Wer voll des Heiligen Geistes ist, dreht sich nicht mehr um sein Ich, Christus lebt in ihm (Gal. 2,20), er ist in Christus »zur Fülle gebracht« (wörtl. von Kol. 2,10 übersetzt), »zur vollen Mannesreife, zum Vollmaß des Wuchses in der Fülle Christi« (wörtl. Eph. 4,13).

In einem vom Heiligen Geist erfüllten Leben, besetzt dieser Geist *jeden* Platz, darauf spielen die kleinen Worte »alles«, und »immer« Leben an. Jesus sprach von der Geistesfülle, als er sagte: »Und du sollst Gott deinen Herrn lieben von *ganzem* Herzen, von *ganzer* Seele, von *ganzem* Gemüte und von *allen* deinen Kräften« (Mk. 12,30). Wer vom Geist erfüllt ist, macht »*alles* zu Gottes Ehre« (1. Kor. 10,31), im Namen des Herrn Jesu (Kol. 3,17), er vermag *alles* durch den, der ihn stärkt (Phil. 4,13), er lebt in *aller* Demut (Apg. 20,19; Eph. 4,2), mit *allem* guten Gewissen (Apg. 23,1), *aller* Freude (Phil. 2,29), *aller* Weisheit (Kol. 1,9.28; 3,16), *aller* Frömmigkeit (2. Tim. 2,2), *ganzer* Reinheit (1. Tim. 4,12), *aller* Geduld (2. Tim. 4,2), mit *aller* Freudigkeit (Phil. 1,20), mit *aller* Untertänigkeit (2. Tim. 2,1), mit *aller* Geduld (2. Kor. 12,12), *aller* Sanftmut (Tit. 3,2), *aller* Ausdauer (Eph. 6,18) und einem *ganzen* Glauben (1. Tim. 1,15). Er dankt Gott *allezeit* für die Gnade (1. Kor. 1,4), für *alle* Dinge (Eph. 5,20; Kol. 1,3; 1. Thess. 1,2), er ist *immer* fröhlich (1. Thess. 5,16), denn er freut sich *immer* im Herrn (Phil. 4,4). Er hat *allezeit* Frieden (2. Thess. 3,16), und er sucht *immer* das Gute (1. Thess. 5,15). Die einfache Tatsache, daß das Neue Testament ungefähr eintausendvierhundert Mal diese Worte »alles« und »immer« benutzt, zeigt uns den totalitären Charakter der an den Christen gerichteten Berufung.

Wenn die Rede von den »Erwachsenen« oder den »Vollkommenen« ist, handelt es sich sicherlich auch um vom Geist erfüllte Menschen (1. Kor. 14,20; Phil. 3,15; Kol. 1,28; 4,12; Hebr. 5,14). Man darf diesen Terminus eben nicht im Sinne einer endgültigen moralischen Vollkommenheit (Perfektion) oder einer persönlichen Unfehlbarkeit verstehen. Petrus und Barnabas waren zu Pfingsten vom Geist erfüllt – dennoch haben sie in Antiochien (Gal. 2,11–14) eine tadelnswerte Haltung eingenommen. Paulus wurde seit seiner Bekehrung vom Heiligen Geist erfüllt, trotzdem hat er sich mit Barnabas zerstritten (Apg. 15,39). Das Wort von 1. Joh. 1,8: »Wenn wir sagen, wir haben keine Sünde, so verführen wir uns selbst und die Wahrheit ist nicht in uns«, ist für »vom Geist Erfüllte«, »vollkommene« Christen gültig.

Wenn *der Apostel Johannes* von einem vom Geist erfüllten Leben spricht, benutzt er Ausdrücke wie: »im Lichte wandeln«, »in ihm bleiben«, die »vollkommene Liebe Gottes« in uns (1. Joh. 2,5; 4,12.18). In der Offenbarung spricht er von »Überwindern«. *Der Apostel Petrus* ermahnt uns, heilig zu sein, wie Gott heilig ist (1. Petr. 1,16). Wenn *Lukas* vom Christen gesprochen hätte, der nach dem Willen Gottes lebt und seine Hoffnung inmitten von feindlichen Heiden bezeugt (2. Petr. 2,12; 3,15; 4,2), hätte er ihn sicherlich ebenfalls als einen Menschen »voll des Heiligen Geistes« bezeichnet. *Jakobus* nennt ihn den »vollendeten«, »vollkommenen« Menschen (1,4; 3,2). Für *Judas* ist es der, der in der Liebe Gottes bleibt (V. 21) und den Gott vor jedem Straucheln bewahrt (V. 24).

Die inspirierten Autoren bezeichnen so mit den verschiedensten Ausdrücken eine hohe christliche Lebensqualität, es ist die gleiche Vielgestaltigkeit, die alles charakterisiert, was aus der Hand Gottes hervorgeht. Doch es wäre unmöglich zu leugnen: alle Christen besitzen nicht dieses überströmende Leben, diese vollkommene Freude, diese Ströme lebendigen Wassers, von denen Jesus sprach; sie sind nicht immer nur Sieger, immer voll Sicherheit, fröhlich, sie wandeln nicht immer in Demut, vollkommener Reinheit, Geduld – das heißt, sie sind nicht immer »vom Heiligen Geist erfüllt«.

Aber sie können es sein. Gott will, daß sie es seien, sonst hätte er nicht auf fast jeder Seite des Neuen Testaments davon zu ihnen gesprochen und hätte ihnen nicht befohlen: »Werdet voll Geistes!«

Kapitel IX

Wie wird man vom Geist erfüllt?

Wenn man gewisse Bücher über die Fülle des Heiligen Geistes liest, hat man häufig den Eindruck, einen elektronischen Apparat zu öffnen, in dem sich Dutzende von Drähten überkreuzen, um unzählige Verbindungen herzustellen: Der Nichtfachmann gibt prompt auf, weil er sich sagt, es würde ihm niemals gelingen, die Ursache der Panne zu finden, den Fehler, der den Durchfluß des Stromes verhindert. Finney zählt neunundzwanzig Gründe auf, die sich der Geistesfülle entgegenstellen. Andere erwähnen sieben Bedingungen; wieder andere meinen im Gegenteil, das Geheimnis gefunden zu haben, das heißt, den versteckten Knopf, auf den man nur drücken muß, und das Wunder realisiert sich.

Im allgemeinen sagen diese Bücher sehr gute Sachen. Alles was man ihnen vorwerfen kann, ist, daß sie sich nicht auf die Geistesfülle, wie die Bibel sie definiert, beziehen.

A. Falsche Fährten

1. Die Geistesfülle kommt nicht automatisch mit der Zeit

Sie ist kein Privileg, das für die reserviert wäre, die seit langen Jahren Christen sind. Wir haben gesehen, daß Neubekehrte vom Geist erfüllt waren (Apg. 2,4; 4,31; 9,17; 13,52). Andererseits lesen wir, daß die Christen zu Korinth zwar seit mehreren Jahren bekehrt, jedoch noch nicht »geistlich« waren. Paulus behandelt sie als »Fleischliche«, als »Kinder in Christus« (1. Kor. 3,1—3). Die Empfänger des Hebräerbriefes hätten »längst Meister sein sollen«, aber sie hatten »zunächst der Milch und nicht fester Speise bedurft« (Hebr. 5,12). Zeit allein läßt uns nicht wachsen. Wir wachsen in dem Maße, in dem wir lernen, Gott (Kol. 1,10) und die Wahrheit (Eph. 4,15) besser zu verstehen, also in dem Maße, in dem wir uns von der geistlichen Milch des Wortes ernähren (1. Petr. 2,2).

2. Geistesfülle ist nicht an eine besondere Erfahrung gebunden

Es gibt weder ein »Sesam öffne dich« noch einen versteckten Knopf, um sich der Geistesfülle zu bemächtigen. Der christliche Glaube hat nichts mit den

131

Mysterien des alten Griechenlands gemein. Es ist kein Geheimnis zu suchen, noch eine esoterische Tradition, die nur Eingeweihten vorbehalten wäre. Jesus und die Apostel haben offen gesprochen (Joh. 18,20; 2. Kor. 1,13). Weil Gott wollte, daß alle seine Kinder zu diesem ergiebigen Leben Zugang finden (Joh. 10,10), zu dieser vollkommenen Freude (15,12), und zu dieser Geistesfülle (Eph. 5,18), hat er den Weg dahin allen seinen Jüngern sicher beschrieben, und sie ihrerseits haben ihn an alle Christen weitergeleitet (2. Tim. 2,2). Wir müssen also in allen Briefen auf die Hinweise achten, die uns den Zugang zu diesem vom Geist erfüllten Leben verschaffen. Denn nirgendwo ist die Rede davon, daß eine besondere *Erfahrung* der Schlüssel für ein höheres Leben wäre. In keinem Brief finden wir eine einzige Ermahnung, daß wir uns um eine besondere Ausgießung des Geistes bemühen sollten, die uns in diese Lebensfülle einführen würde. Wir werden niemals ermahnt, Offenbarungen des Geistes zur eigenen freien Verfügung zu erbitten (Ekstasen, Visionen, Zungensprechen). Der Apostel Paulus sagt uns, daß wir uns um die besseren Gaben bemühen sollen, und er führt dann des langen und breiten aus, warum er nicht das Zungenreden in diese Kategorie einordnet (1. Kor. 14,1–25).

3. Geistesfülle hängt nicht von einem einzigen Faktor ab

Gewisse Bücher sprechen von der »Heiligung durch den Glauben«, oder »der völligen Heiligung« und machen daraus synonyme Ausdrücke für die Geistesfülle. Andere sehen das Geheimnis eines Lebens aus dem Geist in der Hingabe, in der Liebe Christi, im Loben oder – ganz anders – in der straffen Reglementierung des ganzen Lebens, im Beichten aller Sünden – selbst der der Vorfahren.

Für wieder andere befindet sich der Schlüssel der Fülle im Stillesein vor Gott, im beständigen und beharrlichen Gebet zum Öffnen der Himmelsschleusen.

Alles dies ist partiell richtig, und für jede These findet man biblische Verse, die sie stützen. Indessen, wenn es genügt, zu glauben oder zu lieben, Gott zu loben oder seine Sünden zu gestehen oder zu beichten, warum hat sich dann Gott die Mühe gemacht und ein Buch von tausend Seiten inspiriert, um seinen Willen bekanntzumachen? Warum – um nicht nur vom Neuen Testament zu sprechen – finden wir dort mehrere tausend Befehle, Ermahnungen, Ratschläge und Beispiele, die alle dasselbe Ziel ansteuern: ein Leben, das dem Plan Gottes völlig entspricht?

Unsere Antwort auf die Frage, wie man vom Geist erfüllt wird, wäre nur genau, wenn sie mit der, die die Apostel in ihren Briefen gegeben haben, übereinstimmt, wenn sie den Akzent auf die gleichen Bedingungen setzt, auf die die inspirierten Autoren ständig zurückkommen, wenn sie die Vielfalt der Ermahnungen, der Wachstumsfaktoren (inneres Leben, Leben der Beziehungen, der Gemeinde), die Verschiedenheit der religiösen Persönlichkeiten und Temperamente mit bedenkt.[1]

B. Auf dem Wege zur Geistesfülle

Da formell nur ein einziger Abschnitt der Lehrbücher im Neuen Testament vom Erfülltwerden vom Geist spricht, tun wir gut daran, diesen Brief als Führer zu nehmen und dabei jedes Wort im Textzusammenhang zu sehen. Wenn wir wissen wollen, zu welchen Bedingungen uns Gott mit seinem Geist erfüllt, müssen wir untersuchen, was der Apostel den Ephesern sagt, bevor er sie auffordert, sich vom Heiligen Geist erfüllen zu lassen.
An wen richtet sich dieser Befehl?

Der erste Teil des Briefes antwortet detailliert auf diese Frage eingehend: die Empfänger sind Kinder Gottes (1,5), durch das Blut Christi erkauft (1,7), sie haben an ihn geglaubt (1,13), sie sind daraufhin vom Heiligen Geist versiegelt worden (1,3; 4,20), sie sind wiedergeboren worden (2,5), sie sind gerettet (2,8), mit Gott versöhnt (2,16) und »Leute des Hauses Gottes geworden« (2,19).

1. Eine Bedingung, die jeder geistlichen Segnung vorangeht: sie zu wünschen.

Jesus erwähnt es ausdrücklich für die Geistesfülle: »Wen da dürstet, der komme zu mir und trinke! Wer an mich glaubt, wie die Schrift sagt, von des Leibe werden Ströme lebendigen Wassers fließen. Das aber sagte er von dem Geist, welchen empfangen sollten, die an ihn glaubten« (Joh. 7,37-39). Die Texte der Schrift, auf die der Herr anspielt (Jes. 55,1; 58,1), unterstreichen diese Bedingung der göttlichen Heiligung. Ein berühmter Pädagoge sagte: »Man kann einen Esel nicht tränken, der nicht Durst hat.« Gott drängt nicht dem ein größeres Maß seines Geistes auf, der es nicht wünscht.

Diese Bedingung ist in dem Text Eph. 5,18 enthalten. Der Brief zielt darauf ab, den Wunsch nach einem vom Geist Gottes erfüllten Leben zu wecken. Der Apostel bittet, daß Gott die Augen ihres Herzens erleuchte, damit sie alle Reichtümer und geistlichen Segnungen sehen, die Gott für sie bereithält

---

[1] Siehe: A. Kuen, *Ihr müßt von neuem geboren werden* (106), S. 181-186.

133

(1,3.8.17-19), und daß sie bis zur Gottesfülle erfüllt werden (3,19). Er fordert sie auf, sich erfüllen zu lassen, und zählt ihnen die Situationen auf, in denen sie dieser Fülle bedürfen, um entsprechend dem Willen Gottes zu leben (5,18-6,20). Er kann indessen nicht den Durst nach einem vom Geist erfüllten Leben in den Herzen seiner Empfänger schaffen. Und dieser Durst ist Bedingung *für* die Fülle.

Wir lassen Gott unseren Wunsch durch das Gebet wissen. Wenn Jesus sagt, daß der Vater gerne seinen Geist »denen« gibt, »die ihn darum bitten« (Luk. 11,13), denkt er sicher auch an die Gaben oder an die Fülle seines Geistes. In Apg. 4,32 wurden die Gläubigen nach einem Lobgebet vom Geist erfüllt. Der Apostel bittet Gott, daß die Epheser »erfüllt werden mit allerlei Gottesfülle« und der Kontext von Epheser 5,18 spricht auch vom Lob und vom Dank in Verbindung mit der Fülle. Wenn wir also ein vom Geist erfülltes Leben kennen wollen, müssen wir es wünschen und von Gott erbitten, »der allen willig gibt und nichts vorwirft« (Jak. 1,5) – ohne zu vergessen, ihn zu loben und Dank zu erweisen für das, was er uns schon gegeben hat.

2. Der christliche Wandel

Die erste Ermahnung, die Paulus an die Epheser richtet, nachdem er ihnen alles erklärte, was Gott für sie getan hat, lautet »Wandelt würdig eurer Berufung« (4,1). Mit mehreren dutzend Verben beschreibt er genauer, was er unter einem solchen Wandel versteht.

Die Geistesfülle, das ist Jesus, der in uns wohnt und dort volle Freiheit hat. Denn Jesus hat gesagt: »Wer meine Gebote hat und sie hält, der ist es, der mich liebt . . . wer mich liebt, der wird mein Wort halten; und mein Vater wird ihn lieben, und wir werden zu ihm kommen und Wohnung bei ihm machen« (Joh. 14,21.23).

Die Fülle, das ist die vollkommene Freude: »Wenn ihr meine Gebote haltet, so bleibt ihr in meiner Liebe, wie ich meines Vaters Gebote halte und bleibe in seiner Liebe. Solches rede ich zu euch, auf daß meine Freude in euch bleibe und eure Freude vollkommen werde« (Joh. 15,10-11).

In seinem Brief spielt Johannes auf diese selbe Fülle an, wenn er schreibt: »Und wer seine Gebote hält, der bleibt in ihm, und er in ihm. Und daran erkennen wir, daß er in uns bleibt, an dem Geist, den er uns gegeben hat« (1. Joh. 3,24).

Die Bibel kennt keinen Zugang zur Geistesfülle, der den Weg des Gehorsams den Geboten Gottes gegenüber umgeht. Abkürzungen, die uns Befreiung davon versprechen, die notwendige Willenskraft zum Bewahren dieser Befehle aufbringen zu müssen, führen uns nicht zum selben Ziel wie der von den Jüngern und den Aposteln gezeichnete Weg – selbst wenn sie uns durch herrliche Landschaften und aufregende Erfahrungen führen. »Gott hat denen den Geist gegeben, die ihm gehorchen« (Apg. 5,32). Der Gehorsam Gott gegenüber nimmt zwei Formen an: – negative: nicht mehr wie die Heiden leben, sich seine Sünden abwaschen lassen; – positive: nach dem Beispiel Christi leben, sich wie Er Gott weihen und im Glauben die konkreten Taten vollbringen, die Gott von uns fordert.

Um die Analyse zu vereinfachen, können wir drei Aspekte im christlichen Leben unterscheiden: Reinigung, Heiligung und Glauben. Aber wir bleiben dabei, daß das geistliche Leben ein Ganzes bildet – wie unser physisches – Leben und daß sich die drei gleichzeitig entfalten und gegenseitig beeinflussen.

a) Reinigung
Bevor Paulus von der Geistesfülle spricht, erinnert er die Epheser daran, daß sie nicht mehr wie die Heiden leben sollen (4,17), denn er nennt eine Anzahl von bestimmten Sünden, die sie vermeiden sollen (4,25 bis 5,7): Lüge (4,25), Gewalttätigkeiten, die ihren Ursprung im Zorn und inständigem heimlichem Groll haben (V. 26), Diebstahl (V. 28), Verleumdung und schlechten Rat (V. 29), Bitterkeit und Grimm, Zorn, Beleidigung (V. 31), Unmoral, Hurerei, Gaunerei (5,3), anstößige Reden (V. 4), Geiz (V. 5), Sauferei (V. 18).

Sie werden feststellen, daß es sich bei dieser Aufzählung nicht um Sünden des inneren Lebens handelt (Hochmut, fehlende Liebe, fehlende Freude, Reizbarkeit . . .) also um jene Unwägbarkeiten, von denen wir nie befreit zu sein vorgeben können, solange wir hier unten leben. Der Apostel nennt bestimmte katalogisierte, bekannte Sünden, Tatsünden, über die es keinen Zweifel geben kann. Wir können also nicht dem Befehl, der uns hier vom Apostel übermittelt wird, ausweichen, indem wir vorbringen, wir seien eben immer noch Sünder und würden es – ein wenig mehr oder weniger – in unserem Leben auch bleiben. Das Wort Gottes sagt uns, wir sollen unsere Sünden bereuen (nein dazu sagen). Gott richtet sich an unseren Willen, der durch seinen Geist wiedergeboren ist, damit wir uns weigern, die Sünden zu begehen.

Im Römerbrief übermittelt der Apostel dieselben Befehle, bevor er vom Leben durch den Geist spricht:». . . stellt auch nicht eure Glieder der Sünde zur Verfügung als Werkzeuge der Ungerechtigkeit . . .« (Röm. 6,13). Wir können nicht behaupten, Christen zu sein oder gar nach der Geistesfülle zu trachten, wenn wir gleichzeitig fortfahren zu lügen, zu stehlen, in Wut zu bösen Handlungen uns hinreißen lassen, unlautere Reden führen, Hurerei betreiben, die anderen zu verleumden, uns betrinken . . . Alle diese Sünden betrüben den Heiligen Geist (4,30). Wie könnten wir ihn, indem wir fortfahren, ihn zu betrüben, gleichzeitig bitten, uns zu erfüllen? Wir servieren kein kostbares Getränk in einem schmutzigen Glas. Bevor uns Gott seinen Geist überläßt, möchte er, daß wir von der Sünde gereinigt seien: »Gott, der Herzenskündiger, gab ihnen Zeugen, in dem er ihnen den Heiligen Geist gab ... und reinigte ihre Herzen durch den Glauben« (Apg. 15,8–9).

Wenn wir Gott bitten, uns mit seinem Geist zu erfüllen, wird er vielleicht seinen Finger auf eine Sünde legen, die der Vergangenheit angehört, weil diese Sünde einen Bann in unserem Leben darstellt. Das war bei Jean Cadier der Fall: »Für mich ist die Erfahrung der Kraft des Heiligen Geistes an eine Demütigung und an eine Sündenerkenntnis gebunden, die eine Schuld betrifft, die für mich längst der Vergangenheit angehörte. Als ich Gott darum bat, mich mit seinem Heiligen Geist zu erfüllen, enthüllte er mir diese Schuld. Nachdem ich mich vor Gott gedemütigt hatte und an seine Gnade und seine Reinigung durch das Opfer am Kreuz glaubte, empfing ich die Sicherheit, daß mein Gebet erhört war.«[2]

Außer diesem Vers im Epheserbrief (5,18) gibt es nur drei Abschnitte im ganzen Neuen Testament, in denen die Erwähnung des Heiligen Geistes mit einem Imperativ verbunden ist: »Und betrübt nicht den Heiligen Geist« (4,30). »Dämpft den Geist nicht« (1. Thess. 5,19). »Wandelt nach dem Geist« (Gal. 5,16). Was den Geist betrübt, ist die Sünde: Wenn wir ständig in der Rebellion gegen Gott fortfahren, enden wir damit, daß wir den Geist auslöschen; wir wandeln nach dem Geist, wenn wir unser Fleisch und seine Gelüste kreuzigen (Gal. 5,17.24). Im Römerbrief, in dem der Apostel ganz systematisch den Plan Gottes darlegt, stellt er diesen Aspekt der Reinigung in einer radikaleren Form dar: durch den Tod seines alten Menschen, aber einen Tod mit Christus (Röm. 6,3–10), durch den Glauben (V. 11), aus dem der Wille Folgerungen zieht (V. 12–23).

Indessen vergessen wir nicht, daß »Gott Liebe ist« (1. Joh. 4,8). Er kennt unseren oft verzweifelten Kampf gegen die Sünde, und so wartet er nicht, bis wir den totalen Sieg über uns selbst errungen haben, bevor er uns zu Hilfe kommt. Er ist da, in uns, durch seinen Geist (Eph. 1,3; 3,16; 4,30), bereit, uns in unserer Anstrengung zu helfen, vorausgesetzt, daß wir gereinigt werden wollen. Was er von uns verlangt, das ist, daß wir nein sagen zu diesen Sünden (4,25), daß wir sie von ganzem Herzen aufgeben (4,25).

Gott akzeptiert das Gebet, das er David eingegeben hat: »Entsündige mich mit Ysop, daß ich rein werde; wasche mich, daß ich schneeweiß werde ... Schaffe in mir, Gott, ein reines Herz und gib mir einen neuen gewissen Geist ... verwirf mich nicht vor deinem Angesicht ... nimm deinen Heili-

---

[2] »Plénitude du Saint-Esprit« in *Le Saint-Esprit* (202), S. 94.

gen Geist nicht von mir und rüste mich mit einem freudigen Geist aus« (Ps. 51,10—14).
»Wenn wir aber unsere Sünden bekennen, so ist er treu und gerecht, daß er uns die Sünden vergibt und reinigt uns von aller Untugend« (1. Joh. 1,9). Wir erwarten nicht, daß unsere Kinder perfekt sind, um sie zu lieben und ihnen dann erst zu helfen.

»Wenn nun ihr, die ihr böse seid, euren Kindern gute Gaben zu geben wißt, wieviel mehr wird der Vater, der vom Himmel gibt, den Heiligen Geist denen geben, die ihn bitten!« (Luk. 11,13).

b) Hingabe

Jedem negativen Imperativ entspricht ein positiver Befehl: »Legt die Lüge ab und redet die Wahrheit ein jeder mit seinem Nächsten . . . wer gestohlen hat, stehle nicht mehr, sondern arbeite . . . damit er dem Bedürftigen etwas mitzugeben habe . . .«; gute Worte sagen, die der Erbauung dienen, sich gegenseitig vergeben. Der Apostel faßt diesen Teil seiner Ermahnung folgendermaßen zusammen: »So seid nun Nachahmer Gottes als geliebte Kinder. Und wandelt in Liebe, wie auch der Christus euch geliebt hat und sich selbst für uns hingegeben hat als Gabe und Schlachtopfer, Gott zu einem duftenden Wohlgeruch« (5,2).

Der Apostel macht keine Anspielung auf den Sühneaspekt des Todes Christi, er spricht davon wie von *einer Gabe* und *einem Opfer duftenden Wohlgeruchs.*

Im Römerbrief spricht der Apostel sofort nach den Worten über die Reinigung von den Sünden durch den Tod mit Christus über die Hingabe an Gott, indem er auf dieselben Opfer anspielt: ». . . stellt auch nicht eure Glieder der Sünde zur Verfügung als Werkzeuge der Ungerechtigkeit (negativer Aspekt), sondern stellt euch selbst Gott zur Verfügung« (positiver Aspekt) (Röm. 6,13). »Ich ermahne euch . . ., eure Leiber darzustellen als ein Gott wohlgefälliges, lebendiges, heiliges Opfer« (Röm. 12,1).

Die Natur kennt keine Leere. Wenn unser inneres Haus gereinigt ist, aber leer bleibt, kommen seine ehemaligen Bewohner mit Kraft zurück, um es wieder in Besitz zu nehmen (Luk. 11,24—26). Der Geist Gottes nimmt nur den Raum in Besitz, den wir ihm freiwillig einräumen. Wenn wir wollen, daß er uns erfüllt, müssen wir unser ganzes Sein ihm anbieten: Geist, Seele und Leib, wir müssen ihm unsere Zeit geben, unsere Kräfte, unser Geld, unsere Zukunft, unsere Gefühle, kurz alles, was unser Leben ausmacht. Denn alles das, was wir Christus vorziehen, bedeutet ein Hindernis auf dem Weg zur Fülle (Luk. 14,26.33).

Wir haben akzeptiert, daß Christus an unserer Stelle gestorben ist, nun müssen wir auch die zweite Klausel des Vertrages akzeptieren: »... wenn einer für alle gestorben ist, so sind sie alle gestorben. Und er ist darum für alle gestorben, damit die Lebenden hinfort nicht für sich selbst leben, sondern für den, der für sie gestorben und auferstanden ist« (2. Kor. 5,14–15). So ist »euer Leib ein Tempel des heiligen Geistes, welcher in euch wohnt und den ihr von Gott habt, so daß ihr nicht euch selbst gehört« (1. Kor. 6,19–20). Uns Gott zu weihen ist nichts anderes, als die logische Folgerung aus unserer Rechtfertigung zu ziehen. Das heißt, Gott das zu geben, was ihm bereits mit vollem Recht zusteht.

Dabei handelt es sich nicht um unzugängliche Ziele, sondern um einfache Akte des Gehorsams, die jeder Christ der Kraft, die Gott ihm gibt, erfüllen kann. Der Apostel ermahnt uns, auf eine unserer Berufung würdigen Art zu leben. Leben – wandeln, das heißt, einen Schritt nach dem anderen in eine gewisse Richtung zu tun. Ich trage meinen Körper in eine Richtung vorwärts, und um den Fall zu vermeiden, verläßt ein Fuß seinen Platz und stellt sich vor den anderen. Während er sich auf diese neue Basis stützt, verläßt der andere Fuß ebenfalls seine alte Stellung und nimmt eine andere, die dem Ziel näher ist, ein. Das Leben des Christen ist nichts anderes: sein ganzes Sein vorwärts in die angegebene Richtung tragen, den Sturz vermeiden, indem man die ehemaligen Stellungen eine nach der anderen verläßt, um andere, neue zu besetzen, die uns dem Ziel näherbringen – immer nur einen Schritt auf einmal.

Unter diesen konkreten Gehorsamsakten werden die vier in Eph. 5,19–21 aufgezählten in direkte Verbindung zur Geistesfülle gebracht: in Lobliedern und geistlichen Liedern, miteinander reden, Gott singen und spielen, für alles Dank sagen und uns einer dem anderen unterordnen, denn die Form des griechischen Satzes erlaubt es, in diesen vier Akten sowohl Bedingungen als Konsequenzen der Geistesfülle zu sehen.

c) Glauben

Der Glaube wird hier nicht besonders erwähnt, er ist ja Grund aller geistlicher Segnung: unsere Herzen sind durch Glauben gereinigt (Apg. 15,9), durch ihn erhalten wir den Geist Gottes (Gal. 3,4). Unser Tod mit Christus wird wirksam, wenn wir an ihn glauben (Röm. 6,11). Christus wohnt in unseren Herzen durch den Glauben (Eph. 3,17) und er hat »Ströme lebendigen Wassers« denen versprochen, die an ihn glauben (Joh. 7,38–39).

Wir glauben, daß unsere bekannten Sünden vergeben und daß wir von jeder Sünde gereinigt worden sind (1. Joh. 1,7); wir glauben, daß Gott unsere Hingabe angenommen hat, denn er hat sie in seinem Wort selbst befohlen

(Röm. 6,13; 12,1). Warum sollten wir denn nicht auch glauben, daß er uns mit seinem Geist erfüllt, wie er es versprochen hat?

Jesus hat versprochen: »Alles, um was ihr auch betet und bittet, glaubet, daß ihr es empfangen habt, und es wird euch werden« (Mk. 11,24), und Johannes sagt es noch genauer: »Und das ist die Zuversicht, die wir zu ihm haben, daß er uns hört, wenn wir etwas nach seinem Willen bitten. Und wenn wir wissen, daß er uns hört, was wir auch bitten, so wissen wir, daß wir das Erbetene haben, das wir von ihm erbeten haben« (1. Joh. 5,14–15). Ist ein Leben der Fülle nach dem Willen Gottes? Ja: »Ich bin gekommen, damit sie Leben haben und Überfluß haben« (Joh. 10,10). Er hat es befohlen: »Werdet voll Geistes!« Wenn ich also diese Fülle erbitte, wenn ich nein zur Sünde sage und ich mich Gott ergebe, kann ich also auch durch den Glauben die Gabe Gottes ergreifen – ohne mich mit Gefühlen aufzuhalten, ohne besondere Offenbarungen zu erwarten. »Denn wir wandeln im Glauben, und nicht im Schauen« (2. Kor. 5,7). Wenn der Feind Zweifel in euer Herz säen will, nehmt »den Schild des Glaubens, mit dem ihr auslöschen könnt alle Pfeile des Bösen« (Eph. 6,16).

»Ebenso wie du die Gnade aus der Hand des sterbenden Christus genommen hast«, sagt F. B. Meyer, »ergreife nun den Heiligen Geist aus der Hand des lebenden Christus und erkenne diese Gabe als dein eigen im Glauben an, ohne Rücksicht auf die anwesende oder abwesende Freude. Sie wird dir gemäß deinem Glauben gegeben.« Und er erzählt, wie er selbst die Erfahrung der Geistesfülle gemacht hat: »Ich fühlte keine auf meinen Kopf gelegte Hand, es gab keine brennenden Flammen, es gab kein Geräusch, das vom Himmel kam: aber durch den Glauben, ohne Emotion, ohne Erregung, griff ich danach, und ich griff zum erstenmal und seit jener Zeit habe ich ständig genommen. Ich drehte mich um und verließ die Hänge der Berge, als ich hinabstieg, sagte mir der Versucher, ich hätte nichts, es sei reine Einbildung; aber ich antwortete: Obgleich ich es nicht fühle, weiß ich doch, daß Gott treu ist.« Er legte sich hin, ohne die geringste Freude zu verspüren, aber am nächsten Tag war alles Frieden.[3]

C. Geistesfülle und Leben in der Gemeinde

»Jedesmal, wenn das Neue Testament von der Fülle spricht, tut es dies nicht in einem individualistischen Sinne, sondern in Beziehung zur Gemeinde«, sagt M. Green.[4]

---

[3] Zitiert in Le Saint-Esprit (202), S. 97–98.
[4] a.a.O. (72), S. 157.

Zu Beginn des vierten Kapitels des Epheserbriefes ermahnt der Apostel die Christen, »in einer der Berufung würdigen Art zu wandeln«. Aber bevor er ihnen genauer sagt, was er darunter versteht, spricht er vom Leben in der Gemeinschaft (4,4–16). Er erwähnt die verschiedenen Gaben, die Christus dieser Gemeinde zugebilligt hat »zur Ausrüstung der Heiligen für das Werk des Dienstes: Apostel, Propheten, Evangelisten, Hirten, Lehrer« (V. 11). Alle diese Dienste visieren gemeinsam ein Ziel an: die Christen zur vollen Reife zu bringen, »zum Vollmaß des Wuchses der Fülle Christi« (V. 13).

Wenn wir Zugang zu dieser geistlichen Reife finden wollen, zu dieser Fülle (des Geistes) Christi, brauchen wir alle diese Dienste, die der Herr seiner Gemeinde zugedacht hat. »Die Bibel weiß nichts von einer Einsamkeits-Religion« sagte Wesley. Sie weiß nichts vom Heranwachsen zur vollkommenen Reife in der Einsiedelei; dies vollzieht sich »in der Gemeinschaft der Heiligen«, denen der Herr die Gaben zum Aufbau seines Leibes zugebilligt hat. Jeder hat eine Gabe empfangen (V. 7; vgl. 1. Kor. 12,7; 1. Petr. 4,10), um den anderen zu helfen, in allem hinzuwachsen »zu ihm, der das Haupt ist: Christus« (V. 15).

Sollte es Zufall sein, daß die erste Äußerung der Geistesfülle gerade in diesem Leben, »im Leibe« geschieht: im miteinander Reden in Psalmen und Lobliedern und geistlichen Liedern, im Lob Gottes, im Gutestun und Leben in gegenseitigen Beziehungen, die von einem neuen Geist geprägt sind. So ist, wie wir gesehen haben, dieses Handeln in Gemeinschaft zugleich das Mittel, um vom Geist erfüllt zu werden, wie es das Partizip Präsens dieser Verben andeutet: Laßt euch vom Heiligen Geist erfüllen und sucht in ihm eure Fülle. Wie? Indem eure Freude in euren brüderlichen Unternehmungen überfließt, und zum Ausdruck kommt durch den Gesang von Psalmen, Lobliedern und geistlichen Liedern. Indem ihr mit eurem ganzen Sein singt und spielt für Gott, so daß aus dem Verborgenen eures Herzens unaufhörliche Musik zu ihm aufsteigt.

»Sagt allezeit für alles dem Gott und Vater Dank in dem Namen unseres Herrn Jesus Christus. Und ordnet euch einander unter in der Furcht Christi« (5,18–21).

Auch in den anderen Büchern des Neuen Testament wird überall dort, wo – auch in verschiedenen Formulierungen – von der Fülle des Geistes die Rede ist, immer der Bezug zur Gemeinschaft hergestellt.

In der Gemeinschaft der Brüder und Schwestern sind die Christen vom Geist erfüllt – so beschreibt es die *Apostelgeschichte* (Apg. 2,4; 4,8.31; 13,52). Im *Römerbrief* könnte man als Überschrift für das 12. Kapitel genauso »Das Leben in der Fülle« wie »das Leben in Gemeinschaft« nehmen, denn es ist dort von beiden die Rede.

In den Korintherbriefen, im Brief an die Galater usw. steht immer der Plural, wenn von geistlichen Christen, von denen, die im Geiste wandeln, die vollkommen sind, die Rede ist, und sie leben immer in Gemeinschaft. Dieser gemeinschaftliche Aspekt ist sicher den meisten entgangen, die von der Geistesfülle gesprochen haben. Zu oft sieht man den Christen, der voll des Heiligen Geistes ist, wie einen Menschen Gottes »kräftig und einsam« – ohne sich Rechenschaft darüber abzulegen, daß man die biblische Sicht mit dem romantischen Ideal vermengt. Um vom Geist erfüllt zu werden, brauchen wir Brüder und Schwestern, die uns lehren, uns ermahnen, uns ermutigen, uns warnen, die aber auch unsere Geduld, unsere Liebe, unsere Güte, unsere Langmut auf die Probe stellen . . . Um zu reifen, braucht die Frucht des Geistes nicht nur die Sonne der göttlichen Liebe, sie braucht auch Platzregen, die sicher weniger angenehm sind; Enttäuschungen, die von denen verursacht werden, die man liebt.

Das göttliche Ziel ist niemals ein besonders geheiligtes Individuum, es ist immer »der ganze Leib, der wohl zusammengefügt ist, und der einen soliden Zusammenhang bildet« (V. 16). Jedes Glied des Leibes erhält von seinem Haupt die Kraft, die »da wirkt alles in allem«; die Gaben, die Er zur Erfüllung der besonderen Aufgabe, der Gemeinschaft zu nutzen für notwendig hält (1. Kor. 12,7.11; vgl. Kol. 2,19). »Und von seiner Fülle haben wir alle genommen« (Joh. 1,16), in der Gemeinschaft mit seinem Leib und zur Verherrlichung dieses Leibes, der selbst »die Fülle des ist, der alles in allem erfüllt« (Eph. 1,23).

D. Wie sich in der Fülle behaupten und in ihr wachsen?

Die Schrift spricht von Neubekehrten, die vom Geist erfüllt sind (Apg. 4,31; 9,17; 13,52). Diese Geistesfülle wird ihnen indessen nicht ohne Rücksicht auf ihr Verhalten automatisch gelassen.

Wenn wir der Sünde nachgeben, betrüben wir den Geist (Eph. 4,30). Wir finden die Fülle nur wieder, wenn wir die Sünde sofort beichten, um Vergebung zu erhalten (1. Joh. 1,9). Wenn wir eine Sünde, die wir soeben bewußt wahrgenommen haben, sofort bereuen, unterbricht nichts unser Leben in der Geistesfülle.

An anderen Stellen ist, wie wir gesehen haben, die Rede von Leuten, die von neuem erfüllt sind, und dies in Fällen, wo nichts darauf hinweist, daß die Fülle infolge einer Sünde verlorengegangen war: eine neue Schwierigkeit, eine neue Herausforderung verlangen ein neues Angetanwerden mit Kraft durch den Geist.

Da der Gläubige aufgerufen ist, zu wachsen, muß der Geist immer mehr Platz einnehmen, um sein ganzes Sein mehr und mehr zu erfüllen. J. Stott illustriert diese Wahrheit, in dem er ein Neugeborenes mit einem Erwachsenen vergleicht: die Lungen beider sind mit Luft gefüllt, nur hat der Erwachsene ein viel größeres Maß Luft in sich, weil seine Lunge größer ist.

Godet sagt, der Mensch sei ein Gefäß und dazu bestimmt, Gott zu empfangen: ein Gefäß, das sich in dem Maße ausdehnen müsse, in dem es empfängt und das sich in dem Maße füllt, in dem es sich ausweitet.[5]

Erinnern wir uns gleichzeitig, daß das griechische Verb im mittleren Imperativ steht, der die ständige Wiederholung beinhaltet: Laßt euch also immer von neuem von dem Heiligen Geist erfüllen! Wir sind weit von der Erfahrung entfernt, die man ein für allemal macht. Um bei dem Bild des Gefäßes zu bleiben: Man kann das vom Geist gefüllte Gefäß nicht schließen, mit einem Etikett bekleben und in einen Schrank stellen und dann sagen: »Ich habe ihn.« Gott spricht von der Fülle des Geistes wie von einem Fluß, und der muß, soll er voll sein, immer neu von der Quelle und von seinen Nebenflüssen gespeist werden, muß weiterfließen können, um frisch und gesund zu bleiben. Jeder Aufenthalt bringt die Gefahr der Fäulnis mit sich. So sind auch wir nur dann vom Heiligen Geist erfüllt, wenn wir beständig Zufluß von der Quelle erhalten, und wenn wir das Empfangene an andere weitergeben.

Aus dem Geist leben – das ist ein Gehen »von Kraft zu Kraft« (Ps. 84,7). Unsere Fülle äußert sich immer mehr durch ein erneuertes inneres Leben, das durch die Früchte des Geistes charakterisiert ist (Gal. 5,22–23), und das Lob Gottes (Eph. 5,19–20), durch ein umgewandeltes Leben (Eph. 4,17) und ein wirksames Zeugnis (Mt. 12,34; Apg. 1,8).

---

[5] Zitiert von R. Pache (133), S. 124.

Kapitel X

Eine oder zwei Erfahrungen?

Eine Stufe oder zwei?

In den vorangehenden Kapiteln haben wir gesehen, daß nach der Bibel jeder Gläubige den Heiligen Geist – oder, was auf dasselbe hinauskommt, seine Geistestaufe – im Augenblick seiner Bekehrung, seiner Wiedergeburt, empfängt. Die Geistesfülle dagegen ist eine Qualität des geistlichen Lebens, die man nicht mit einer bestimmten und einmaligen Erfahrung ein für allemal erlangt: der Christ ist aufgerufen, sich ohne Unterlaß vom Heiligen Geist erfüllen zu lassen.

Dennoch sprechen zahlreiche Christen von einer zweiten Stufe und ihrer geistlichen Entwicklung, die durch eine genauso präzise und bestimmte Erfahrung eingeleitet wird wie die Bekehrung. Einige nennen sie Krafttaufe oder bekleidet werden mit der Kraft oder Salbung für den Dienst; andere sagen, sie hätten die Geistestaufe empfangen oder ganz einfach »den zweiten Segen« *(second blessing)*. Die Lehre von den zwei Stufen kennzeichnet die pfingstlerische Unterweisung. Sie ist sogar nach W. Hollenweger, dem Spezialisten auf dem Gebiet der Pfingstbewegung, der einzige gemeinsame Nenner und *das* Unterscheidungsmerkmal der zweihundert Bezeichnungen, Bewegungen, Gruppierungen von Gemeinden, die zur Pfingstbewegung gehören. Obgleich die meisten Pfingstler die Erfahrung der Geistestaufe zusammen mit dem Zeichen des Zungenredens für das Charakteristikum der Pfingstbewegung halten, denkt Hollenweger, daß dieses Kriterium wichtige Minderheiten ausschließt, die sich dazu zählen. Deshalb rechnet er zu der Pfingstbewegung alle, die »wenigstens zwei religiöse, wesentlich und zeitlich verschiedene Erfahrungen unterscheiden (1. Bekehrung oder Wiedergeburt, 2. Geistestaufe), von der die zweite im allgemeinen, aber nicht immer, an das Zungenreden gebunden ist«[1].

Aber neben der Pfingstbewegung sehen auch viele Evangelikale aus der Nachkommenschaft der Erweckungsbewegung (Finney, Moody, Torrey) und Männer der Heiligungsbewegung (Keswick) in der normalen Entwick-

---

[1] W. Hollenweger: *Enthusiastisches Christentum* (89), S. 22. Kurt Hutten, ein anderer Spezialist der para-ekklesiastischen Bewegungen, ist derselben Ansicht. Das gemeinsame unterscheidende Zeichen der verschiedenen Gemeinschaften, die unter dem generellen Terminus »Pfingstbewegung« zusammengefaßt sind, ist die Sehnsucht nach einer außergewöhnlichen Erfahrung, die in der »Geistestaufe« gipfelt. K. Hutten: *Seher, Grübler, Enthusiasten* (96), S. 366.

lung des Christen zwei bezeichnende Orientierungspunkte: Den Eintritt in das geistliche Leben und die Einweihung in das Leben auf einer höheren Ebene, die sich durch eine intensivere Gemeinschaft mit Gott auszeichnet, den Sieg über die Sünde und einen wirksameren Dienst für den Herrn. Wenn wir den Namen dieser Erfahrung außer acht lassen, stellen sich uns mehrere Fragen:
1. Kennt die Bibel diese Lehre von den zwei Entwicklungsstufen?
2. Wenn nicht: wo und wie ist sie entstanden?
3. Welchen Wert hat diese »zweite Erfahrung«, die tatsächlich von vielen Christen gemacht wurde?

A. Was sagt die Schrift dazu?

Erfahrung?

Das Wort Erfahrung ist sicherlich ein mehrdeutiges Wort, und eine Menge seiner Füllungen sind der biblischen Theologie fremd. Es läßt an Emotionen, Empfindungen und Offenbarungen denken, die nicht notwendigerweise die Aneignung des Heils oder einer neuen Wahrheit durch den Glauben begleiten.

Wir behalten es nichtsdestoweniger bei, da wir kein anderes Wort kennen, das besser ausdrückt, was wir hier meinen: die erworbene Fähigkeit sicherer Orientierungen, das Vertrautsein mit bestimmten Handlungs- und Sachzusammenhängen, das exemplarisch zu einem elementaren Wissen führt (nach Meyers Enzyklopäd. Lex.). So wird auch durch die Erfahrung eine biblische Wahrheit (unser Heil, unsere Geistesfülle) persönliche Wahrheit.

1. Die Erfahrung des Heils

Das Neue Testament benutzt eine große Auswahl von Begriffen, um von der Aneignung des Heils, das von Jesus Christus geschaffen wurde, zu sprechen: Buße, Bekehrung, Glaube, Wiedergeburt, Erneuerung, Rechtfertigung, Versöhnung, Geistestaufe, Versiegelung und Salbung des Heiligen Geistes . . . Bald betrachten die inspirierten Autoren das Ereignis aus menschlicher Sicht, bald als Werk Gottes. Jeder Ausdruck betont einen bestimmten Aspekt des radikalen Wandels in unserer Beziehung zu Gott.[2]

---

[2] Siehe A. Kuen, *Ihr müßt von neuem geboren werden* (106), S. 118ff.

In den Evangelien und in der Apostelgeschichte rufen Jesus und die Apostel die Menschen auf, die persönliche Erfahrung des Heils zu machen. In den Briefen, die an Christen gerichtet sind, werden alle Bezüge auf diese Erfahrung in der Vergangenheitsform gemacht: »Ihr *seid* Knechte Gottes *geworden*« (Röm. 6,17–18), »ich *habe* euch in Jesus Christus *gezeugt*« (1. Kor. 4,15), »wir *sind* durch einen Geist alle zu einem Leibe *getauft*« (12,13), »da ihr gläubig *wurdet*, seid ihr mit dem Heiligen Geist versiegelt *worden*« (Eph. 1,13), »Gott *hat* euch lebendig *gemacht*« (Kol. 2,13), »ihr *habt* euch zu Gott *bekehrt*« (1. Thess. 1,9), »er *hat* uns selig *gemacht*« (Tit. 3,5), »ihr *seid* wiedergeboren *worden*« (1. Petr. 1,23), »wir *sind* aus dem Tode in das Leben *gekommen*« (1. Joh. 3,14) . . .

Das Heil ist eine gegenwärtige Realität: »Ihr *seid* in Jesus Christus . . . der Geist Gottes *wohnt* in euch« (1. Kor. 1,30; 3,16). »Denn ihr *seid* alle Gottes Kinder durch den Glauben an Christus Jesus« (Gal. 3,26). »Ihr *seid* gesegnet« (Eph. 2,5.8). »Liebe Kindlein, ich schreibe euch, denn die Sünden *sind* euch *vergeben* durch seinen Namen« (1. Joh. 2,12).

2. Und danach?

Wer durch die Anfangserfahrung des Heils gegangen ist, hat nur die Eingangstür des christlichen Lebens durchschritten; er ist nicht angekommen. Er hat noch den ganzen Weg vor sich. Was verlangen die Apostel von denen, die die »erste Erfahrung« gemacht haben? Die einigen Tausend Imperative, Ratschläge, Ermahnungen, verteilen sich in drei Gruppen, die in etwa gleichwertig sind: geistliches Leben, moralisches Leben, und die neuen Beziehungen zu den Mitmenschen. In die erste Gruppe mit den Ratschlägen für das geistliche Leben gehört unser Thema. Analysieren wir also systematisch die Gesamtheit dieser mehr als zweihundert Imperative und fast tausend anderen Erwähnungen in den Briefen in Form von Beispielen, Ratschlägen, Lob bestimmter verschiedener Haltungen, Ermahnungen usw.

Diese Ermahnungen teilen sich in drei zahlenmäßig ungefähr gleiche Untergruppen. Das erste Drittel bezieht sich auf *unsere Beziehungen zu Gott*: beten, Gnade empfangen, Gott loben, ihn verherrlichen, verehren, ihn lieben, ihm dienen, ihm gehorchen, ihm uns ausliefern . . .

In das zweite Drittel können wir unsere *innere Haltung* vor Gott einordnen: Glaube, Hoffnung, Sicherheit, Überzeugung. Der Glaube allein wird mehrere hundert Male erwähnt.

Das letzte Drittel umfaßt *verschiedene Ermahnungen* zum geistlichen Leben. Wir werden aufgerufen, in unserer Kenntnis zu wachsen, im Wissen und in der Heiligung; wir sollen im Glauben standhaft bleiben, ausharren, wachen, der Sünde wehren, dem Teufel widerstehen, verwandelt sein, die Prüfungen ertragen, von Kraft zu Kraft gehen, den Heiligen Geist nicht betrüben, ihn nicht auslöschen, vom Geist erfüllt sein.

Alle diese und mehr Hinweise werden der Gesamtheit derer gegeben, die die Anfangserfahrung gemacht haben, und zwar ohne Unterschied. Nirgendwo finden wir zwei Kategorien: die vom Geist Getauften und die Nicht-Getauften. Es stimmt, im ersten Korintherbrief spricht der Apostel von fleischlichen Christen und von anderen, die geistlich sind, aber für ihn sind die Korinthischen Christen fleischlich (3,3), und dennoch schreibt er, daß sie alle vom Heiligen Geist getauft sind. Man kann also nicht sagen: Geistesgetaufter = geistlicher Christ. »Ein Christ, der ständig fleischlich wäre, ist nichts anderes als eine Fiktion, um gewisse theoretische Gesichtspunkte zu stützen. In bestimmten Augenblicken kann jeder von uns fleischlich sein.«[3]

Überhaupt spricht der Apostel von Kindern und erwachsenen Menschen (1. Kor. 3,1; 14,20; Eph. 4,14; vgl. Hebr. 5,13–14). Dieses Bild betont noch mehr die Notwendigkeit eines organischen Wachstums. Nach H. Berkhof[4] spricht Paulus niemals von diesem Werk des Geistes wie von einer zweiten Handlung nach einem zeitlichen Abstand. Für ihn gehört diese dritte Gabe (angetan werden mit Kraft neben der Rechtfertigung und der Heiligung) zu den beiden anderen und bildet eine Einheit mit ihnen.

Der Apostel Johannes unterscheidet drei Stadien im christlichen Wachstum: kleine Kinder, junge Leute und Väter (1. Joh. 2,12–14). Diese Stufen charakterisiert er durch verschiedene Erfahrungen der Gnade. Das Kind freut sich, daß seine Sünden vergeben sind, und daß es Gott als einem Vater begegnet. Es lebt von fröhlichen und bewegenden *Gefühlen*. Die jungen Leute, das heißt, die Jugendlichen des geistlichen Lebens, stehen im Kampf gegen das Böse. Sie lernen, durch das Wort, das in ihnen wohnt (das geschriebene Wort und – in erster Linie – das lebende Wort: Christus in uns), über die Sünde zu siegen und über den Teufel. Auf diese zwei wesentlich egozentrischen Stufen folgt das Erwachsenenalter, das durch die Vaterschaft gekennzeichnet ist. Wenn dem Christen bewußt wird, daß er nicht nur zu empfangen hat, sondern daß es seine Berufung ist, das empfangene Leben weiterzugeben und Verantwortung für andere zu übernehmen, wird er Vater. Diese Stufe ist durch das Wissen von dem, »Der von Anfang an ist«, gezeichnet. Die erwachsenen Christen kennen Christus als Herrn, Herrscher, ewigen Sohn des Vaters, als den, dem alle Macht im Himmel und auf Erden gegeben ist (Mt. 28,18; Hebr. 1,3).

---

[3] J. Sanderson, a.a.O. (161), S. 10.
[4] Berkhof, a.a.O. (10), S. 87.

Im Römerbrief scheint Paulus diese drei gleichen Stufen in der Entwicklung des Christen zu unterscheiden:
- die Rechtfertigung (Kap. 3–5), die uns das Wissen von der Vergebung und von dem Frieden mit Gott, unserem Vater, gibt;
- der Kampf gegen die Sünde und das Geheimnis des Sieges: Christus wohnt in uns durch seinen Geist (Kap. 6–8);
- unsere Verantwortung gegenüber den anderen, d.h. die Probleme, die mit unserer geistlichen Vaterschaft verbunden sind (Kap. 9–15).[5]

3. Kennen die Apostel keine »zweite Segnung«?

Da wir keine klare Beziehung zu zwei sorgfältig unterschiedenen Stufen im christlichen Leben finden, hören wir auch nie den Aufruf, eine bestimmte Erfahrung zu machen, die uns von einer Stufe zur anderen führen würde – welches auch immer der Name sei, den man einer solchen Erfahrung gibt (Geistestaufe, Ausgießung oder Wirkung des Geistes, Bekleiden mit Macht, zweite Segnung, ganze Heiligung usw. . . . .).

Brächte eine solche Erfahrung dem Christen alle geistlichen Früchte, von denen ihre Protagonisten sprechen (tiefere Gemeinschaft mit Gott, Geist des Lobes und der Anbetung, Sieg über die Sünde, Kraft für den Dienst, Liebe zu den Verlorenen, Gefallen am Lesen des Wortes . . .), warum legen die Apostel sie nicht ihren Briefempfängern warm ans Herz? Man antwortet uns, wahrscheinlich hätten alle Christen der frühen Gemeinden, an die diese Briefe gerichtet waren, diese Erfahrung schon gemacht. Aber wie soll man dann verstehen, daß die Apostel sie auffordern, genau das anzustreben, was diese Erfahrung uns bringen sollte? Warum sprechen die Apostel den Willen der Christen an, ihre Intelligenz, ihren Sinn für Würde, damit sein Leben diese geistlichen Früchte trage, wenn der Heilige Geist diese selben Früchte mit einem Schlag durch eine Erfahrung hervorrufen könnte?

Auf alle diese verwirrenden Fragen gibt es nur eine zufriedenstellende Antwort: Die Schreiber des Neuen Testaments wußten nichts von dieser zweiten Erfahrung. Und die Geschichte lehrt uns tatsächlich, daß sie erst im zwanzigsten Jahrhundert entdeckt und definiert wurde, nachdem im achtzehnten Jahrhundert eine langsame Entfaltung der Lehre und die Erfahrung einiger vortrefflicher Männer Gottes ihr den Weg bereitet hatten.

---

[5] Siehe A. Kuen *Ihr müßt von neuem geboren werden* (106): Neue Geburt und Wachstum im neuen Leben, S. 181–185.

B. Was sagt die Geschichte darüber?

1. Erste Anhaltspunkte

Die Idee der Heilserfahrung in zwei Stufen wird von gewissen Autoren mit der Tradition der Kindertaufe verknüpft: in der katholischen Theologie wird das Kind durch das Sakrament der Taufe wiedergeboren, aber der Heilige Geist kommt erst in ihm wohnen durch das Sakrament der Firmung. Diese Theologie wurde mehr oder weniger von einigen Kirchen der Reformation übernommen: Für viele Lutheraner wird das Kind ebenfalls durch die Taufe wiedergeboren, aber es muß später seinen Willen, daß es Christus gehören will, bestätigen. J. Ph. Spener, der Begründer des Pietismus, bestand auf der Notwendigkeit einer persönlichen Erfahrung der Gnade, die er Wiedergeburt nannte, obgleich er die Wirksamkeit der Kindtaufe akzeptierte.

Die Puritaner sahen die Heilserfahrung ebenfalls in zwei Etappen: Zuerst die Bekehrung und später die Zusicherung, die Bekräftigung der Adoption.[6] Einige Puritaner nannten die Erfahrung der Zusicherung eine »Taufe im Geist«.

John Wesley scheint der erste gewesen zu sein, der methodisch zwei Erfahrungen unterschied: die Sündenvergebung und die Herzensreinigung: »Trotz der Gnade, die uns in der Rechtfertigung erwiesen wird, können wir die Werke des Fleisches nicht ausmerzen. Wir können es sicherlich nicht bis dahin, daß es Gott gefällt, ein zweites Mal zu sagen: Sei rein. Dann nur wird die Lepra gereinigt, die schlechte Wurzel und der fleischliche Sinn werden zerstört.«[7] »Wir kennen nirgendwo ein einziges Beispiel, bei dem eine Person in ein und demselben Augenblick die Sündenvergebung, das ständige Zeugnis des Geistes und ein reines, neues Herz erhalten hat.«[8] Wie die Rechtfertigung erfolgt für Wesley die Erfahrung der Heiligung in einem Augenblick, jedoch nach einer »stufenweise fortschreitenden Überzeugung«[9]. »Ich glaube, daß die Rechtfertigung von der Reinigung völlig unterschieden ist und dieser notwendigerweise vorausgeht.«[10] »Weil diese ›völlige Heiligung‹ oder ›Vollkommenheit‹ einfach durch den Glauben erlangt wird, erfolgt sie konsequenterweise plötzlich.«[11] »Nachdem er von der Sünde in ihm völlig überzeugt worden ist durch eine weit tiefere und klarere Überzeugung als jene, die der Rechtfertigung voranging, und nachdem er ein allmähliches

---

[6] Siehe G. Brunk, *Encounter with the Holy Spirit* (31), S. 26.
[7] *Wesley's Standard Sermons*, London 1921, T. II., S. 390-391.
[8] *A Plaint Account of Christian Perfection*, London 1952, S. 24, zitiert bei Bruner (30), S. 38).
[9] Briefe, London 1931, S. 22, Bruner (30), S. 38.
[10] Journal II (13.9.1739).
[11] Journal IV. (1.11.1762).

Absterben der Sünde gegenüber erfahren hat, erfährt der Christ einen totalen Tod und eine völlige Erneuerung in der Liebe und zum Bilde Gottes.«[12]

Die ersten Methodisten haben häufig auf der Notwendigkeit bestanden, daß die Christen, die das Heil durch den Glauben an Jesus Christus angenommen haben, eine zweite Erfahrung machen sollten, die sie häufig »völlige Heiligung« oder »Gnade eines reines Herzens« oder das »ganze Heil« oder »vollkommene Liebe« nannten (S. Samouélian).[13]

Vor Wesley hatte niemand eine so bestimmte Lehre von einem zweiten Gnadenwerk entwickelt. Damit aber hat »der Methodismus einen wesentlichen Einfluß auf die Pfingstbewegung ausgeübt, in dem er das geistliche Verlangen auf die Erfahrung und besonders auf *eine* plötzliche, der Bekehrung folgende Erfahrung konzentrierte« (F. D. Bruner).[14]

Der methodistische Prediger *John Fletscher* nannte den plötzlichen Empfang der »völligen Heiligung« eine »Geistestaufe«.[15]

William Bramwell spricht oft von Geistestaufen, die er empfangen hat. So schreibt er aus Newcastle: »Vor drei Wochen habe ich eine Geistestaufe erhalten, die viel überströmender war als alle, die ich bis dahin empfangen hatte.« Im folgenden Jahr schreibt er noch: »Ich habe mich Gott ausgeliefert, um eine Taufe seines Geistes zu empfangen, die überströmender und kräftiger als alle anderen wäre.«[16]

2. Die Erweckungsbewegung

Die amerikanische Erweckungsbewegung hat den Begriff der Geistestaufe übernommen; sie bestand also ebenfalls auf dem *individuellen und emotionalen* Charakter der Erfahrung. Aus ihr kommen die Väter der Lehre von der Geistestaufe, Finney, Asa Mahan und Upham.[17]

Ch. Finney (1792–1876) hat einen tiefen Einfluß auf die Evangelikalen ausgeübt, selbst über die angelsächsischen Länder hinaus. Die Gefühle haben eine große Rolle in seiner eigenen Bekehrung gespielt[18], dann auch in seinen Methoden[19] und schließlich in seiner Auffassung vom christlichen Leben

---

[12] *Plain Account*, S. 52. Siehe Bruner (30), S. 323, 332.
[13] *L'Evangéliste*, 1–2. 1976, S. 247.
[14] a.a.O. (30), S. 38.
[15] J. Dunn (51), Einführung.
[16] L. Parker, *Portraits méthodistes* (S. 36), zitiert von S. Samouélian (Note 13a).
[17] E. von Eicken, *Hl. Geist, Menschengeist, Schwarmgeist* (55), S. 17.
[18] Siehe sein Zeugnis in A. Kuen: *Ihr müßt von neuem geboren werden* (106), S. 153f.
[19] Er sagte zum Beispiel: »Es gibt so vieles, das ihren Geist von der Religion abkehrt und das sich dem Einfluß des Evangeliums entgegenstellt, daß notwendigerweise eine gewisse Aufwallung (des Gefühls) zu Hilfe genommen werden muß, bis daß die Flut so hoch steigt, daß sie alle Hindernisse hinwegschwemmt« (zitiert nach W. G. McLoughlin, *Modern Revivalism: Ch. Finney*

überhaupt. Für ihn ist die »Geistestaufe« oder »Krafttaufe« eine Erfahrung, die der Bekehrung folgt, und die den Christen für den Dienst Gottes ausrüstet. Diese Geistestaufe ist »unumgänglich für den Erfolg eines Dieners Gottes ... um die Kraft zu haben, Seelen zu bekehren«[20].

In seiner Schrift über die »Taufe mit Kraft« bedauert er, daß man bei der Bekehrung bleibe, ohne nach dieser Taufe zu suchen, bis man sie erhält, die allein uns mit der Kraft von oben bekleidet. Daher komme es, daß so viele Leute, die angeblich Christen sind, weder Macht über Gott (!) noch über die Menschen haben.[21] Aber für Finney war diese Taufe keine einmalige, endgültige »zweite Erfahrung«. Gegen Ende seines Lebens schreibt er: »Der Herr hat eine umfassende Nachprüfung meiner eigenen Seele und eine neue Taufe Seines Geistes bewirkt ...«[22]

Im Jahre 1821 bekehrt, erlebt er dreimal (1834, 1838 und 1843) die Erfahrung, mit Macht bekleidet zu werden.

Asa Mahan (1799–1889), sein Kollege und Präsident des Oberlin-College, einer Bibelschule in Ohio, sagte, »der Heilige Geist führe den Sünder zunächst zur Buße gegenüber Gott und zum Glauben an unseren Herrn Jesus Christus; nachdem er gläubig wurde, das heißt, nach der Bekehrung, komme der Heilige Geist auf ihn, er falle auf ihn, breitet sich über ihn; dann erfolge das Bekleidetwerden mit Macht, um ihn für die Mission, die Gott ihm zuweist, fähig zu machen ... Tatsächlich erfülle sich das Versprechen des Heiligen Geistes gewöhnlich erst nach einer mehr oder weniger langen Zeit nach der Bekehrung ... Tausende von Leuten in den Gemeinden hätten sich bekehrt, aber sie hätten niemals die Geistestaufe empfangen.«[23] Zu den Wirkungen der Taufe zählt Asa Mahan den Mut und die Wirksamkeit im Zeugnis, die Heilsgewißheit, den Frieden, die Freude, die Selbstbeherrschung, die Gegenwart des Geistes; aber er erwähnt niemals das Zungenreden. Er stützt sich auf die Schriften der Brüder Wesley und Tennent, von Madame Guyon, Präsident Edwards, von P. B. Taylor ... und die Erfahrung vieler Christen (S. 39–61). Die einzigen biblischen Abschnitte, die er erwähnt, sind Apg. 1,8; 8, 10, 19.

Upham, ein anderer Lehrer am Oberlin-College, schloß sich Finney und Asa Mahan an, um die »Lehre von Oberlin« zu definieren und zu predigen,

---

to B. *Braham*, New York 1959, S. 86–87). M. Unger sagt, daß »Finneys Lehre von einer der Bekehrung folgenden Geistestaufe, und der hohe Grad des Gefühls in der Methodologie der Erweckung unterscheidende Züge des amerikanischen Christentums geworden sind« (*Baptism* (188), S. 8–9).
[20] *Memoirs* (New York, Revell, 1903), S. 55.
[21] Asa Mahan – Finney, *Baptême de l'Esprit – Baptême de puissance* (116), S. 87.
[22] Zitiert von R. Edman, *Ils ont trouvé le secret* (54), S. 69.
[23] a.a.O. (116), S. 8–10.

die die Geistestaufe von der Wiedergeburt unterschied.»Es wird also von da ab«, bemerkte E. von Eicken,»Wiedergeborene mit und ohne Geistestaufe geben.« Sicherlich kann Gott jedem außergewöhnliche Mitteilungen von seinem Geist gewähren, wo und wann er will, aber wenn wir sie verallgemeinern und daraus eine Lehre machen, wirft man ein Samenkorn in die Erde, das sich als fatal innerhalb einer Generation erweisen kann.«[24]

In der Theologie Finneys spielte die Technik, also die menschlichen Mittel, eine große Rolle.»Finney behauptete, daß jeder, wenn er eine gegebene Technik anwandte, eine Erweckung in Gang bringen könne, wann er wolle . . . er hat vergessen, daß die Souveränität Gottes allein Erweckung hervorrufen kann« (Martin Lloyd-Jones).[25]

Deshalb waren die Bekehrungen, die zum Teil durch psychologische Mittel erreicht worden waren, nicht von Dauer. Asa Mahan stellte fest:»Alle, die durch die Erweckungen von Finney berührt worden waren, haben sich wieder gehen lassen; die Leute waren wie tote Kohlen, die nicht mehr zum Brennen zu bringen waren; die Hirten haben ihre Kraft verloren . . .« (Zitiert von M. Lloyd-Jones, S. 27). Finney gestand selbst:»Die Bekehrten meiner Erweckung sind eine Schande für das Christentum«.

Dieselbe Technik wurde gebraucht, um»die zweite Erfahrung« hervorzurufen,»die Geistestaufe«. Sündenbekenntnis und Hingabe sollten sie mehr oder weniger automatisch herbeiführen. Unglücklicherweise klappte das nicht immer.

Die erschütterndsten Beispiele dieses Mißerfolgs»der Technik« waren die Studenten von Finney selbst.»Diese Studenten«, berichtet uns Asa Mahan, »gestanden von neuem ihre Sünden, erneuerten ihre Hingabe und versprachen mit der ganzen Intensität und der Bestimmtheit, deren sie fähig waren, absoluten Gehorsam. Jedes Mal war das Resultat das gleiche: Es war nicht das neue Leben, nicht die Freude, der Frieden und die erwartete Kraft; es waren Klagelaute, die durch das unbiegsame Gesetz der Sünde und des Todes hervorgerufen wurden. Gleich am Anfang und im Verlauf dieser Versammlungen beichteten diese Studenten ihre Sünden, weihten ihr Leben Gott immer neu, indem sie Gehorsam gelobten, und das jedesmal mit größerer Bestimmtheit. Beim Ausgang waren es immer dieselben Klagelaute, die immer schrecklicher anzuhören waren.«[26]

Die Theologie und die Methodologie von Finney haben das Pfingstlertum tief beeinflußt. Seine *Systematische Theologie* bleibt, so scheint es, das einzige theologische Werk, das von den Predigern und Evangelisten der Bewe-

---

[24] *Hl. Geist* . . . (55), S. 18.
[25] *Conversion, Psychological and Spiritual*, S. 31.
[26] Asa Mahan, *Autobiography*, S. 245; zitiert von M. Standford, *Lettres de feu* (174), S. 38.

gung gebraucht, das einzige, das von den pfingstlerischen Verlegern und Büchereien vertrieben wird.[27]

3. Irving und die katholisch-apostolische Gemeinde

Ungefähr zur gleichen Zeit fanden in England Ereignisse statt, die ebenfalls die Entwicklung der Lehre von der »Geistestaufe« beeinflußt haben. Edward Irving (1792–1834) war einer der berühmtesten Prediger Londons. Seine außergewöhnlichen Talente und seine tiefe Frömmigkeit machten ihn so bekannt, daß man eine neue Kirche bauen mußte, so groß war der Zustrom zu seinen Predigten. Der traurige Zustand der Christenheit und das Studium der Offenbarung überzeugten ihn von der Notwendigkeit einer neuen Ausgießung des Heiligen Geistes. Er begann zu lehren, daß wegen des Unglaubens der Christen alle die Wundergaben aus der Kirche verschwunden waren und richtete Gebetsgruppen in verschiedenen Häusern ein, die Gott anflehten, seine Kirche wieder neu mit diesen Geistesgaben zu beschenken. Ein Jahr später, im Juli 1831, konnte er einem Freund schreiben, daß zwei seiner Pfarrkinder die Gabe des Zungenredens und der Prophezeiung empfangen hatten. Eine gewisse Anzahl der Angehörigen seiner Versammlung, hauptsächlich Frauen, hatten ekstatische Zustände und krampfartige Bewegungen bekommen, die von Zungenreden begleitet waren. Irving war überzeugt, daß es sich um fremde, existierende Sprachen handele und daß sie göttlichen Ursprungs waren – umso mehr, als wunderbare Heilungen sie häufig begleiteten. Ein Freund, Robert Baxter, der aktiv an der Bewegung teilgenommen hatte, warnte ihn, als er feststellte, daß die Prophezeiungen sich nicht erfüllten: »Wir haben alle durch lügnerische Geister gesprochen und nicht durch den Geist des Herrn.«[28]

Nach den absonderlichen und ungeordneten Äußerungen während des Kultgottesdienstes wurde er von seinen Ämtern durch die schottische Kirche entbunden und schloß sich der katholisch-apostolischen Gemeinde an, deren Gründung ihm fälschlicherweise häufig zugeschrieben wird. Dies war eine kleine Gruppe, die die Ämter von Aposteln, Propheten, Engeln, Lehrern, die im Neuen Testament erwähnt wurden, wieder einsetzte.

1832 erwähnt Irving in seinen Schriften die »Geistestaufe im Blick auf die Zungenrede und die Prophezeiung«[29].

---

[27] H. A. Fischer zitiert von Bruner (30), S. 40.
[28] Robert Baxter, *Narrative of Facts Charaterizing the Supernatural Manifestations in Members of Mr. Irvings Congregation*, London 1833, zit. von Warfield, *Miracles Yesterday and Today*, Erdmans, 1953, S. 142–143.
[29] Zit. von A. L. Drummond, *E. Irving and His Circle*, London 1934, S. 164.

Der Theologe der Bewegung, J. B. Cardale, sprach von einer »Gabe des Heiligen Geistes, die Christus von oben schicke, und die er nach der Taufe (Wasser) verleihe«[30], und er benutzt dafür Ausdrücke wie »den Heiligen Geist empfangen«, »Geistestaufe«, »Gabe des Heiligen Geistes«, aber in der katholisch-apostolischen Gemeinde spricht man vom »Siegel des Heiligen Geistes« oder von der »Heiligen Versiegelung« *(sealing)*. Der Ritus der »Heiligen Versiegelung« nimmt dort einen wichtigen Platz ein. Sie kann nur durch die Handauflegung eines »Apostels« verliehen werden. Cardale schreibt: »Es gibt kein Beispiel in der Schrift, wo die Gabe des Heiligen Geistes durch eine andere Verfügung als durch die Handauflegung der Apostel verliehen wurde.«[31] Diese »Taufe« oder »Versiegelung« des Heiligen Geistes macht zum Dienst im Leibe Christi fähig. Viele dieser Lehren sind – auf Wegen, die den Historikern bis jetzt noch ein Geheimnis sind – von den pfingstlerischen und charismatischen Bewegungen wieder aufgegriffen worden (Geistestaufe in Verbindung mit Zungenreden und anderen biblischen Phänomenen, übertragen durch die Handauflegung zum Dienste im Leibe Christi, Prophezeiungen, Heilungen, Ekstasen . . .). Irving wird als »presbyterianischer Pionier« des charismatischen Christentums gefeiert. Larry Christenson hat seine »Botschaft für die charismatische Bewegung« der Erinnerung an die katholisch-apostolische Gemeinde gewidmet.[32]

Im 2. Kapitel, das er »Vergessene Vorläufer der charismatischen Bewegung« nennt, stellt er eine erstaunliche Ähnlichkeit zwischen Geschichte, Lehre und theologischer Stellung der katholisch-apostolischen Gemeinde und der charismatischen Bewegung fest (S. 15). Sie biete eine historische Perspektive an, an der sich das Urteil über die charismatische Bewegung orientieren könne (S. 16). Man kann über die Wahl dieser Patenschaft erstaunt sein, wenn man die Entwicklung dieser Kirche kennt, die zu ihrer Zeit von der gesamten Kirche ausgestoßen war[33] und aus der sich die »Neuapostolische Kirche« entwickelt hat. Diese hat die wesentlichen Lehren der apostolischen Kirche beibehalten und betrachtet sich als die einzige christliche Kirche.[34]

4. Die Heiligungsbewegung

Die »Heiligungsbewegung« bildet ein letztes Kettenglied zwischen dem Methodismus und der Pfingstbewegung. Als gesunde Reaktion auf die Demora-

---
[30] J. B. Cardale, *Readings upon the Liturgy*, London, 1878, Vol. 2, S. 291.
[31] a.a.O., S. 424.
[32] *A Message to the Charismatic Movement* (38), S. 119. Gewidmet dem »Leib der Christen, der bei den Menschen wenig bekannt ist, aber von Gott bekannt, dessen Botschaft über die Jahre zu uns spricht«.
[33] G. Dagon, *Petites Eglises de France* (Vol. 2), S. 67.
[34] Siehe G. Dagon Vol. 3, S. 49–62.

lisierung nach dem Unabhängigkeitskrieg ist diese Bewegung eine direkte Frucht der »Oberlinerlehre«. Sie bestand aus der Notwendigkeit der Heiligung bzw. der »vollkommenen Liebe«. Man spricht von der »sofortigen, vollkommenen, vollen, gewissen« Heiligung, von der »Geistestaufe«, »vom zweiten Segen«, »Erfahrung der Heiligung«. W. E. Boardman, der Theologe dieser Bewegung, schrieb: »Es gibt eine von der der ersten zu unterscheidende zweite Erfahrung – die häufig mehrere Jahre nach der ersten kommt, eine zweite Bekehrung, wie sie genannt wird.«[35] Dennoch räumt er ein, daß man nicht auf der Erwartung einer besonderen Taufe bestehen muß, »denn die Kirche besitzt den Geist, seit er zu Pfingsten gegeben wurde; jeder kann ihn durch den Glauben empfangen«[36].

Seine Mitarbeiter Robert *Pearsall Smith* und dessen Frau *Hannah Withall Smith*, bekannt unter den Initialien H. W. S. und ihr Buch: »Das Geheimnis eines glücklichen Lebens«, *Blackwood, Lord Radstock, H. Varley* warben für die Bewegung in England, wo sie bekannt wurde durch die Konferenz von Oxford (1874), die eine große Rolle in ihrer Verbreitung gespielt hat.

Noch vor Ende 1874 trugen *Theodore Monod, Arnold Bovet, Th. Rivier, O. Stockmayer, C. H. Rappard, Th. Jellinghaus* die Lehre von Oxford nach Frankreich, in die Schweiz und nach Deutschland. »Weihe-Versammlungen« fanden überall statt. Man betonte: »Heiligung durch den Glauben«. Seit 1877 ist in England die Keswick-Convention das Ausstrahlungszentrum dieser Lehre vom »zweiten Segen«.

Wenn unzählige Christen durch die Predigten der Heiligungsbewegung eine Vertiefung ihres Glaubens und ihrer Frömmmigkeit erlebt haben, so zogen die moralischen Verwirrungen des Pearsall Smith die Aufmerksamkeit auf die Gefahren dieser Lehre. Er hat später gestanden: »Ich habe zu ausschließlich das Vertrauen auf Gott betont und nicht genug die Notwendigkeit der Wachsamkeit. In meinen Schriften zeige ich eine Tendenz, gegen die wir uns sorgfältig wehren müssen: nur eine Seite der Wahrheit aufzuzeigen.«[37]

Er war Fabrikant und in erster Linie Redner und ein Mann der Tat. Er hat niemals eine Heilslehre in zwei Stufen definieren wollen. Er hatte den »zweiten Segen« erfahren und predigte vor großen Mengen. Dennoch wertete er, so Fr. Rienecker, die bei der Wiedergeburt empfangene Rechtfertigung praktisch ab gegenüber einer »höheren« Stufe der Heiligung, die man durch den Glauben empfange, und die der Rechtfertigung folgen sollte. Auf diese Weise entwirft Smith – ohne sich dessen bewußt zu sein – also doch eine Heilslehre in zwei Stufen.[38]

---

[35] *The Higher Christian Life*, Boston 1859, S. 47, zit. von Bruner (30), S. 43.
[36] Zit. von J. Besson, *Le Réveil d'Oxford ou le Mouvement de Sanctification* (11).
[37] Zit. von J. Besson, (11), S. 284–285.

5. Die angelsächsische Evangelisationsbewegung

In den angelsächsischen Ländern machen viele einflußreiche Diener Gottes eine »zweite Erfahrung«, die ihrem Zeugnis zufolge ihr inneres Leben und ihren Dienst umwandelte.

D. L. Moody (1837–1899) spricht von »der Salbung des Heiligen Geistes«, von der »Kraft für den Dienst«, von einer »neuen Taufe«. »Der Heilige Geist, der mit Macht auf uns kommt, unterscheidet sich von der Bekehrung«. Der berühmte Evangelist, der sich 1855 bekehrte, erfuhr die »Geistestaufe« 1871; bei seiner Beerdigung erwähnte Dr. Scofield die drei Geheimnisse seiner Kraft: Er hatte erstens die Erfahrung der Heilsgnade in Christus gemacht. Er war vom Tode zum Leben gegangen, und er wußte es. Zweitens glaubte er an die göttliche Autorität der Schrift, und drittens war er vom Heiligen Geist getauft worden und wußte es auch. Diese Erfahrung sei für ihn genauso gewiß wie die Bekehrung gewesen.[39]

Samuel L. Brengle (1860–1936), der der Heilsarmee angehörige Verfasser eines Buches über die Heiligkeit, hatte während Wochen Tag und Nacht zu Gott geschrien, um ein reines Herz und die Taufe des Heiligen Geistes zu empfangen. Er machte die Erfahrung am 9. Januar 1855, nachdem er 1. Joh. 1,9 gelesen hatte: »Wenn wir unsere Sünden bekennen . . .« und er spricht davon in einer Broschüre, der er den Titel »*Als der Heilige Geist kam*« gab.

Oswald Chambers (1874–1917), der überall durch sein Buch *Mein Äußerstes für sein Höchstes* bekannt ist, wurde durch die Zusage Jesu hinsichtlich der Gabe des Geistes beeindruckt. Er verlangte die Gabe des Heiligen Geistes, indem er sich auf Lukas 11,13 berief und erwähnt als Voraussetzung des Empfangs: bedingungslosen Gehorsam, völlige Hingabe an den Herrn Jesus und an seinen Willen und Glauben.

A. J. Gordon (1863–1895) glaubt, daß es einen Empfang des Heiligen Geistes gibt, der uns für den Dienst qualifiziert, aber er will ihn nicht »Geistestaufe« nennen, weil das große Versprechen »ihr werdet im Heiligen Geist getauft« am Pfingsttage ein für allemal erfüllt wurde.[40] In seinem Buch *The Ministry of the Spirit* (Der Dienst des Geistes) (S. 68), sagt er: »Wir müssen den Heiligen Geist für seinen besonderen Dienst annehmen – das heißt, die Heiligung – so wie wir den Herrn Jesus für seinen besonderen Dienst angenommen haben – die Rechtfertigung.« Eine solche Spezialisierung der Dienste der Dreifaltigkeit entbehrt absolut jeder biblischen Grundlage. In Römer 8

---

[38] F. Rienecker, *Biblische Kritik am Pietismus alter und neuer Zeit*, Denkendorf 1952, S. 60.
[39] Dennoch ist in der »Scofield Bibel« (Originalausgabe und Neuauflage) gesagt, daß jeder Gläubige v. Hl. Geist getauft ist.
[40] Ausgewählte Zitate von R. Edman (54), S. 21, 53–55, 76, 105–106, 108.

zum Beispiel sind Christus, der Geist Christi und der Geist Gottes absolut
gleichwertig und austauschbar. Der Apostel benutzt einen für den anderen.
Andrew Murray, der 1828 in Südafrika geboren wurde, starb 1917. Bei der
Konferenz von Keswick 1895 legte er Zeugnis von seiner »Geistestaufe« ab.
Er macht eine genaue Unterscheidung zwischen der Wiedergeburt und der
Innewohnung des Heiligen Geistes, die durch die »Geistestaufe« in uns beginnt.
In seinem Buch über *Pfingstsegen der Fülle* nennt er zwei Arten von
christlichem Leben: »Während die einen zum Beispiel nur wenig über die Taten
des Geistes wissen, etwa das, was man im Alten Bund wissen konnte,
empfangen die anderen ihn als göttlichen Gast, der persönlich in ihren Herzen
wohnt, in dem er ein kraftvolles Leben entfacht, eine Fülle der Freude
und Liebe. Die Gemeinde wird ihre ursprüngliche Kraft, sich auszubreiten,
nicht wiederfinden, solange sie nicht die Bedeutung dieses Unterschiedes begriffen
hat . . . Der Heilige Geist handelt in uns auf zwei Weisen. Vorbereitend
führt er uns zur Bekehrung, und in einer zweiten Phase erhalten wir ihn
dann als eine ständige Gabe, einen göttlichen Gast, der es sich zur Aufgabe
macht, den inneren Menschen zu beleben, indem er in uns das Wollen und
das Vollbringen schafft.«[41]

Die Bücher von Andrew Murray haben die Lehre von Keswick in zahlreichen
Ländern verbreitet. Er verlangt, daß man den Geist erwarte: »Ihr, die
ihr Gläubige seid, ihr sollt die Offenbarung der Kraft des Geistes erwarten,
der bereits in euch ist. Da ihr Kinder Gottes seid, habt ihr bereits den Heiligen
Geist.«[42]

A. B. Simpson, der Gründer der Christian and Missionary-Alliance, lehrte
das gleiche: »Da wir aus dem Geist wie Christus geboren sind, müssen wir im
Geist getauft werden, und dann weitergehen, leben, wie er gelebt hat, und die
Werke tun, die er getan hat.«[43]

F. B. Meyer, Amy Charmichael, R. C. Halverson, der Bischof Moule und
viele andere erfuhren dieselbe »Krise der Hingabe ihres ganzen« Wesens an
den Retter« (E. Edman).[44]

Markus Hauser (1849–1900), der durch seine Bücher bekannte Schweizer
Evangelist, lehrte auch, daß die Geistestaufe eine Erfahrung für die sei, die
wiedergeboren sind; sie sei durch sichtbare Zeichen markiert. Während seiner
geistlichen Taufe, sagt er, »durchdrang eine Feuerwelle langsam meinen

---

[41] *La bénédiction de la Pentecote, dans la Plénitude* (128), S. 14–15.
[42] *Le Secret de la Puissance d'En Haut* (129), S. 163.
[43] *The Holy Spirit or Power on High,* VI. II (169), S. 21.
[44] a.a.O. (54), S. 9. In: *Deeper Experiences of Famous Christians* (Springfield, 1911), J. Gilchrist Lawson verglich eine gute Anzahl von Zeugnissen in den Biographien von Gottesmännern aus dem XVIII. bis zum XX. Jahrhundert. Er folgerte, daß »es eine praktische Übereinstimmung unter denen gibt, die an eine tiefere christliche Erfahrung als die Bekehrung glauben« (S. 9).

Geist, meine Seele und meinen Körper. Welle für Welle durchdrang der Heilige Geist mich und nahm von mir Besitz«.[45]

Der Evangelist R. A. *Torrey*, Präsident des Moody Instituts in Chicago, definierte am deutlichsten die Lehre der »Geistestaufe« als zweite Erfahrung. 1904 unternahm er eine weltweite Evangelisationsreise mit Ch. Alexander und verbreitete in allen evangelikalen Kreisen die Lehre von der Erfahrung des Heiligen Geistes nach der Bekehrung. Die Pfingstler betrachten ihn ein wenig als den »Johannes der Täufer« ihrer Bewegung.

In seiner Dogmatik widmet er ein ganzes Kapitel der Taufe und der Geistesfülle. Er sagt, die Formulierungen »getauft« oder vom Heiligen Geist »erfüllt«, der Heilige Geist »stieg herab«, »kam auf sie«, die Gabe des Heiligen Geistes, den Heiligen Geist »empfangen«, »von der Kraft von oben bekleidet sein« seien gleichwertige Ausdrücke, um dieselbe Erfahrung zu beschreiben, eine Erfahrung, von der man wissen könne und soll, ob man sie gemacht hat oder nicht . . . Die Taufe des Heiligen Geistes sei eine Handlung des Geistes, die man von seinem Werk bei der vorhergehenden Wiedergeburt unterscheiden müsse. Ein Mensch könne durch den Heiligen Geist wiedergeboren werden, ohne daß er von ihm getauft sei. In der Wiedergeburt werde das Leben übertragen; und der, der es empfängt, sei gerettet. In der Taufe würde uns Kraft übertragen, und der, der sie empfängt, würde für den Dienst ausgerüstet. Jeder wirkliche Gläubige habe den Heiligen Geist, aber nicht jeder Gläubige habe die Geistestaufe empfangen. Aber Torrey hat nicht aus dieser Taufe eine einmalige Erfahrung gemacht. »Jedesmal, wenn sich ein dringender Bedarf in unserem christlichen Dienst einstellt, brauchen wir eine neue Taufe«[46], schreibt er.

Jessie Penn-Lewis, die Mitarbeiterin von Evan Roberts, dem Initiator der Erweckung in Wales, spricht auch von der Taufe des Heiligen Geistes wie von einer Erfahrung, die in einem bereits erneuerten und vom Heiligen Geist geborenen (menschlichen) Geist vor sich geht, der bereits von ihm besetzt ist. Genauso, wie sie Christus empfangen haben, sollen die Christen den Heiligen Geist empfangen. Jesus ist eine Gabe Gottes und der Heilige Geist ist die des Herrn Jesus. Jesus rette, der Heilige Geist identifiziere uns mit Jesus.[47]

So geschah es, daß die Pfingstbewegung zur Zeit ihrer Entstehung die Predigt von einer zweiten Erfahrung in den evangelikalen Kreisen verankert findet, einer Erfahrung, die man »Geistestaufe«, »Taufe mit Kraft«, »Salbung für den Dienst« oder »Geistesfülle« nennt.

---

[45] *Am Gnadenthrone* 1897, S. 144. zitiert Hollenweger (89), S. 253.
[46] *Ce que la Bible enseigne* (La Mission belge évangélique, Bruxelles, s.d.) S. 270–281. In: *The Baptism with the Holy Spirit*« (183) hat Torrey dieses Thema im Detail weiterentwickelt.
[47] *The Overcomer*, 1912, S. 82–84. Zitiert von Miles Stanfort, *Lettres de feu* (174), S. 4.

Die Pfingstbewegung ist eigentlich nur eine Fortsetzung, eine Ausweitung der Heiligungsbewegung, wie es Charles Conn, der Historiker der Pfingstbewegung, nennt, indem er deutlich macht, daß die meisten derer, die die Geistestaufe während der ersten Jahre erhalten hatten, Leute waren, die mit der Heiligungsbewegung verbunden waren, oder auch Christen, die deren Ansichten über die Heiligung angenommen hatten.[48]

Besonders bedeutsam für die Kraft der Pfingstbewegung wurde die Akzentverschiebung innerhalb der Heiligungsbewegung während der letzten zehn Jahre des neunzehnten Jahrhunderts, als es zu einer Gleichsetzung der »völligen Heiligung« mit der »Taufe des Heiligen Geistes« kam.[49]

6. Die Pfingstbewegung

Welches ist nun die Eigenart der Pfingstbewegung angesichts ihrer Vorläufer? Was hat der Bewegung ihren Impuls und ihre Besonderheit gegeben? Es war die Verbindung der Lehre von der Taufe des Heiligen Geistes, wie sie von Finney, Boardman, Torrey ausgearbeitet worden ist, mit dem Zeichen ihres Empfangs, dem Zungenreden.

Im angelsächsischen Raum

Das Zungenreden war schon einige Jahre vorher in den Vereinigten Staaten in Erscheinung getreten.

1886 wurde auf Anregung von zwei Baptistenpredigern, R. G. Spurling und dessen Sohn, die *Latter Rain Movement* zum Empfang der »letzten Ausgießung des Geistes« (Joel 3) ins Leben gerufen. 1892 begannen Anwesende während einer Versammlung in Liberty (Tennessee) in Zungen zu reden. Sie wurden aus ihrer Baptistengemeinde ausgeschlossen, gründeten die *Holiness-Church* (Heiligkeitskirche) in Camp Creek und nahmen 1907 den Namen *Church of God* an. Einige halten sie für die Mutterkirche der Pfingstbewegung. Am Vorabend des Neujahrtages 1900 legte in Topeka (Kansas) Ch. Parham, der Leiter der dortigen Bibelschule, der Studentin Agnes Oznam die Hände auf, damit sie die Geistestaufe mit der Gabe des Zungenredens empfinge. Zum erstenmal seit der Zeit der Urgemeinde, so J. Sherrill, erwartete man das Zungenreden als Anfangszeichen der Geistestaufe.[50]

In jener Bibelschule kamen 1901 zwölf Studenten zu dem Schluß, der biblische Beweis der Geistestaufe sei das Zungenreden. Diese Feststellung ist das

---
[48] Charles Conn, *Pillars of Pentecost*, Cleveland, Tenn. 1956, S. 27.
[49] Dr. H. Kuhn, *The Holy Spirit in the charismatic Life and Renewal of the Church Today* (107). Siehe J. Rodman Williams, *The Pentecostal Reality*, S. 46ff.
[50] *Sie sprachen in anderen Zungen* (168).

Fundament der Pfingstbewegung des zwanzigsten Jahrhunderts geworden, schreibt E. von Eicken.[51]

Die Bewegung fing indessen erst sechs Jahre später in Los Angeles an. Ein schwarzer Student W. Seymour, der in der Bibelschule von Parham ausgebildet worden war, predigte die Lehre von der Geistestaufe mit ihrem Zeichen, dem Zungenreden. Am 9. April 1906 fingen mehrere Personen an zu schreien, zu singen, zu lachen und in Zungen zu sprechen. Man mietete einen größeren Raum in der Azuza Straße 312; dieses Lokal wird seitdem als offizieller Geburtsort der Pfingstbewegung betrachtet. Die Erweckung von der Azuza Straße dauerte drei Jahre. Man kam aus allen Ecken der Welt, um zu sehen, was dort geschah.

Thomas Ball Barratt, ein norwegischer Methodistenprediger, der sehr stark durch das Leben und die Schriften von Finney beeindruckt worden war, wartete seit langer Zeit auf eine »völlige Geistestaufe«. Er war auf einer Kollektenreise durch die Vereinigten Staaten unterwegs, als er von den außergewöhnlichen Dingen hörte, die in Kalifornien geschahen. Er begab sich dorthin. Er betete neununddreißig Tage lang – häufig zwölf Stunden am Tag – um die Gabe der Zungen. Als er sie empfing, kehrte er nach Norwegen zurück, um dort die neue Lehre zu verbreiten. Von Oslo aus verbreitete sich die Bewegung nach Finnland, Norwegen, Schweden, Deutschland, der Schweiz und England.

In Deutschland

1907 begaben sich einige deutsche Pastoren nach Oslo. Auch sie suchten seit Jahren die Erfahrung, die es ihnen erlaubte, ihr christliches Leben auf »einer höheren Stufe« zu leben. Die Schriften von Finney, Asa Mahan, Boardman hatten in ihnen den Durst nach einer solchen Erfahrung geweckt. Die Lehren der »Oberliner« und aus Keswick hatten sie günstig für diese pfingstlerische Lehre vorbereitet. Im selben Jahr trugen zwei Norweger die Pfingstbewegung nach Hamburg, von wo sie weiter nach Kassel und in die deutschen Hauptstädte gelang.

Die Führer der deutschen evangelischen Kirchen und Gemeinschaften nahmen die Bewegung zunächst sehr gut auf. Seit einigen Jahren erwartete man eine große Erweckung ähnlich der von Wales. Um 1904, so P. Fleisch, der Historiker der Pfingstbewegung in Deutschland, war die Erwartung einer Erweckung auf dem Siedepunkt angelangt. Man hatte die »Ausgießung von Pfingsten«, die »Geistesfülle«, die »Geistestaufe«, gepredigt. Man sagte, die gläubige Gemeinde könne sie erfahren, wenn sie nur ernsthaft wolle.[52]

[51] a.a.O. (55), S. 30.
[52] P. Fleisch, *Die moderne Gemeinschaftsbewegung,* Leipzig 1914, T-I. S. 447.

Torrey, der »neue Moody«, kam und hielt Versammlungen, die die pietistischen Kreise tief beeindruckten. 1905 kam er nach Bad Blankenburg, wo sich jedes Jahr zwei- bis dreitausend Gläubige versammelten, um die markantesten Persönlichkeiten der evangelischen Welt zu hören: Dr. Baedecker, General von Viebahn, Otto Stockmayer, Elias Schenk, Jellinghaus, F. B. Meyer, Ernst Modersohn . . .[53] Torrey predigte die Taufe des Heiligen Geistes als unabdingbare Voraussetzung für ein Leben in der Fülle des Geistes. Nachdem er die biblischen Bedingungen zur Geistestaufe dargelegt hatte, ließ er alle die aufstehen, die bereit seien, alles, auch das Liebste und Beste daran zu geben, um von Gott alles zu empfangen. »Viele Hunderte Kinder Gottes erhoben sich im Saal. Torrey betete mit ihnen und forderte dann die auf, die in diesem Augenblick den Heiligen Geist empfangen hätten, ein Zeugnis abzulegen . . . Großes geschah dann . . .«[54] Das biblische Kriterium aller Unterweisung (Apg. 17,11) wurde beiseite gelassen. In der Zeitschrift *Auf der Warte* konnte man am 22. Oktober 1905 (S. 6–7) lesen, man brauche nicht zu untersuchen, ob es biblisch sei, von einer Geistestaufe zu sprechen oder von einer neuen Pfingsterfahrung, da Männer und Frauen in großer Anzahl bezeugten: Ja sie existiert, denn wir haben ihre selige Erfahrung gemacht.[55]

Man organisierte in verschiedenen Städten Deutschlands Versammlungen, in deren Verlauf es Botschaften in Zungen gab, Prophezeiungen, Heilungen, aber auch jede Art von psychischen und moralischen Unordnungen: Sobald die Leute die Geistestaufe empfingen, warfen sie sich zu Boden, bewegten sich krampfartig, rollten sich auf der Erde, schrien und hatten Schaum vor dem Mund . . . Prophezeiungen kündigten wundersame Heilungen an und Auferstehung von Toten –, die niemals stattfanden. Es gab Unordnungen und Skandale; die meisten Gemeinden, die von dieser Bewegung berührt wurden, spalteten sich. Das öffentliche Mißtrauen fiel auf das ganze Volk Gottes.[56]

Erfahrene und bekannte Diener wurden in die Bewegung hineingezogen. Der Evangelist H. *Dallmeyer* folgte ihr mehrere Jahre, bevor er in ihr eine dämonische Verführung erkannte. Er berichtet über seinen geistlichen Weg in einer Broschüre *Erfahrungen in der Pfingstbewegung,* die in Deutschland, Kanada und den Vereinigten Staaten weit verbreitet wurde, dann in dem Buch *Die Zungenbewegung* (45). Darin nennt er unter den für die pfingstleri-

---

[53] Siehe E. Beyreuther, *Der Weg der evang. Allianz in Deutschland,* Wuppertal 1969, S. 61–84.
[54] C. H. Krust, *Fünfzig Jahre deutsche Pfingstbewegung,* Altdorf 1958.
[55] Zitiert von W. Hollenweger, (89), s. 66. und 207.
[56] Siehe J. Besson, »*L'Histoire du Mouvement de Pentecôte en Allemagne de 1907 bis 1912* (12). Und P. Fleisch, *Die Pfingstbewegung in Deutschland* (60).

schen Verirrungen verantwortlichen Lehren in seinem Land an erster Stelle die Trennung von Rechtfertigung und Heiligung, da die Rechtfertigung durch den Glauben die Gabe des Geistes und das Angeld auf die völlige Erlösung einschließt. Als Grund seiner eigenen Verirrung gibt er die Lektüre der Schriften von Torrey und Murray an.

Kurz bevor er von der Bewegung mitgerissen wurde, hatte er Murrays Buch über den Pfingstsegen in seiner Fülle gelesen. »Sei überzeugt von dem, was dir fehlt«, wurde dort gesagt, »wünsche von ganzem Herzen, was der Herr dir anbietet, und sei bereit, alles zu opfern, um es zu empfangen. Du kannst sicher sein, daß das Wunder von Jerusalem, Samarien, Cäsarea und Ephesus sich für dich erneuert. Du wirst vom Heiligen Geist erfüllt werden«. Dallmeyer schreibt, er habe alles gemacht, was Murray verlangte, aber er habe nichts erhalten. Die falsche Lehre über die Geistestaufe sei ihm verhängnisvoll geworden.[57]

Th. Jellinghaus, der Theologe der »Gemeinschaftsbewegung«, sieht die Quelle allen Übels in der Lehre von Keswick, die er selbst im Verlaufe von Jahrzehnten verbreitet hatte. Deshalb fühlte er sich an dem Erfolg der Pfingstbewegung persönlich mitschuldig. Er zerstörte mit eigener Hand das Werk seines Lebens und nahm die Verirrung der Gemeinschaftsbewegung auf sich, so Th. Sippel.[58]

Eine der markantesten Figuren des deutschen Pietismus, der Pastor *Jonathan Paul*, begann in großen Versammlungen den Perfektionismus zu predigen. Die Ausgangsbasis des Pfingstlertums war auch hier die unbiblische Sonderlehre über die Heiligung: Durch den Glauben an den Sühnetod Jesu Christi empfange ich die Sündenvergebung. Durch einen anderen Glaubensakt empfange ich die Heiligung, das »reine Herz«, und ich finde mich in der Unschuld von Adam und Eva vor dem Sündenfall wieder.[59]

Im Grunde liegt die pfingstlerische Lehre auf derselben Linie wie das Schwärmertum. In dem Augenblick, als die Pfingstbewegung in Deutschland einzog, definierte der Pastor Buddeberg das Schwärmertum als eine Anstrengung des Menschen, über die Regeln, die Gott für seine Beziehungen zum Menschen gesetzt hat, hinauszukommen. Er nennt folgende Gesetze:

a) Gott will sich uns durch sein Wort kundtun. Der Schwärmer sucht darüber hinaus ein »inneres« Wort von Gott und gründet darauf ein neues Prophetentum, dem er Autoritätswert zubilligt.

b) Gott tritt mit uns in Beziehung durch seinen Sohn. Das Schwärmertum löst den Heiligen Geist von der Person Christi.

[57] Dallmeyer, *Die Zungenbewegung* (45), S. 10.
[58] *Christl. Welt* zit. von W. Hollenweger (89), S. 211.
[59] Zit. von R. Ising, a.a.O. (98), S. 39.

c) Gott bindet uns an die Schöpfung und an seine Gebote. Die Schwarmgeisterei möchte über die Schöpfungsordnung hinaus nur ein reiner Geist sein ... möchte aus dem Weg des Glaubens ausscheren und im Schauen wandeln, d.h. Visionen und Erscheinungen folgen. Er überbewertet die ekstatische Frömmigkeit. Gott bindet die Entwicklung unseres Glaubens an die natürlichen Gesetze unseres Wachstums. Das Schwärmertum dagegen möchte mit einem Flügelschlag die Gipfel christlichen Lebens erreichen.[60]

Auf der Hamburger Konferenz im Dezember 1908 trennte sich »die deutsche Pfingstbewegung« von der »Gemeinschaftsbewegung«. Im September 1909 fanden sich sechzig Diener Gottes aus ganz Deutschland zusammen, um gegen das Pfingstlertum Stellung zu beziehen. In der bekannten Berliner Erklärung stellten sie fest: Die Pfingstbewegung ist nicht von oben, sondern von unten. Sie hat viele Erscheinungen mit dem Spiritismus gemein. Es wirken in ihr Dämonen, die, vom Satan mit List geleitet, Lüge und Wahrheit vermengen, um die Kinder Gottes zu verführen. »Wir erwarten kein neues Pfingsten«, wird dort gesagt, »wir erwarten den wiederkommenden Herrn«. Diese Erklärung, die von den bekanntesten Männern der deutschen evangelischen Kirche unterzeichnet worden war, vollzog den endgültigen Bruch zwischen der Pfingstbewegung und der evangelischen Christenheit in den deutschsprachigen und slavischen Ländern. Der *Gnadauer Verband* hat 1972 bestätigt, daß er an dieser Erklärung festhält.[61]

7. Die Entwicklung der Pfingstbewegung

In der Entwicklung der Pfingstbewegung bis zu Beginn des Zweiten Weltkrieges sind drei Faktoren zu beachten: die Entwicklung der Lehre zu einer Konzentrierung des Heilsschemas in zwei Stufen, die Trennung der Bewegung in mehr als zweihundert Benennungen und die zahlenmäßige Entwicklung in vielen Ländern.

a) die Entwicklung der Lehre

Die Bewegung, die aus der Kirche in der Azuza Street hervorgegangen war, die *Apostolic Faith Movement*, beschrieb das Werk Gottes in dem Menschen in drei Stufen. In ihrem Glaubensbekenntnis sieht sie als erstes Werk die Rechtfertigung; als zweites Werk die Heiligung, den Akt der freien Gnade Gottes, der uns heilig werden läßt; und als drittes die Geistestaufe, eine

---

[60] Nach P. Fleisch, *Pfingstbewegung* (61), S. 170.
[61] W. F. Hubner, *Zungenreden, Weissagung, umkämpfte Geistesgaben* (95).

Kraftgabe, die dem geheiligten Leben gewährt wird. Bei ihrem Empfang äußere sie sich auf die gleiche Art und Weise wie für die Jünger am Pfingsttag: durch das Zungenreden (Apostolic Faith).[62] Die Geistestaufe ist also die dritte Erfahrung, die Heiligung ein zweites, plötzlich auftretendes Werk der Gnade. Dieses komplette Heilsschema in drei Stufen wurde bis 1908 aufrechterhalten. W. H. Durham führte es auf zwei Stufen zurück, indem er die »zweite Segnung«, die Heiligung mit der durch das Zungenreden gekennzeichneten Krafttaufe kombinierte. Die Kontroverse unter den Anhängern des Schemas der zwei Stufen und den Verteidigern der drei Stufen wird fortgeführt.

Zu den zweihundert pfingstlerischen Benennungen zählen als wichtigste die »Assemblies of God«, die den Heilsweg mit zwei Erfahrungen absteckt (Bekehrung und Taufe des Heiligen Geistes), und die »Church of God«, die drei Stufen unterscheidet: Bekehrung, Heiligung und Geistestaufe. In den Statistiken einer Kirche dieses Typs, der »Pentecostal Holiness Church«, kann man beispielsweise lesen, daß sie 12 937 Angehörige habe, die in drei Kategorien unterteilt werden: 8034 Gerettete, 3179 Geheiligte und 1724 vom Geist Getaufte. In verschiedenen Zweigen wird das Zungenreden als obligatorisches Zeichen der Geistestaufe genannt. Von 1918 an konnte ein Gläubiger, der dieser Lehre nicht zustimmte, nicht mehr Prediger in des »Assemblies of God« sein.

Das entscheidende Moment ihres Lehrsystems, sagt E. von Eicken, ist die Geistestaufe, das heißt, ein einmaliges Überströmt- und Erfülltwerden mit dem Heiligen Geist, so daß man mit einem Sprung in ein Leben auf höherer Stufe gelangt ist. Die Echtheit solcher Taufe mit dem Geist wird erkannt: 1. an völliger Freiheit von Sünde; 2. am Empfang der Geistesgaben, vor allem der Zungenrede, der Heilungsgabe und der Prophetie; 3. an durchschlagender Vollmacht zu fruchtbarem Dienst. Solche Geistestaufe ist der Gipfel aller pfingstlerischen Frömmigkeit und hat im System der Bewegung die gleiche Grundbedeutung wie die Rechtfertigung in Luthers Reformation.[63]

Diese Lehre wurde praktisch in allen Pfingstgemeinden aufrechterhalten – außer im Mülheimer Gemeinschaftsverband, der nicht nur das Zungenreden als obligatorisches Zeichen der Geistestaufe, sondern sogar die Heilslehre in zwei Stufen ablehnt. Ihr Theologe Christian Krust bestätigt, daß der Versuch, die Geistestaufe von der Wiedergeburt zu trennen und daraus eine zweite Erfahrung zu machen, jeder biblischen Basis entbehrt.[64]

---

[62] Zit. in R. Crayne, *Early 20th Century Pentecost* Morristown, Tenn. 1960, S. 51–52.
[63] E. von Eicken, a.a.O. (55), S. 37.
[64] Ch. Krust, *Was wir glauben, lehren und bekennen*, Altdorf 1963, S. 74.

b) Trennungen

Der Trennungsprozeß, den die Pfingstbewegung in die Evangelische Kirche eingeführt hatte, spaltete diese Bewegung selbst in mehr als zweihundert verschiedene z.T. sich gegenseitig bekämpfende Benennungen. In Frankreich, wo die Bewegung 1930 mit dem Engländer Douglas Scott Fuß faßte, konnte man dreißig Jahre später lediglich vierundzwanzig pfingstlerische Benennungen zählen. Können diese Spaltungen einem Wirken des Geistes zugesprochen werden, der in uns wohnt, um *einen* Leib zu bilden?

c) Zahlenmäßige Entwicklungen

In allen Ländern, in denen die Pfingstbewegung Fuß gefaßt hat, zeigte sie sich als eine Evangelisationsbewegung ersten Ranges. Lebendige und zahlreiche Gemeinden haben sich in häufig feindlicher Umgebung vergrößert. Sie hat sich wie ein Wirbelsturm in der ganzen Welt verbreitet. Die statistischen Zahlen geben jedoch nach Ansicht W. Hollenwegers kein realistisches Bild, da die Pfingstler selbst ganze Körperschaften der Bewegung ignorieren.[65]

In Lateinamerika ist die Pfingstbewegung die größte nichtkatholische Kirche. In Chile macht sie 14 % der Bevölkerung aus (411 000 Personen), während der restliche Protestantismus kaum mehr als 1 % erreicht. In Brasilien repräsentieren die vier Millionen Pfingstler 70 % des brasilianischen Protestantismus, der selbst der stärkste in den südamerikanischen Ländern ist.

In Frankreich zählt man zwischen sechzig- bis siebzigtausend Pfingstler, die auf 93 von 95 Departements verteilt sind. In der ganzen Welt schätzt man die Gesamtzahl der Anhänger der verschiedenen Pfingstbewegungen auf mehr als fünfzehn, nach anderen Schätzungen zwanzig Millionen. Für dieses außergewöhnliche Wachstum gibt es verschiedene Erklärungen. Die Pfingstler selbst sprechen es der Geistestaufe in Verbindung mit dem Zungenreden zu. Hier liegt für sie das Geheimnis der Dynamik, die die Urgemeinde ausgezeichnet hat, die während der folgenden achtzehn Jahrhunderte verlorengegangen war und dann am Vorabend des Jahres 1900 um 7 Uhr abends von Parham und seinen Studenten in Topeka wiederentdeckt wurde.[66]

Vielleicht ist die Erklärung ein wenig zu einfach. Wenn diese Erfahrung Schlüssel und Voraussetzung jeglichen fruchtbaren Dienstes und jeder religiösen Erweckung wäre, könnte man sich nicht erklären, wie Gottesmänner ohne diese Erfahrung Frucht tragen, wie sich Erweckungen vor dem zwanzigsten Jahrhundert haben ausbreiten können und warum trotz dieser Entdek-

---

[65] a.a.O. (89), S. 65
[66] Siehe Sherrill (168), S. 49ff.

kung der Heilige Geist weiterhin den Dienst jener Evangelisten segnet, die diese Erfahrung leugnen.

Andere Faktoren haben sicherlich eine Rolle gespielt. H. Kuhn weist auf die Kälte in den Gemeinden um die Jahrhundertwende hin, auf ihr bürgerliches Milieu, das sie von lebendigen Christen der Arbeiterklasse trennte.[67] R. Mehl spricht von ihrer Absonderung, ihrer Überorganisation, ihrem Formalismus und ihrem Intellektualismus.[68]

Die, die ein lebendiges, fröhliches Christentum suchten, in dem die menschliche Person aufgewertet und samt ihrer emotionalen Seite in den Gottesdienst integriert ist, haben es in den pfingstlerischen Versammlungen gefunden. Man sagt auch, daß das Zungenreden denen das Wort gegeben hat, die bis dahin ohne Stimme waren: sie konnten im Gottesdienst frei reden, ohne über ihren Mangel an Bildung erröten zu müssen, ihre Botschaft hatte eine Bedeutung, da sie auslegbar war. Sie konnten diese plötzlichen Mitteilungen des Geistes in Zungen den mit Hilfe von intellektuellen und theologischen Kenntnissen vorbereiteten Predigten gegenüberstellen.

Neben den stereotypen Gottesdiensten der großen Kirchen, in denen eine unveränderliche Liturgie den Gang der Handlung genau regelte, gab es nun Begegnungen, die voll von der Spontaneität der pfingstlerischen Versammlungen waren, in denen jeden Augenblick der Geist durch eine Zunge oder eine Prophezeiung eingreifen konnte. Wie man sagte, war jede Versammlung ein *happening*.

Fröhliche Gesänge, durch Händeklatschen rhythmisiert, und von jeder Art Instrument begleitet, zogen sicherlich mehr Leute an als der gregorianische Gesang und die hugenottischen Psalmen. Andererseits haben aber auch deutlich biblische Elemente, die von diesen Kirchen aufgenommen wurden, eine große Rolle in ihrem Wachstum gespielt: Verkündigung des Heils durch den Glauben, Autorität der Schrift, Ernstnahme des allgemeinen Priestertums und der dem Leibe Christi versprochenen Gaben. Viele sind nur nebenberuflich Pastoren, zahlreiche »Laien« stehen ihnen zur Seite, es geschehen Heilungen durch den Glauben, jeder als Glaubender Getaufter bringt persönliches Engagement mit, Fürsorge für finanziell Schwache, der Zehnte ist selbstverständlich, ebenso die brüderliche Gemeinschaft, strikte Disziplin (die bis zur Gesetzlichkeit geht), einfache und am alltäglichen Leben orientierte, allen zugängliche Predigt, Aufrufe zur Bekehrung und einem erneuerten moralischen Leben, Aufwertung aller Charismen . . . Diese verschiedenen biblischen, psychologischen und soziologischen Faktoren genügen, um

---

[67] *The Holy Spirit in the Charismatic Life* (107).
[68] *Approche sociologique des mouvements charismatiques* (Vorlesung Straßburg 1974).

das zahlenmäßige Wachstum dieser »dritten Kraft des Christentums« (Van Dusen) zu erklären, ohne daß es nötig wäre, der pfingstlerischen Geistestaufe, die wir als eine außerbiblische und relativ sehr späte Lehre identifiziert haben, dies zuzuschreiben.[69]

Die neuen Wellen

Nach dem Zweiten Weltkrieg machte die Pfingstbewegung, die sich bis dahin im allgemeinen in ihre eigenen Räume zurückgezogen hatte, mit den großen Evangelisierungs- und Heilungskampagnen von William Branham, Tommy Hicks, Oral Roberts, Hermann Zais, einen ersten Vorstoß in die Öffentlichkeit. Zur gleichen Zeit nahm David Duplessis Kontakt mit den Führern der ökumenischen Bewegung auf und machte sie und die führenden Köpfe der Großkirchen mit der Lehre und den Kirchen der Pfingstbewegung bekannt.[70] Durch die internationale Vereinigung christlicher Geschäftsleute des vollen Evangeliums wurden Geistestaufe und Zungenreden in die bürgerlichen amerikanischen Kreise eingeführt. Die Evangelisation von Drogenabhängigen und gesellschaftlichen Randgruppen wie den Zigeunern zog die Aufmerksamkeit der Öffentlichkeit auf die Wirkungskraft der von den Pfingstlern übermittelten Lehre.

Das Neo-Pfingstlertum

Ungefähr 1960 entdeckten einige Journalisten die vom Zungensprechen begleitete Geistestaufe und sprachen darüber in ihren Zeitschriften. John Sherrill veröffentlichte seine Untersuchung: »Sie sprechen in anderen Zungen« auf eine Anregung seines Pressedirektors hin. Pfarrer Dennis Bennett von der Episkopalkirche von Van Nuys (Kalifornien) kündigte in einer Predigt an, daß er in Zungen spreche. Auflagenstarke Zeitschriften *(Time, Newsweek),* das Fernsehen nahmen sich dieser Ereignisse an und machten daraus Schlagzeilen. »Charismatische« Gebetsgruppen bildeten sich in allen protestantischen Kirchen: in der episkopalen (anglikanisch), presbyterianischen (reformiert), lutherischen. 1967 gewann die Bewegung aufgrund der Bücher von Sherrill und D. Wilkerson die katholische Kirche. Die *Jesus People* nehmen ihrerseits teilweise die pfingstlerische Lehre auf. Die Gesamtheit dieser verschiedenen Ströme wurde »Neo-Pentecostels« oder »Charismatische Bewe-

---

[69] In *Look out! The Pentecostals are coming* (190), analysiert Peter Wagner genauestens und sicherlich richtig die Gründe für das außergewöhnliche Wachstum der Pfingstgemeinden in Lateinamerika: der populäre Stil der Evangelisation, der fruchtbare Boden, der brüderliche Austausch in den Versammlungen der Gemeinde, der fröhliche Charakter der Versammlungen, die neuen Methoden in der Heranziehung von Pastoren und Gründung neuer Gemeinden erklären nach ihm zum größten Teil ihren Erfolg.
[70] Siehe D. Duplessis, *Commando de l'Esprit* (53), S. 19–45.

gung« genannt. Die katholischen »Pfingstler« bilden einen der Zweige der Bewegung.[71] Das Neo-Pfingstlertum hat im großen und ganzen die Theologie der zwei Erfahrungen wieder aufgenommen. Durch die Geistestaufe werden dem Gläubigen die geistlichen Gaben übermittelt, und die »geringste« dieser Gaben ist das Zungenreden. »Deshalb gibt uns Gott diese zuerst.« Die Gabe der Zungen ist nicht das obligatorische, sondern das normale Zeichen dieser Taufe. In katholischen Ländern zieht man es aus theologischen Gründen vor, von der »Ausgießung des Geistes« wie von einer Aktualisierung der Taufgnade und der Firmung zu sprechen. Diese Lehre der zweiten Erfahrung ist die Achillesferse einer Bewegung, die im übrigen viele sympathische Seiten hat.

Folgerung

Die Schrift weiß nichts von einer bestimmten zweiten Erfahrung, die uns den Heiligen Geist gewährte oder »das persönliche Wohnen des Geistes in unseren Herzen« oder die Heiligung, die Fülle des Heiligen Geistes oder die geistlichen Gaben oder das Ankleiden mit Kraft für den Dienst. Alle diese Begriffe sind biblisch, aber in der Bibel sind sie nicht an eine bestimmte, der Bekehrung folgende Erfahrung gebunden. Die Verbindung dieser verschiedenen Begriffe mit einer besonderen Erfahrung datiert tatsächlich erst seit dem letzten Jahrhundert, und die Lehre von der Geistestaufe, die durch das Zeichen des Zungenredens gekennzeichnet ist, ist ein Produkt unseres Jahrhunderts. Wir können also mit gutem Recht diese Lehre als eine Neuerung bezeichnen, der durch das »von Anfang an« in der Schrift widersprochen wird. Jedes ihrer Lehrstücke hat sich, verglichen mit der Lehre der Apostel, als ungenau herausgestellt: Wir erhalten den Heiligen Geist im Augenblick unserer Wiedergeburt *und nicht* während einer späteren Erfahrung, die fälschlicherweise »Geistestaufe« genannt wird; das Zungensprechen ist *weder* das Zeichen der Bekehrung, *noch* das einer zweiten Erfahrung, die die Bibel selbst *nicht* kennt. Wenn wir konsequent bei den Prinzipien unseres ersten Kapitels (*sola scriptura* – allein die Schrift) bleiben, müssen wir diese Lehre ablehnen. Es stellt sich uns dann aber ein ernstes Problem: Viele Millionen Christen, die dieser Lehre gefolgt sind, haben eine Erfahrung gemacht, die in allen Punkten dieser Lehre entspricht. Vielleicht haben Sie selbst diese Erfahrung gemacht und daraus große Segnungen empfangen. Wie soll man verstehen, daß eine »Irrlehre« die Quelle eines glühenden geistlichen Lebens und eines wirksameren Zeugnisses für Christus sei? Dies wollen wir in unserem letzten Kapitel untersuchen.

---

[71] Mehr Details über die Neo-Pfingstlerische Geschichte, siehe: A. Kuen, *Die charismatische Bewegung* (104), Kap. II.

Kapitel XI

Die Bedeutung der zweiten Erfahrung

Millionen Christen in der ganzen Welt haben nach ihrer Bekehrung eine zweite Erfahrung gemacht, die oft durch eine unfreiwillige Explosion unverständlicher Worte begleitet war. Sie sagen, daß sie durch diese Erfahrung Zugang zu einem reicheren geistlichen Leben gefunden haben, zu einer tieferen Gemeinschaft mit dem Herrn, einem gelösteren Loben und einem wirksameren Zeugnis. Wir haben keine Gründe, ihre Bezeugungen anzuzweifeln, überhaupt dann nicht, wenn sichtbare Früchte ihr Zeugnis bestätigen. Wenn man die pfingstlerische Auslegung der Geistestaufe ablehnt, sagt H. Blocher, bedeutet das noch lange nicht, daß man alles das, was die Brüder darunter verstehen, verachtet und verdammt.[1]

Eine Erfahrung ist geistlich glaubwürdig, wenn sie geistlich dauerhafte Früchte in uns und um uns trägt. Als der Apostel den Galatern die Werke des Fleisches und die Früchte des Geistes aufzählte (5,19–23), gab er ihnen damit ein Mittel, um die einen von den anderen zu unterscheiden. Wo eine Erfahrung Hochmut, Feindschaft, Streit, Eifersucht, Bitterkeit, Zank, Spaltung zur Folge hat (V. 20), trägt sie sichtbar das Zeichen des Fleisches. Wenn sie Liebe, Freude, Frieden, Geduld, Freundlichkeit, Güte, Treue, Sanftmut, Selbstbeherrschung (V. 22–23) zeitigt, beglaubigt sie sich als Frucht des Geistes.

Was also kann diese fälschlicherweise Geistestaufe genannte Erfahrung sein?

1. Wiedergeburt

Wir haben anhand der Bibel gesehen, daß die Geistestaufe der Anfang des christlichen Lebens ist: die Wiedergeburt, oder die Bekehrung. Für viele Christen ist tatsächlich das, was sie ihre Geistestaufe nennen, das gleiche, was die biblischen Autoren als ihre Geburt zum geistlichen Leben bezeichnen. Vielleicht haben sie vorher eine mehr oder weniger intellektuelle Kenntnis von Christus gehabt, oder sogar einige vorangehende Erfahrungen mit ihm gemacht; sie haben seinen Ruf beantwortet und die Hand in einer Evangelisationsversammlung gehoben, einige glückliche Gefühle gespürt, vielleicht gebetet, die Bibel gelesen und versucht, während einiger Zeit in ei-

---

[1] ICHTHUS, 1972, Nr. 19, S. 9.

ner dem Willen Gottes entsprechenden Weise zu leben. Aber tatsächlich »gaben sie sich selbst« niemals »dem Herrn« (2. Kor. 8,5), haben sich niemals »zu Gott bekehrt«, indem sie ihre Idole (Götzen) aufgaben, »um dem lebendigen und wahren Gott zu dienen« (1. Thess. 1,9). Erst jetzt haben sie Jesus als Retter und Herrn angenommen, haben Sicherheit gefunden und die Freude des Heils, und diese Freude ist vielleicht über ihre Lippen in einer neuen Sprache geflossen, sie haben Gott »in Zungen« gelobt und die Wunder Gottes besungen. Der anglikanische Bischof J. C. Ryle hat dieselbe Feststellung getroffen: »Ich habe oft gedacht, während ich in den letzten Jahren gelesen habe, was viele von ihrer Übergabe sagten, daß diejenigen, die diesen Terminus gebrauchen, vorher eine besonders minimale und unangemessene Vorstellung von der ›Bekehrung‹ gehabt haben müssen – wenn überhaupt. Kurz – ich vermute, daß sie sich, während sie sich ausgeliefert haben, tatsächlich zum ersten Mal bekehrten.«[2]

Das ist wahr, besonders für viele Protestanten und Katholiken, die sich in der charismatischen Erneuerung engagieren. Sie kannten intellektuell viele biblische Wahrheiten; sie hatten in ihrer Kindheit und in ihrer Jugend eine Periode religiösen Eifers gehabt, hatten davon geträumt, Missionar zu werden oder in einen Orden einzutreten. Aber erst jetzt haben sie durch den Glauben den stellvertretenden Tod Jesu für sich akzeptiert und haben Jesu ihr Leben völlig ausgeliefert. Die »Ausgießung des Geistes« ist gekommen, um zu bezeugen, daß ihr Opfer angenommen worden ist, und daß jetzt Gott der Vater, der Sohn und der Heilige Geist gekommen sind, um in ihnen zu wohnen.

Die Zeugnisse, die aus den pfingstlerischen und charismatischen Kreisen stammen, sprechen von verschiedenen, positiven Wirkungen dieser Erfahrung und geben ihnen unterschiedliche Namen: »Zuwachs an göttlichem Leben«, »Entdeckung des innewohnenden Gastes«, sie sprechen von lebendigem, fröhlichem Gebet, neuer Liebe zur Heiligen Schrift, von Anschluß an die Gemeinde, missionarischem Elan, manchmal Erfahrung von Befreiung,[3] stärkerem Gefühl der Nähe Gottes, lebendigere Neigung zum Gebet und zur Besinnung der Heiligen Schrift, mehr Eifer für den Dienst, größere Begabung angesichts der Erfordernisse des christlichen Lebens, wo man vorher zu große Schwierigkeiten oder gar Unmöglichkeiten sah. »Es handelt sich«, sagt F. A. Sullivan, »um eine neue Kraft, die man dem Heiligen Geist zuerkennt.«[4]

---

[2] *Holiness* (156), S. 15.
[3] H. Caffarel, *Faut-il parler d'un pentecôtisme catholique?* (34) S. 62–70. Siehe: *Die Charismatische Bewegung* (104), Kap. III!
[4] F. A. Sullivan, The Pentecostal Movement, *Gregorianum* 53.2, Rome 1972, S. 248.

Es handelt sich also nicht um eine zweite, sondern um eine erste Erfahrung, denn die Charakteristika sind die Zeichen einer wirklichen Wiedergeburt.

2. Heilsgewißheit

Die Heilsgewißheit ist normalerweise eines der ersten Resultate einer wirklichen Bekehrung. Jesus gibt die Gewißheit, daß die Sünden vergeben sind (Luk. 5,20; 7,48), daß der Glaube uns gerettet hat (7,50). »Wer an den Sohn glaubt, hat das ewige Leben« (Joh. 3,36; 5,24; 6,47). »Der Geist zeugt mit unserm Geist, daß wir Gottes Kinder sind« (Röm. 8,16). »Wir *wissen*, daß wir aus dem Tod in das Leben gekommen sind« (1. Joh. 3,14).

Aber da kommt infolge einer Teillehre diese Gewißheit noch nicht notwendigerweise im Augenblick der Bekehrung. Wesley konnte an J. Smith schreiben: »Wenn einem Menschen vergeben wird, wird ihm dies sofort durch den Heiligen Geist mitgeteilt . . . durch eine Mitteilung, die man bequem von einer Schlußfolgerung oder einer Illusion unterscheiden kann.«[5] Aber nicht jeder erlebt eine so deutliche Bekehrung wie er![6]

Die biblischen Autoren selbst scheinen damit zu rechnen, daß gläubigen Christen die Gewißheit zuweilen fehlt oder abhanden kommt. Der Apostel Johannes sagt denen, die er Kinder Gottes nennt (1. Joh. 3,1), und die die Salbung des Heiligen Geistes empfangen haben (2,20.27): »Das habe ich euch geschrieben, *damit ihr wißt, daß ihr das ewige Leben habt,* denn ihr glaubt an den Namen des Sohnes Gottes« (5,13). Paulus muß die Römer daran erinnern, daß sie »nicht den Geist von Knechten empfangen (haben), daß ihr euch wieder fürchten müßtet, sondern den Geist von Kindern, durch den wir rufen: Abba, lieber Vater« (Röm. 8,16).

Daß die Annahme dieser Gewißheit ein entscheidender Schritt sein kann, zeigen jene Entscheidungskarten, die bei Evangelisationen ausgefüllt werden und auf denen dann zu lesen ist: »Bekehrung zu Jesus Christus – Gewißheit des Heils.«

Für Christen, die sich in den Gemeinden nach und nach zum Glauben an Jesus Christus hin entwickelt haben oder für solche, denen Heilsgewißheit fast eine Sünde oder ein Zeichen des Hochmuts ist, war die plötzliche Entdeckung dieser Gewißheit in Christus eine markantere Erfahrung als die Bekehrung.

---

[5] *Works* XII, S. 59.
[6] Lesen Sie sein Zeugnis in: A. Kuen (106), S. 194–195.

3. Wachstumskrise

Unser geistiges wie auch unser körperliches Wachstum verläuft nicht gradlinig, sondern in einer Abfolge von Fortschritt und Stillstand. Sobald wir eine neue Wahrheit entdecken und realisieren, was sie für unser geistiges Leben beinhaltet, kann das einen Sprung vorwärts bedeuten. Dieser Fortschritt in Sprüngen erfolgt zunächst gemäß den Gesetzen des Wachstums. Das Wort Gottes spricht von »Kindern in Christus« und von »geistlichen Menschen« (1. Kor. 3,1), die »zur vollen Mannesreife, zum Vollmaß des Wuchses der Fülle Christi« gelangen (Eph. 4,13; vgl. Hebr. 5,13–14; 1. Petr. 2,2–3).

Wir haben schon gesehen, daß der Apostel Johannes drei Etappen im christlichen Wachstum unterscheidet: kleine Kinder, junge Leute, Väter (1. Joh. 2,12–14). Und wie sich der Übergang von der Kindheit zur Jugend im allgemeinen bekanntlich sehr plötzlich vollzieht, so auch der Übergang von der geistlichen Kindheit – die charakterisiert ist durch die Freude der Vergebung (1. Joh. 2,12) und in Gott einen Vater gefunden zu haben (V. 13) – in das »Alter« der »jungen Leute«, die in der Lage sind, das Böse zu besiegen (V. 14). Dieser Reifungsprozeß vollzieht sich im allgemeinen durch die Entdeckung des Geheimnisses, das im Sieg über die Sünde und den Teufel liegt.

Wir wiederholen einfach, was wir schon anderswo gesagt haben: »Die Aneignung einer neuen Wahrheit vollzieht sich im allgemeinen plötzlich: durch eine Lektüre, eine Botschaft, ein umwerfendes Erlebnis. Wir finden Zugang zu ihr durch eine Art innerer Erleuchtung (Eph. 1,17–18). Dies erlaubt uns, das Werk oder die Person Christi intuitiv und subjektiv unter einem Gesichtswinkel zu begreifen, der uns bisher verschlossen war, weil wir gewohnt waren, rein intellektuell zu erfassen.

Für viele Gläubige, die Christus bisher nur als Erlöser kannten, ist die Entdeckung, daß er ihr Herr ist, fast genauso wichtig wie ihre Bekehrung.

Bisher hatten sie im selbstsüchtigen Genuß des Privilegs, Kinder Gottes zu sein, gelebt. Ihnen war vergeben, sie waren gerettet, das genügte. Die Entdeckung, daß Christus Rechte über sie hat (1. Kor. 6,19; 2. Kor. 5,15), wirft ihren ganzen Lebensplan um. »Dieser innere Umbruch kann sich sogar durch Gemütsbewegung verraten oder durch Erlebnisse, die ihr leibliches Sein berühren.«[7] »Wenn die dunklen Tiefen der Seele stark genug bewegt werden, verdichtet sich das, was an die Oberfläche steigt und ins Bewußtsein rückt, zu einem Bild, oder, wenn die Intensität ausreicht, zur Erschütterung« (Bergson).

---

[7] A. Kuen, a.a.O. (106), S. 184.

Stufenweise Aneignung der Heilsfülle

Genauso kann es bei der Entdeckung dessen sein, was wir »Innewohnung Christi« nennen. »Für die meisten von uns muß diese tiefste Enthüllung der Vereinigung mit Christus als zweite Erfahrung kommen. Selten sehen wir mit einem einzigen Blick unsere äußere Sünde und unser inneres Ich. Der beste Beweis dafür besteht darin, daß die tiefgründigen Auslegungen in Römer 6–8 uns erst nach den Kapiteln 1–5 gesondert gegeben sind. Das will nicht heißen, daß zwei getrennte Arten des Heils bestehen. Es gibt nur einen einzigen Erlöser, einen einzigen Wiederherstellungsprozeß durch seinen Tod, seine Auferstehung und Himmelfahrt und einen einzigen Heiligen Geist. Die Dualität gilt nicht für ihn. Aber wir – wenigstens die meisten von uns – brauchen zwei Stufen, um uns die beiden großen Freiheiten, die auf dem einzigen Kreuzesweg entspringen, zu eigen zu machen: Befreiung von der Sünde und vom göttlichen Zorn (Kap. 1–5) und die Befreiung von der Sünde und dem selbstherrlichen Ich (Kap. 6–8). Man könnte meinen, daß man beide zusammen erfahren müsse, weil alle beide nichts anderes verlangen, als ergriffen zu werden. Indessen ist eine Aneignung, die zu einem wirklichen Erleben der beiden Freiheiten führt, und nicht nur zu einem einfachen intellektuellen Verständnis, selten. In diesem Sinne besteht eine ›zweite Gnade‹, eine vollkommene Heiligung, die der Rechtfertigung folgt, eine innere Vereinigung gemäß Galater 2,20 (Norman Grubb).«[8]

Dieses Erfassen von Wahrheit in zwei Entwicklungsstufen kann ebenfalls einer unvollständigen Lehre entsprechen: in bestimmten Evangelisationen, bei gewissen spezialisierten Gruppen und in gewissen Gemeinden spricht man nur vom Heil oder von der Bekehrung, wenn nur eine »Seele« mehr gerettet ist! Offensichtlich muß man damit beginnen. Aber wenn diese Christen später von dem Tod und der Auferstehung mit Christus (Röm. 6,1–11; 2. Kor. 5,14–15) hören, von der Übergabe an Gott (Röm. 6,13; 12,1–2), vom Wohnen des Heiligen Geistes in unserem Leibe und was dies für uns bedeutet (1. Kor. 3,16–17), dann kann einen diese Entdeckung aus der Fassung bringen, weil sie tatsächlich eine spürbarere Veränderung im Leben hervorruft als die Bekehrung. Dies könnte erklären, warum sich diese zweite Erfahrung im wesentlichen in gewissen Kreisen vollzieht und Personen berührt, die aus Gemeinden kommen, in denen diese Wahrheiten kaum verkündet werden, während die Christen in anderen Gemeinschaften allmählicher in dieses Reifestadium hineinwachsen, indem sie kontinuierlich die Gesamtheit der dort auch gelehrten biblischen Wahrheiten in sich aufnehmen.[9]

[8] *The Liberating Secret*, London, 1955. S. 74.
[9] s. dazu Rüegg, *Zur Kritik an den Geistesgaben* (155), S. 87.

Man muß indessen betonen, daß diese Etappen in keiner Weise dem normalen Plan Gottes entsprechen. So kann die spätere Entdeckung von Jesus als dem Herrn, nachdem er schon als Retter angenommen worden ist, nur durch die Unzulänglichkeit der Lehre erklärt werden. K. Prior weist auf den antibiblischen Charakter einer solchen Sehweise hin. Wo finden wir im Neuen Testament einen Autor, fragt er, der von seinen Lesern verlangt, Christus als Herrn anzunehmen? Das gehört zur Bekehrung (Kol. 2,6–7). Die ersten Christen wären sehr überrascht gewesen, wenn man ihnen gesagt hätte, »Jesus der Herr« sei Inhalt einer zweiten Erfahrung. Für sie war sie das Taufbekenntnis.[10]

Deshalb findet man diese »zweite Erfahrung« am häufigsten dort, wo einseitig gelehrt wird. Man kann hier eine Parallele zur Bekehrung ziehen: Dort, wo wenig Wert auf die Predigt von der Bekehrung gelegt wird, findet man oft starke Bekehrungserlebnisse; Kinder von christlichen Eltern dagegen, in deren Gemeinden man diese Wahrheit betont, erleben ihre Bekehrung unauffälliger: An Stelle einer radikalen Umkehr erfolgt die Wende in zahllosen Winkelgraden. Doch selbst dort, wo man regelmäßig über die Heiligung und die Geistesfülle predigt, öffnen sich die Christen dieser Wahrheiten graduell und verwirklichen sie in der Praxis mehr oder weniger miteinander, d.h. daß sie jede gepredigte Wahrheit zu zehn, zwanzig, dreißig Prozent praktisch während des allmählichen Prozesses ihres geistlichen Wachstums verwirklichen. Wer sie dagegen zum ersten Mal hört oder erkennt, kann so umgekrempelt sein, daß er meint, er habe sich nun wirklich wieder bekehrt oder er habe eine zweite Erfahrung von so großer Bedeutung gemacht, daß er ihr einen eigenen Namen geben muß.

Dieser Erklärungsversuch vermindert in keiner Weise den Wert dieser geistlichen Erfahrung. Er will nur zeigen, warum die Gemeinden zur Zeit der Apostel, in denen diese Wahrheiten regelmäßig gepredigt wurden, nichts von einer zweiten Erfahrung als Zugang zu einer neuen Stufe geistlichen Lebens wissen.

4. Der Akt der Übergabe

Nach der Gnade Gottes hängt dieses Wachstum im wesentlichen von unserem Gehorsam ab. Dieser Gehorsam selbst hängt von unserer inneren Einstellung zu Gott ab. In unseren menschlichen Beziehungen gehorchen wir aus Furcht, Respekt oder Liebe. Viele Menschen gehorchen den Gesetzen aus Angst vor der Polizei. Wenn wir unseren Vorgesetzten gehorchen, so weni-

---

[10] *The way of Holiness* (147), S. 87.

ger aus Furcht vor Sanktionen, sondern weil wir ihre Autorität und ihre Person achten. Im Gehorsam gegenüber den Eltern und der Unterordnung der christlichen Ehefrau gegenüber ihrem Ehemann vermengen sich Liebe und Achtung. Das Kind, das seinen Vater liebt, gehorcht ihm freiwillig, denn es weiß: Alles was er mir befiehlt, ist gut für mich. Wenn es ihn wirklich liebt, versucht es auch, ihm Gutes zu tun, und vermeidet, ihm Kummer durch Ungehorsam zu bereiten.

So waren die Beziehungen von Jesus zu seinem Vater: »Ich tue allezeit, was ihm gefällt« (Joh. 8,29; vgl. 5,30). Das ist auch die normale Konsequenz unserer Liebe zu ihm: »Liebt ihr mich, so haltet meine Gebote . . . Wer meine Gebote . . . hält, der ist es, der mich liebt . . . Wer mich liebt, der wird mein Wort halten« (Joh. 14,15.21.23).

Wir können, obgleich wir gerettet sind, Gott aus Furcht vor Sanktionen gehorchen. Wir versuchen maximal, das Leben unseres Ichs zu retten, und erlauben uns nebenbei alles das, was das Wort Gottes nicht ausdrücklich untersagt. Dann eines Tages merken wir, wie inkonsequent und verächtlich wir handeln. Wir haben es für uns in Anspruch genommen, daß einer für uns gestorben ist, aber wir haben nicht die Konsequenz daraus gezogen, »daß einer für alle gestorben ist (und) somit alle gestorben sind. Und für alle ist er gestorben, damit die, welche leben, nicht mehr sich selbst leben, sondern dem, der für sie gestorben und auferweckt worden ist« (2. Kor. 5,14−15).

Es ist an uns, diese Folgerung zu ziehen. Dies deuten die »so«, »damit« und »somit« an, die der Apostel so häufig in seinen Ermahnungen benutzt, wenn er sich auf das Wort Gottes und Christi stützt. »So herrsche nun nicht die Sünde in eurem sterblichen Leib, daß er seinen Gelüsten gehorche . . ., sondern stellt euch selbst Gott zur Verfügung und eure Glieder Gott zu Werkzeugen der Gerechtigkeit« (Röm. 6,12−13; vgl. 16.19). »Ich ermahne euch nun, Brüder, bei der Barmherzigkeit Gottes, daß ihr eure Leiber hingebt als ein Opfer, das lebendig, heilig und Gott wohlgefällig ist. Das sei für euch der wahre Gottesdienst« (wörtl. vernünftiger Gottesdienst) (Röm. 12,1). ». . . daß ihr nicht euch selbst gehört« (1. Kor. 6,19). »Leben wir, so leben wir dem Herrn« (Röm. 14,8). In dem Maße, wie wir praktisch Gottes Eigentumsrecht auf uns akzeptieren, wie wir uns ihm völlig ausliefern, so daß sein Geist Besitz von unserem Sein nehmen kann. Jesus hat diese Verbindung zwischen Liebe, Gehorsam und der Geistesgabe unterstrichen: »Liebt ihr mich, so werdet ihr meine Gebote halten. Und ich will den Vater bitten, und er wird euch einen anderen Beistand geben . . . Wer meine Gebote hat und sie hält, der ist es, der mich liebt. Wer mich aber liebt, der wird von meinem Vater geliebt werden, und ich werde ihn lieben und mich ihm offenbaren . . . wer mich liebt, der wird mein Wort halten, und mein Vater wird ihn lieben, und wir werden zu ihm kommen und Wohnung bei ihm nehmen« (Joh. 14,15.16.21.23). »Die Selbstaufgabe ist der Höhepunkt der Liebe«, sagt W. Lachat. »Wenn man liebt, gibt man sich auf . . . Man kann sich nicht oft genug daran erinnern, daß der Heilige Geist wirklich ›heilig‹ ist . . ., der sicherlich Vorbehalte macht, wenn der Mensch Vorbehalte macht. der sich aber dem übergibt, der nicht über sich selbst herrschen will . . . Wir werden also immer wieder zur völligen Selbstaufgabe geführt, sie ist des Rätsels Lösung.«[11]

Petrus sagt, daß Gott denen den Heiligen Geist gibt, die ihm gehorchen (Apg. 5,32). Je stetiger wir ihm gehorchen, desto stetiger wird der Geist in uns sein. Der Apostel scheint auf dieses Band zwischen unserer Hingabe zu Gott und dem Wohnen des Geistes in uns anzuspielen, wenn er sagt: »Ihr aber seid nicht im Fleisch, sondern im Geist, wenn wirklich Gottes Geist in euch wohnt. Wenn aber jemand Christi Geist nicht hat, der ist nicht sein« (Röm. 8,9).

Wenn wir nur einen Paragraphen des Vertrages übernehmen (Er hat sich für uns gegeben – wir geben uns Ihm) und fortfahren, uns selbst gehören zu wollen, hat der Geist Gottes kaum mehr Raum in unserem Leben als im Leben derer, die noch in der Welt sind (Joh. 16,8); er »wohnt« nicht wirklich in uns. Man versteht, daß an dem Tage, an dem der Gläubige diese Wahrheit ernstnimmt, wenn er sich völlig Gott hingibt, der Geist Gottes sein ganzes inneres Sein überflutet, so daß man tatsächlich von einem »Eintauchen in den Geist« sprechen kann. Dies ist dann, was – unrichtig – Geistestaufe genannt wird und mit der Hingabe an Christus gleichgesetzt wird. Diese Gleichsetzung ist umso wahrscheinlicher, als die Hingabe im allgemeinen als wesentliche Bedingung gepredigt wird, um »vom Geiste getauft« zu werden. Wer »die Geistestaufe« empfangen will, wird aufgerufen, sein Leben zu prüfen, alle bekannte Sünde zu verurteilen und aufzugeben und sich Gott auszuliefern. Wer das ernsthaft tut, in dessen Leben wird der Heilige Geist den größten Platz einnehmen, und sein massiver Einbruch kann sich so äußern, daß sich diese Erfahrung für immer in das Gedächtnis des Gläubigen einprägt.

Es handelt sich aber nicht um eine »zweite« Erfahrung – die Bibel kennt eben eine solche zweite Erfahrung nicht, denn nach ihr sollte diese Hingabe unsere Bekehrung begleiten. Man gibt sich Christus nicht stückweise zuerst bei der Bekehrung und später in einer »Übergabe« genannten Erfahrung. Man betritt das Königreich nur durch eine bedingungslose Kapitulation[12], schreibt J. Philip.

---

[11] *La réception et l'action du Saint-Esprit* (108), S. 245.
[12] J. Philip, *Christian Maturity* (144) S. 56.

»Dennoch«, so fährt er fort, »kann man von dieser Haltung der totalen Hingabe abfallen, die den Eingang in das Reich Gottes kennzeichnet und einer erneuten Hingabe bedürfen, und die kann dann deutlich, entscheidend und plötzlich wie eine Bekehrung sein.«
Es kann aber auch so vor sich gehen, daß nichts Außergewöhnliches geschieht und wir nur nach und nach verwirklichen, was zwar von Anfang an im Gesamtkonzept enthalten, von uns nur noch nicht wahrgenommen worden war. Das Wesentliche ist nicht die Erfahrung, sondern das Ziel: daß man Gott völlig verfügbar ist.

5. Rückkehr zu Gott

Viele Bekehrte haben das Entwicklungsschema dieser Christen aus dem fernen Osten angenommen, von denen wir vorher sprachen: nach den »Flitterwochen«, die ihrer Bekehrung folgten, erkaltete ihr geistliches Leben mehr und mehr; sie vernachlässigten das Gebet und die Lektüre der Bibel, zogen sich von christlichen Unternehmungen zurück, an denen sie sich zuerst eifrig beteiligt hatten, und lassen sich von neuem für weltliche Dinge gewinnen . . . Kurz: nachdem sie aus Ägypten ausgezogen sind und sich während einiger Zeit dieser Befreiung erfreut haben, durchqueren sie die Wüste. Ihr inneres Leben ist krank.

Das Bewußtwerden ihres Zustandes kann sich auf dramatische Weise vollziehen. Der Rückkehr zu Gott kann also echte Krise vorangehen: Reue, neue Umkehr zu Christus. Die göttliche Antwort: Vergebung, Erneuerung des Bundes, Wiedergewinn der Heilsfreude . . . Das alles kann das innere Lebehn mit einem solchen Glücksgefühl überschwemmen, daß unwiderstehbar Lob ausbricht. Es handelt sich da tatsächlich um eine »zweite Segnung«, eine Art Wiederbekehrung zu Gott; indessen war die zweite Erfahrung nicht etwa notwendig, weil sie als Stufe zum normalen geistlichen Weg gehört hätte, sondern weil man den rechten Weg aufgegeben hatte, zurückgegangen war, und weil Gott in seiner Gnade uns erlaubt, wieder zu ihm zu kommen. Die vierzig Jahre Wüste waren nicht dem ursprünglichen Plan Gottes zuzuschreiben, sondern der Sünde des Volkes Israel. Es herrscht sicherlich eine große Freude, wenn der verlorene Sohn zu seinem Vater zurückkehrt – für den Vater und für ihn –, aber es wäre falsch zu denken, daß der Vater wünscht, daß alle seine Söhne von zu Hause fortziehen, um die Freude der Heimkehr zu haben. Dies anzunehmen wäre genauso, wie wenn man sich den Blinddarm herausnehmen ließe, um danach das zu erleben, was etliche an Genesung nach dieser Operation erlebten.[13]

---

[13] J. Philip, a.a.O. (144), S. 59.

Es wäre eine andere falsche Logik, zu sagen, daß wir nur einmal zu Gott kommen könnten – ähnlich wie es der Hirt des Hermas der römischen Gemeinde im zweiten Jahrhundert verkündete. Die Gnade Gottes ist so wunderbar, daß sie uns ohne Unterlaß erlaubt, zurückzukehren und Vergebung unserer Sünden zu finden. So ist es auch mehr als einmal möglich, diese Erfahrung einer besonderen Geistesausgießung als Antwort auf unsere Buße und unsere Rückkehr zu Gott zu machen.

6. Angetan mit Kraft

Wir haben in der Apostelgeschichte gesehen, daß die Apostel mehrere Male bei besonderen Umständen vom Geist erfüllt wurden: Petrus vor den Obersten und Ältesten (4,8), die durch die jüdischen Autoritäten bedrohten Jünger (4,31), Paulus vor Elymas, dem Zauberer (13,9). Der Geist versieht seine Diener zur Erfüllung bestimmter und schwieriger Aufgaben mit der nötigen Kraft. Obwohl wir nicht wissen, ob sich dieser Ausdruck auf eine besondere Erfahrung bezieht (es ist schwierig zu denken, daß etwas in den drei vorher zitierten Situationen die Jünger jedesmal angefangen haben, in Zungen zu sprechen), kann man sich vorstellen, daß diese Christen in diesen bestimmten Momenten ein besonders geschärftes Bewußtsein der göttlichen Gegenwart in ihnen hatten. Wir wissen von ähnlichen Erfahrungen gewisser Diener Gottes vor einer besonders gesegneten Periode ihres Dienstes: G. Whitefield, Wesley, Finney, Moody, Boardman, F. B. Meyer, B. Graham . . . Indessen muß man sich vor jeglicher Verallgemeinerung auf diesem Gebiet hüten. Der Geist Gottes ist souverän. Er beruft Petrus und Paulus anders als Epaphroditus oder Erastus. Wenn Petrus von einer Vision angeleitet wurde, die Heiden zu evangelisieren, wenn Paulus bis in einen dritten Himmel in Ekstase geriet, so heißt das nicht, daß alle Gläubigen ähnliche Erfahrungen erwarten müssen. Es kann im Gegenteil entmutigen, wenn man die Erlebnisse solcher Männer Gottes als Beispiele für die Früchte einer erneuten Hingabe zitiert, um Christen zu ermuntern, in ihrer christlichen Erfahrung fortzuschreiten und sich mehr für den Dienst Christi zu engagieren, denn offensichtlich zeigen sich solche erstaunlichen Ergebnisse nur selten.

Die Erfahrung neuer Geistesfüllung kann, wie wir gesehen haben, die Folge neuer Buße, besonderer Beauftragung, eines neuen Bewußtseins sein, also sehr verschiedene Bedeutungen haben. Sie erfolgt auch individuell verschieden, entsprechend unseren Temperamenten. Der Heilige Geist, betont J. Stott, respektiert uns als menschliche Wesen und löscht nicht durch die neue Schöpfung aus, was wir bereits durch seine erste Schöpfung sind. Er wirkt in uns auf eine Weise, die uns angemessen ist, so daß wir entsprechend allen Möglichkeiten unseres Geschaffenseins wir selbst bleiben können. So bleibt auch unsere Veranlagung unverändert, und das ist einer der wesentlichen Gründe für die Verschiedenheiten geistlicher Erfahrung. Soweit J. Stott (178).

Aber nicht jede außergewöhnliche religiöse Erfahrung ist unbedingt göttlichen Ursprungs. Deshalb müssen wir auf zwei andere mögliche Bedeutungen der Erfahrungen, die »Geistestaufe« genannt wird, hinweisen.

7. Religiöse Erfahrung psychischen oder dämonischen Ursprungs

Millionen Menschen, die erregende Augenblicke erleben, empfangen Offenbarungen, empfinden das Gefühl göttlicher Gegenwart – inmitten zahlreicher nichtchristlicher Religionen. Die religiöse Erfahrung ist von Psychologen und Soziologen analysiert worden. Die mystische Kette läuft durch die Mysterienreligionen der Antike, den Islam, den Buddhismus, den Katholizismus und selbst das Heidentum. Überall findet man die gleichen Phänomene: Visionen, Ekstasen, Empfang göttlicher Botschaften, fremde Sprachen . . .

Das Zungenreden insbesondere ist kein Privileg des Christentums: Es wurde in den Tempeln zu Eleusis und Delphi praktiziert. Es war »ein in der antiken Welt sehr verbreitetes Phänomen« (H. Berkhof)[14], gehört zu den von den Spiritualisten aller Zeiten gesuchten mystischen Gnaden, zusammen mit den himmlischen Stimmen, den Stigmen, schwebenden Gegenständen und Personen, der automatischen Schrift, usw. . . . . Missionare haben es bei den Zulus, den Bantus, den Indianern in Paraguay, den Hindus, den Eingeborenen von Borneo und Schwarz-Afrika, den buddhistischen und schintoistischen Priestern, bei den muselmanischen Sufis gefunden. Die spiritistischen Medien sprechen in fremden Zungen und legen sie aus. Die Mormonen kennen diese Gaben seit Anfang ihrer Geschichte, Besessene auf den Philippinen sprachen in Zungen vor ihrer Befreiung. Es genügt also nicht, daß eine Erfahrung von den gewohnten abweicht und daß sie religiösen Inhalt hat, um automatisch göttlichen Ursprungs zu sein. Der Teufel ist und bleibt auch hier der Affe Gottes.

a) Psychischen Ursprungs

Andererseits kann das einfache Spiel der menschlichen Seele außergewöhnliche Phänomene produzieren. Psychologen und Linguisten wie Th. Flournoy,

---

[14] *The doctrine of the Holy Spirit* (10), S. 95.

E. Lombard, C. G. Jung, M. Kelsey und jüngere wie W. J. Samarin, E. Nida, und J. P. Kildahl haben Zungenreden mit den Mitteln ihrer Wissenschaften untersucht.[15] Sie kommen zu der Folgerung, daß es sich häufig um ein natürliches und normales Phänomen handelt – also nicht notwendig um ein übernatürliches oder unnormales – um eine Pseudosprache, die die gleiche befreiende und heilende Funktion wie der Traum, das Lachen, die musikalische Improvisation oder das künstlerische spontane Schaffen haben kann. Der Charismatiker A. Bittlinger interpretiert es genauso.[16]

Eine außergewöhnliche religiöse Erfahrung trägt folglich nicht in sich selbst ihr Ursprungszeichen. Sie kann genauso gut von oben wie von unten kommen oder auch aus den unverdächtigten Quellen der menschlichen Seele. Allein das Wort Gottes und die dauerhaften Früchte können als gültiges Kriterium dienen.

b) Täuschende Wunder

Auch in der Bibel sind Wunder nicht unbedingt ein Fingerzeig Gottes: die Zauberer des Pharao reproduzierten gewisse von Mose vollbrachte Zeichen; Simon der Zauberer vollführte Heilungen und Wunder, die die Samariter der Kraft Gottes zuschrieben (Apg. 8,10). Häufig sprachen die Teufel selbst aus dem Menschen (Jes. 8,19; Mk. 5,1–19; Luk. 4,33–35; Apg. 16,17).

Der Herr hat uns gewarnt: große Wunder und Zeichen werden das Erscheinen der falschen Christi und falschen Propheten begleiten »um so, wenn möglich, auch die Auserwählten zu verführen« (Mt. 24,24). »Denn der Satan selbst nimmt die Gestalt eines Engels des Lichts an« (2. Kor. 1,14). Die Erscheinung des Antichrist vollzieht sich gemäß der Wirksamkeit des Satans . . . mit jeder Machttat und mit Zeichen und Wundern der Lüge (2. Thess. 2,9). Diese »letzten Zeichen« gehören also zu einer verstärkten Aktivität der verführerischen Geister (1. Tim. 4,1–2; 2. Tim. 3,1–8), »Geister und Dämonen, die tun Zeichen« (Offb. 16,14).

Das Wort Gottes würde uns nicht mit solcher Beharrlichkeit warnen, wenn es keine Gefahr der Verführung für die Christen gäbe.

Tatsächlich sind Kinder Gottes durch Wunder angeblich göttlichen Ursprungs verführt worden, in denen sie dann später die Künste des Versuchers erkannt haben.

Johannes Seitz sagt, daß er während seines Dienstes als Evangelist im Verlaufe von fünfzig Jahren in ganz Deutschland wiedergeborene Männer und

---

[15] Th. Flournoy, *Des Indes à la planéte Mars*; E. Lombard, *De la Glossolalie chez les premiers chrétiens et des phénomènes similaires*; M. Kelsey, *Zungenreden* (101); W. Samarin, *Tongues of Men and Angels* (158); J. Kildahl, *The Psychology of Speaking in Tongues* (102).
[16] *Und sie beten in anderen Sprachen* (15), S. 15ff.

Frauen erlebt habe, die sich durch falsche Engel oder von Christus-Visionen, Offenbarungen, Erscheinungen haben verführen lassen. Viele von ihnen sind ins Schwärmertum verfallen, sind größenwahnsinnig geworden und mancher mußte in psychiatrische Behandlung. Seitz sagt, daß er selbst eine solche Periode gekannt hat, in der er solche Erscheinungen hatte. So traf er sich eine Zeitlang monatlich eine Woche lang mit Freunden, um zu beten. Sie baten um die Kraft von oben, ein neues Pfingsten und die Gaben des Geistes. Sie hatten Offenbarungen und Visionen empfangen, die so herrlich waren, daß sie davon verführt worden wären, »wenn Gott nicht Mitleid mit uns gehabt hätte und wir nicht dem Befehl gehorcht hätten, diese Geister zu prüfen. All dies«, so folgert er, »waren Feuerwerke des Teufels.«[17]

Ein anderer deutscher Evangelist, der ebenfalls die Bilanz nach einem halben Jahrhundert des Dienstes zieht, Dr. W. Michaelis, sagt uns: Wenn Kranke geheilt werden und man in Zungen spricht, oder wenn Prophezeiungen versteckte Sünden enthüllen, sehen viele Christen in diesen Wundern den unzweifelhaften Beweis göttlicher Handlung. Wenn außerdem Bekehrungen hervorgerufen werden, ist diese Bewegung in ihren Augen ordnungsgemäß akkreditiert. Wenn wir indessen eine Ursache nach ihrem Erfolg beurteilen, so befinden wir uns auf dem falschen Weg. Der Herr hat uns dann vergeblich gewarnt, wenn er von einem falschen Christus, von falschen Propheten gesprochen hat, die große Wunder und Zeichen tun (Mt. 24,24), die sagen: »Herr, haben wir nicht in deinem Namen prophezeit, in deinem Namen Dämonen verjagt?« (Mt. 7,22). Herrliche Erfahrungen, die viele ohne Kontrolle akzeptiert haben, verschließen ihr Herz für die Einflüsse von oben.[18]

Selbst J. Penn Lewis, die doch an die Notwendigkeit einer geistlichen Krise glaubt, die sie wie Torrey »Geistestaufe« nennt, erkannte die darin bestehenden Gefahren. Während dieser Krise, so sagt sie, erfüllt den Menschen das Bedürfnis, sich gänzlich dem Heiligen Geist hinzugeben. Er öffnet sich so allen übernatürlichen Kräften der unsichtbaren Welt. Wenige Gläubige überstehen diese Krise, ohne den Listen des Feindes zum Opfer zu fallen. Viele ernsthafte Christen werden betrogen und geraten in ein totales Fiasko.[19]

Der schon zitierte H. Dallmeyer, der mehrere Jahre in der Pfingstbewegung verbracht hat, beantwortet die Frage: Was denken Sie heute von der Geistestaufe in dieser Bewegung? so: Den Beobachtungen zufolge, die er gemacht hat, unterscheidet er drei Etappen:

---

[17] *Flugfeuer* (200), S. 56.
[18] *Erkenntnisse u. Erfahrungen aus fünfzigjährigem Dienst am Evangelium*, zitiert aus *Flugfeuer* (200), S. 59–61.
[19] *The Overcomer*, 1912, S. 98 zitiert von M. J. Stanford, *Lettres de feu* (174), S. 15–24.

1. Die Etappe der *Umnebelung*. Die vom Geist ergriffenen Leute dieser Bewegung erhalten als erste Gabe ein vernebeltes Urteil, mehrere haben verführerische Visionen . . .

2. Die Etappe der *Durchströmung*. Man merkt, daß der Körper von gewissen Kräften durchströmt wird. Heilungen finden häufig statt. Während dieser Etappe empfangen die meisten die Gabe der Zungenrede.

3. Die Etappe der *Besessung* (Prophezeiungen, Gabe des zweiten Gesichts, Levitationen, Schwebezustand).[20]

Denen, die durch falsche Offenbarungen verführt worden sind, sagt der Evangelist Joh. Seitz, gelingt es meistens, ohne daß sie es wissen oder wollen, andere zu verführen. Sie werden somit zu Werkzeugen in den Händen böser Geister. Diese Geister, die wir als Geister satanischen Ursprungs demaskiert haben, »vollbrachten so herrliche Dinge! Sie haben uns beispielsweise gesagt, wir würden den Heiligen Geist empfangen, wir würden das ganze Evangelium in Deutschland verbreiten, alle Kranken heilen, die Geister verjagen und Krankenhäuser bauen. Diese Engel des Satans wollten uns unter ihren Einfluß bringen und falsche Wege führen. Das hat uns gelehrt, alles abzulehnen, was nicht genau mit Gottes Wort übereinstimmt.«[21]

Bevor wir auf den göttlichen Ursprung unserer Erfahrung schließen, wäre es gut, die Früchte dem Sortiersieb von sieben Tests, die A. W. Tozer aufgestellt hat, zu unterziehen, um die »Geister zu prüfen«: auf welche Weise hat diese neue Erfahrung meine Haltung und meine Beziehung zu *Gott, zu Jesus Christus*, hinsichtlich der *Schrift, meiner selbst, anderer Christen, der Welt*, und *der Sünde* verändert?[22]

»Ihr erkennt sie an ihren Früchten«. Dieses Kriterium, das Jesus seinen Jüngern gegeben hat, um die wahren Propheten von den falschen unterscheiden zu können, kann uns ebenfalls zur Unterscheidung dienen und herausfinden lassen, welche Erfahrungen von Gott kommen.

Selbst wenn wir überzeugt sind, daß unsere Erfahrungen göttlichen Ursprungs sind, seien wir ebenfalls davon überzeugt, daß sie im Vergleich mit dem geistlichen Ereignis unserer Wiedergeburt nur eine sekundäre Bedeutung haben, und daß sie alle unvollständig sind (J. Stott).

Deshalb erlauben wir uns, dieses Kapitel mit zwei kurzen Ermahnungen zu beenden.

---

[20] H. Dallmeyer, *Erfahrungen in der Pfingstbewegung*, Neumünster o.J. S. 18–19.
[21] *Flugfeuer* (200), S. 56–57.
[22] A. W. Tozer: How to try the Spirit in: *Man, the Dwelling Place of God* (Harrisburgh 1966), S. 119–132.

Wenn Sie eine zweite Erfahrung gemacht haben

Wenn Sie also eine wunderbare Erfahrung gemacht haben, die in Ihnen eine Vertiefung des geistlichen Lebens hervorgerufen hat, inbrünstigere Gebete, den Geist des Lobens, Liebe zu Gottes Wort, Eifer für den Dienst, so verleugnen Sie sie nicht: »Ein schlechter Baum kann keine guten Früchte tragen« (Mt. 7,18). Wenn die Früchte gut sind, ist der Baum gut, der Heilige Geist war am Werk. Haben Sie die Gaben der Zungen erhalten, die es ihnen erlaubt, Gott in größerer Freiheit zu loben? Gebrauchen Sie diese Gabe zu Seinem Ruhm, ohne sie unter- oder überzubewerten. Sie haben diese Erfahrung Ihre »Taufe des Heiligen Geistes« genannt, weil Sie das Gefühl hatten, zum erstenmal in Ihrem Leben in den Geist Gottes hineingetaucht worden zu sein. Das Bild läßt sich verteidigen, aber es ist besser, biblische Ausdrücke in der Bedeutung, in der die inspirierten biblischen Autoren sie gebrauchen, zu benutzen.

Tatsächlich war Ihre Erfahrung vielleicht ein Kennzeichen einer Wachstumskrise, einer Rückkehr zu Gott, einer neuen Hingabe oder eines Bekleidetwerden mit Vollmacht für den Dienst. Daraus eine einzige, einmalige und bestimmte Erfahrung zu machen und diese dann mit »Geistestaufe« zu vermischen, von der das Neue Testament spricht, kann bedauerliche Verwirrungen hervorrufen:

1. Alle Verheißungen, die von der Bibel an die Geistestaufe gebunden sind – das heißt an die Wiedergeburt – werden auf diese zweite Erfahrung bezogen. Alle Gläubigen, die keine zweite Erfahrung gemacht haben, glauben sich also von diesen Segnungen ausgeschlossen, obgleich sie ihnen seit ihrer Bekehrung zur Verfügung stehen.

2. Wenn sie diese »*zweite* Erfahrung« gemacht haben, glauben Sie, sie seien »angekommen«, Sie glauben, alles von Gott erhalten zu haben, was er Ihnen bestimmt hat. Aber Gott hat unendlich mehr Gnaden und Erfahrungen zu Ihrer Verfügung. Ohne die Gefahr des Hochmuts zu sehen, entziehen Sie sich, indem Sie zu sehr auf einer zweiten Erfahrung bestehen, einer dritten, einer vierten, der zehnten, der zwanzigsten Erfahrung. Reduzieren wir nicht Gott zu einem Beamten eines Rationierungsdienstes: »Der – die – soundso hat seine/ihre Zuteilung der ersten und zweiten Erfahrung erhalten. Geregelt. Nichts mehr zu beziehen.« Aber Gott ist unendlich reicher, er will uns mit seinen Segnungen überschütten, so daß wir sagen können: »Und von seiner Fülle haben wir alle genommen Gnade um Gnade« (Joh. 1,16).

»Ob ich an die zweite Segnung glaube?« fragt Criswell. »Sicherlich! – Lehrt sie die Schrift? Sicherlich! Und die Bibel lehrt ebenfalls, daß es eine dritte gibt, eine vierte und eine hundertste und eine tausendste Segnung. In dem Maße, in dem wir in der Hingabe und in der Aufgabe für Gott bleiben, fährt der Heilige Geist fort, uns immer von neuem zu segnen.«[23]

3. Wenn Sie glauben, daß die Geistestaufe eine obligatorische zweite Stufe auf dem christlichen Weg ist, werden Sie sicher versuchen, daran jeden Gläubigen teilnehmen zu lassen. Vielleicht werden Sie für einige unter ihnen ein Werkzeug Gottes sein, um sie zu einer heilsamen Prüfung ihres geistlichen Lebens zu führen, einer gelösteren Hingabe, einem fruchtbareren Dienst für den Herrn. Aber bei anderen können Sie großen Schaden anrichten, wenn Sie ihnen eine Erfahrung predigen, die nicht für sie ist. Von dem Augenblick an, in dem die Bibel sie nicht als für alle Christen normal definiert, muß man nicht auf ihr bestehen. Einige religiöse Veranlagungen sind sehr zugänglich für diese Art Erfahrungen, andere sind gar nicht dafür vorbereitet. Gott akzeptiert den einen wie den anderen und benutzt sie beide für seinen Dienst. Die mystischen Temperamente werden sich von Visionen, Ekstasen und Zungenreden angezogen fühlen, von der Äußerung der Gefühle durch den Gesang, die Gestik . . . Aber es wäre sehr schade, wenn sich eine Gemeinschaft nur um Christen dieses Typs gruppierte.[24] Gott hat ebenfalls das kühle intellektuelle Temperament geschaffen und das aktive oder das eigensinnige[25]; er verwendet sie alle in seinem Dienst. Wenn die Christen dieses Typs einem anderen Weg folgen, um zur geistlichen Reife zu gelangen, so geht das ihren Meister an. Sie machen vielleicht nicht die erregenden Erfahrungen, die Sie gekannt haben, aber sie sind fester, treuer gegenüber den angenommenen Prinzipien, sorgfältiger der reellen Wirksamkeit und den bleibenden Früchten gegenüber.

Andererseits wirkt Gott niemals auf eine stereotype Weise. Alle seine Werke in der Schöpfung sind von extremer Vielfalt. Gottes Sohn hat nicht anders gehandelt. Peter Guilchrist erzählt die köstliche ausgedachte Fortsetzung einer biblischen Erzählung: zwei geheilte Blinde treffen sich:
»Was hat Jesus gemacht, um dir das Augenlicht wiederzugeben?«
»Ich habe ihn darum gebeten, und sofort habe ich klar gesehen.«
»Eine Minute«, sagte der andere, »das kann sich nicht so schnell ereignet haben. Er hat dir Schlamm auf die Augen gelegt, dich waschen geschickt . . .

---

[23] a.a.O. (42), S. 39.
[24] William W. Wood hat eine gewisse Anzahl von pfingstlerischen und nichtpfingstlerischen Gemeindemitgliedern dem Rohrschachtest unterzogen. Vorausgesetzt, daß das »Pfingstlertum vorgibt, daß eine Person intensiv emotionale geistliche Erfahrungen erlebt haben muß, um zur neuen Orientierung der Persönlichkeit, die Heiligkeit genannt wird, zu gelangen« (105), so stellt er fest, daß die Pfingstlertum nur gewisse Persönlichkeitstypen anzieht: die. die das Bedürfnis nach intensiven Erfahrungen verspüren und daß es andere Temperamente abstößt. *Culture and Personality, Aspects of the Pentecostal Holinees Religion*, Den Haag – Paris, 1965.
[25] V. G. Berguer, *Traité de psychologie de la religion*, Lausanne, 1946, S. 187–318.

Und so, folgert verschmitzt lächelnd Guilchrist, sind die beiden ersten Benennungen geschaffen worden: die Schlammigen und die Nicht-Schlammigen.[26]

Die Gemeinde ist ein Leib, dessen Glieder verschiedene Gaben und Funktionen haben: »Es gibt verschiedene Gnadengaben, aber es ist ein Geist. Und es gibt verschiedene Dienste, aber es ist ein Herr. Und es gibt verschiedene Kräfte, aber es ist ein Gott, der alles in allem wirkt« (1. Kor. 12,4f.).

»In einem Wort«, sagt J. Stott, »Ihre Erfahrung führt Sie zum Loben und zur Anbetung, aber Ihre Ermahnungen der anderen soll sich nicht auf Ihre Erfahrungen, sondern allein auf die Schrift stützen.«[27]

Wenn Sie sie nicht gemacht haben

Wenn Sie keine zweite Erfahrung gemacht haben, werden Sie nach der aufmerksamen Lektüre dieses Buches vielleicht versucht sein, den außergewöhnlichen Erfahrungen, die andere gemacht haben, alle Gültigkeit abzusprechen. Wir müssen jedoch demütig bereit sein, die ungewöhnlichen Werke des Heiligen Geistes in den anderen anzuerkennen und wenigstens wie Gamaliel zu sagen: »Stammt dieses Vorhaben oder dieses Werk von Menschen, so wird's untergehen; stammt es aber von Gott, so könnt ihr sie nicht vernichten und steht ihr dann nicht als solche da, die gegen Gott streiten wollen« (Apg. 5,38–39). »Wir müssen in diesen Tagen, in denen der Heilige Geist so aktiv zu sein scheint, empfindlich gegenüber dem sein, was er vielleicht sagen will oder unter uns tun will. Wir müssen darüber mit Sorgfalt wachen, daß wir nicht den Heiligen Geist lästern, indem wir sein Werk dem Teufel zuschreiben, oder ihn auslöschen, wenn wir beschließen, ihn in den Grenzen unserer eigenen sicheren und traditionellen Schemata zu halten,« schreibt J. Stott.[28]

Andererseits brauchen wir uns nicht frustriert zu fühlen. Das Wesentliche ist nicht die Erfahrung, sondern die Einstellung zu Gott: Leben Sie im Licht und gestehen Sie alle erkannte Sünde? Haben Sie sich Gott ausgeliefert, damit er Sie mit seinem Geist erfüllen kann? So glauben Sie, daß er es getan hat, selbst wenn Sie nichts empfunden haben. Weder zur Heiligung noch zur geistlichen Kraft für den Dienst ist eine »zweite Erfahrung« unumgänglich. Wichtig allein ist, »in Christus« zu leben von Fortschritt zu Fortschritt, im Gehorsam und im Glauben.

---

[26] *Let's Quit Fighting About the Holy Spirit* (148), S. 108.
[27] a.a.O. (178), S. 74.
[28] a.a.O. (178), S. 73–74.

Kapitel XII
Folgerung

A. Bilanz

Wir haben versucht zu zeigen:
1. Die durch den Heiligen Geist inspirierte Schrift soll unsere alleinige Norm sein, sie ist souverän und völlig ausreichend, um jede Lehre und jede religiöse Erfahrung zu beurteilen.
2. Der Bibel zufolge empfangen wir den Heiligen Geist in dem Moment, wo wir durch den Glauben Jesus Christus als unseren Retter und Herrn akzeptieren, um ihm zu gehören. »Wer nicht den Geist Christi hat, der ist nicht sein« (Röm. 8,9).
3. In den Evangelien und in der Apostelgeschichte finden wir neben dem allgemeinen Tatbestand (Empfang des Geistes im Augenblick der Bekehrung) zwei besondere Fälle, die an den Übergang vom Alten zum Neuen Bund gebunden sind: Den der Jünger Jesu, die einen »Vorschuß« des Geistes durch den auferstandenen Herrn empfangen haben (Joh. 20,23), und den der Samariter, die auf die zwei Apostel haben warten müssen, um den Geist empfangen zu können (Apg. 8,14-17), und dies wahrscheinlich, um eine Trennung in der Urgemeinde zu vermeiden. In allen anderen Fällen – einschließlich den der Heiden im Hause des Kornelius (Apg. 10) und der Johannesjünger in Ephesus (Apg. 19) – fiel der Empfang des Heiligen Geistes mit dem Tage der Bekehrung zusammen.
4. Im Neuen Testament wird der Ausdruck »im Geist getauft« beim Eintritt in das christliche Leben angewandt; er ist das Synonym der Wiedergeburt. Die Taufe im Geist läßt uns sterben und mit Christus auferstehen. Sie ist an den Glauben gebunden, an die Vergebung der Sünden, die Annahme als ein Kind Gottes, das Siegel des Geistes ...
5. Die biblischen Zeichen der Taufe im Geist sind das Bekenntnis zu Christus als dem Herrn, das Leben im Licht und die Liebe der Brüder.
6. In drei in der Apostelgeschichte erzählten Fällen wird die Bekehrung einer ganzen Gruppe vom Zungensprechen begleitet (Apg. 2,10,19). In anderen Fällen erlaubt nichts anzunehmen, daß die Neubekehrten in Zungen sprachen. Das Zungenreden ist also kein normales oder obligatorisches Zeichen einer Bekehrung – genauso wenig wie es das Zeichen einer Bekleidung mit Vollmacht ist, die im Laufe des christlichen Lebens stattfinden würde.

7. Vom Geist erfüllt zu sein ist keine zweite Erfahrung nach der Bekehrung; es ist eine Qualität des geistlichen Lebens, nach der alle Christen trachten sollen. Zu diesem vom Geist erfüllten Leben wollten die Apostel alle Glieder der frühen Gemeinden führen. Sie deuten ihnen den Weg dazu in den Briefen an: Reue und Bekenntnis jeder erkannten Sünde, Hingabe an Gott, Gehorsam gegenüber seinen Geboten, Glauben, Lob, Gebet, Anbetung, brüderliche Beziehungen . . .

8. Die Bibel kennt keine zweite Stufe oder zweite Erfahrung. Die Lehre vom »zweiten Segen« ist aufgrund der Erfahrung einiger großer Gottesmänner ausgearbeitet worden. Sie ist also weder biblisch noch normativ für alle Christen.

9. Eine jüngste Entwicklung dieser Lehre von den zwei Erfahrungen ist die Lehre der »Geistestaufe«, einer zweiten Erfahrung, die uns die geistlichen Gaben und die Kraft für den Dienst übertrüge und die obligatorisch – oder normal – vom Zungensprechen gezeichnet wäre. Diese Lehre ist im zwanzigsten Jahrhundert entstanden. Man findet sie bei keinem früheren christlichen Autor. Sie kann also nicht als biblische Lehre vorgestellt und allen Christen aufgedrängt werden.

10. Diese zweite Erfahrung, die tatsächlich von vielen Christen in der Welt gemacht wird, kann sehr verschiedene Bedeutungen haben: sie kann die eigentliche Wiedergeburt von jemand begleiten, der nur Namenschrist oder Christ nur in seiner eigenen Vorstellung war. Sie kann eine entscheidende Etappe in der geistlichen Entwicklung bilden: neue Versicherung des Heils, Wachstumskrise oder Rückkehr zu Gott, Hingabe, Bekleidung mit Vollmacht für einen besonderen Dienst . . .

Manchmal aber ist sie nichts anderes als eine »religiöse Erfahrung«, wie sie Millionen Menschen in nichtchristlichen Religionen machen. Als diese wäre sie nur das Produkt des einfachen Spiels der menschlichen oft wenig bekannten Fähigkeiten.

Die Suche nach einer solchen Erfahrung kann gewisse Christen zu einer vollständigeren Hingabe führen, andere kann sie genauso gut zu einem gefährlichen Ungleichgewicht für ihr seelisches und geistliches Leben führen, sie kann selbst die Tür zu dämonischen Verführungen öffnen, die nicht immer leicht aufzuspüren sind.

1. Eine gefährliche Lehre

Die Lehre der Geistestaufe, so wie sie in der Pfingstbewegung definiert worden ist und von einem großen Teil der charismatischen Bewegung aufgenommen wurde, ist in mehr als nur einer Hinsicht gefährlich.

a) Sie trennt das Werk Jesu Christi von dem des Geistes

»Dem Feind ist es mit der Lehre von der Geistestaufe weithin gelungen, das Werk von Jesus Christus und das Werk des Heiligen Geistes auseinanderzureißen, und die Gemeinde zu spalten. Angeblich gibt Jesus nur die Rechtfertigung = Sündenvergebung, während der Heilige Geist das wichtigere Geschenk der völligen Heiligung spendet« (E. von Eicken).[1] In der Bibel ist der Heilige Geist der Geist Christi (wie auch der Geist Gottes), das bedeutet Christus selber. Der Apostel Paulus benutzt unterschiedslos einen Terminus für den anderen (vgl. Röm. 8,9–10) und »es ist eine der größten Ketzereien, eine Unterscheidung zwischen der Erfahrung Christi und dem Werk des Heiligen Geistes zu machen«.[2]

b) Diese Lehre trennt ebenfalls Leben und Kraft, Frucht und Gabe

Auf der einen Seite würde der Geist Christi das Leben geben und die Früchte des Geistes hervorrufen, auf der anderen würde die Geistestaufe die Gaben gewähren und die Kraft für den Dienst, so daß man sehr wohl das eine ohne das andere haben kann, und, was schlimmer ist: das andere ohne das eine, das heißt, die Kraft ohne die Frucht.

Dies ist im wesentlichen das, was der Theologe der Pfingstbewegung D. Gee lehrt: Ziel der Geistestaufe sei nicht, das Leben zu geben, sondern die Kraft. Der Gläubige, der den in ihm bleibenden Heiligen Geist als Geist Christi empfangen hat, kann möglicherweise viele Früchte offenbaren, ohne die Geistestaufe erfahren zu haben. Andererseits können gewisse Christen geistliche Gaben ausüben, die durch diese Taufe empfangen wurde, ohne die Frucht des Geistes zu offenbaren, wenn sie es vernachlässigen, in sich die Fülle des Lebens Christi aufrechtzuerhalten.[3]

Eine solche Spezialisierung der Funktionen steht der Theorie der modernen Arbeitsteilung näher, als der biblischen Lehre. Für Jesus und die Apostel ist – wie gesagt – der Heilige Geist ebenso »Geist Gottes« wie »der Geist Christi« (Röm. 8,9–10), der Vater und der Sohn kommen – im Geist –, um in dem zu wohnen, der die Gebote Christi hält (Joh. 14,23). Die Kraft, Ungläubige zu überzeugen, wird im Neuen Testament nicht als eine Art magische Fähigkeit wie die Simons des Zauberers (Apg. 8,10) beschrieben, sondern sie ist gebunden an die Offenbarung der Früchte des Geistes: ». . . daß sie eure guten Werke sehen und Gott verherrlichen am Tage der Heimsuchung . . . damit

---

[1] a.a.O. (55), S. 40.
[2] Beasley – Murray, The Holy Spirit Baptism and the Body of Christ in *Review and Expositor* 63 (Spring 66), S. 182.
[3] *Le fruit de l'Esprit* (65), S. 12–13.

sie (die Männer) . . . ohne Worte durch den Wandel der Frauen gewonnen werden . . .« (1. Petr. 2,12; 3,1; vgl. 3,15).
Der Apostel nannte als empfehlende Merkmale der Kraft für den Dienst, d.h. seines Dienstes als Mitarbeiter Gottes: Geduld, Reinheit, Erkenntnis, Langmut, ungeheuchelte Liebe, Wort der Wahrheit, ein heiliger Geist, Kraft Gottes durch die Waffen der Gerechtigkeit zur Rechten und zur Linken (2. Kor. 6,4–7; vgl. 12,2; 1. Thess. 2,7).
Die falschen Diener zeichnen sich gerade dadurch aus, daß ihnen diese Früchte des Heiligen Geistes fehlen (Mt. 7,22–23; 2. Kor. 11,12–13; 15; 2. Petr. 2,1–3ff.; Jud. 11–13, 16–19).

c) Diese Lehre ist gefährlich, weil sie eine willkürliche und antibiblische Diskriminierung unter den Gaben Gottes schafft

Da heißt es, die ersten Gaben, die Christus im Augenblick der Bekehrung gibt, wären Sündenvergebung, Rechtfertigung, Versöhnung mit Gott, ewiges Leben – also nur geistliche, das heißt unsichtbare Gaben –. In dem Augenblick jedoch, in dem uns der Heilige Geist tauft, gibt er uns die »höheren« Gaben: die aus Seele und Körper überströmende Freude, das Zungenreden, »Offenbarungen des Geistes« wie die Gabe der Heilung, Auslegung der Zungen, die Bevollmächtigung für den Dienst . . . also die spürbaren und sichtbaren Gnaden. Die neo-pfingstlerischen Autoren sagen uns, die Geistestaufe sei der Augenblick, in dem der Geist Gottes, der bis dahin im Geist des Menschen eingesperrt sei, in seinen Leib und seine Seele überströme.

Diese Theorie führt solche Christen dazu, die sichtbaren Gnaden höher zu bewerten, die Gaben Gottes also danach zu messen, »was ins Auge sticht« (1. Sam. 16,7), anstatt »in Glauben und nicht im Schauen zu leben« (2. Kor. 5,7).

Für viele Christen ist die Erfahrung, die sie ihre »Taufe durch den Heiligen Geist« genannt haben, wirklich der Anfang einer Suche nach Zeichen, Visionen, sichtbaren Offenbarungen, so daß ihr geistig-geistliches Leben aus dem Gleichgewicht gerät. In der Bibel sehen wir im Gegenteil, daß Gott sein Volk lehrt, sich mehr und mehr von den sichtbaren Gaben zu lösen und die geistlichen Segnungen zu suchen, ohne sich dabei auf die Gegebenheiten der Sinne zu stützen.

Die Lehre von den zwei Erfahrungen führt die Christen dazu, die Wiedergeburt und die Gaben, die Gott uns im Augenblick unserer Wiedergeburt gewährt, zu unterschätzen und zu entwerten.

Wie M. Unger sagt, vernebelt diese Lehre das Evangelium der Gnade. Deshalb sieht man so viele Christen, die diese Ansichten angenommen haben, ihr Heil in Zweifel stellen; sie entbehren jeglicher Ruhe, jeglicher Freude im Leben mit Christus.[4]

Im Wort Gottes finden wir keine Spur einer solchen Lehre: alle geistlichen Segnungen gehören uns seit unserer Bekehrung, wir werden uns ihrer allmählich bewußt, und wir ergreifen sie allmählich.

d) Diese Lehre schafft eine willkürliche Trennung unter den Christen

Wer diese Taufe empfangen hat, wird automatisch in eine höhere Kategorie von Christen befördert, während die, die sie nicht empfangen haben, als Christen zweiter Wahl erscheinen. Dies erklärt den so oft vorkommenden Hochmut der »Geist-Getauften«.[5]

Morton Kelsey, der positiv die Gabe der Zungen bewertet, kennt diese negativen Aspekte auch: Wer sie empfangen hat, glaubt sich »angenommen« und vernachlässigt oft die Heiligung, läßt nach in der Selbstkontrolle und sucht Gefühle und Erfahrungen. Diese Christen laufen Gefahr, Jesus Christus durch wunderbare geistliche Gaben zu ersetzen.[6]

Tatsächlich trennt die Lehre von der Geistestaufe die Gemeinden überall dort, wo sie eindringt; sie schafft einen Graben zwischen denen, die den »Heiligen Geist empfangen« haben, und denen, die »ihn noch nicht empfangen« haben. Sie schafft also zwischen den ersten ein Band, das auf eine Erfahrung gestützt ist, während nach der Bibel sich die Einheit der Kinder Gottes auf das Bekenntnis zu Christus als Herrn stützt, den Wandel im Licht und die Liebe der Brüder. Sie schafft eine Einheit zwischen Männern und Frauen emotionalen Temperaments. Gott will aber alle Temperamente im Leibe Christi vertreten sehen und daß sie harmonisch in seinem Werk zusammenarbeiten.

Außerdem schafft diese Lehre in den existierenden Gemeinden eine zusätzliche Trennung dadurch, daß sie von vielen als nichtbiblisch verworfen wird.

Wenn es so offenkundig ist, daß die Pfingstbewegung überall Trennungen hervorruft, so schuldet sie diesen traurigen Ruf seiner trennenden Lehre, das heißt seiner Lehre über Geistestaufe.

e) Diese Lehre verursacht unvernünftige Nachforschungen und fördert ungerechtfertigte Frustrationen

Wenn wirklich so viele Segnungen von dieser zweiten Erfahrung abhingen,

---

[4] a.a.O. (188), S. 36–37.
[5] *The Gift of the Holy Spirit*, 1963, zitiert Hollenweger (89), S. 15.
[6] M. Kelsey, a.a.O. (101), S. 245.

wäre es verständlich, daß ein Christ alles unternähme, um sie zu empfangen: Gewissensprüfung, Gebete, Fasten, wiederholte Handauflegung, Teilnahme an Heiligungsversammlungen. Wie für gewisse Typen von Christen diese Praktiken gute Wirkungen haben können, indem sie ihren fleischlichen Widerstand gegenüber dem Geist Gottes »zerbrechen«, so können sie für gewissenhafte Temperamente genauso verheerend sein und ihre ganze Persönlichkeit zerstören.

Die Gefahr dieser »Heiligungsversammlung« mit ihrer angestrengten Erwartungshaltung ist selbst von Führern der Pfingstgemeinden unterstrichen worden. Wenn Christen häufig Wochen, Monate und sogar Jahre an diesen organisierten Versammlungen teilnehmen mit der Absicht, Geistestaufe zu empfangen, wenn sie sich die Hände auflegen lassen, zu Gott schreien, sich prüfen, um verborgene Hindernisse zu entdecken, sich von sich selbst zu »entleeren« suchen, ihrer Zunge freien Lauf lassen, damit sie eine unverständliche Sprache stammelt, und es ihnen dann immer noch nicht gelingt, in Zungen zu sprechen, das heißt, das Zeichen erlangt zu haben, das sie folgern läßt, endlich die gewünschte Segnung empfangen zu haben – dann versteht man, daß ihr ganzes geistliches Leben durch eine solche Erwartung aus dem Gleichgewicht gerät. Man versteht auch, daß diese ernsten Seelen darüber an den Rand der Depression geraten – wenn nicht in die Psychiatrische Klinik oder in den Selbstmord –, wenn sie diese versprochene Gabe nicht empfangen.

In allen pfingstlerischen Gemeinden lassen die Statistiken einen ziemlich starken Anteil von Mitgliedern erkennen, die nicht »vom Heiligen Geist getauft worden sind«. In den Gemeinden in Chile spricht die Hälfte der pfingstlerischen Pastoren nicht in Zungen, also haben sie nach der Lehre der Kirche, der sie dienen und deren Lehre sie akzeptieren und verbreiten, nicht den »Heiligen Geist« empfangen. Kann man sich die geheimen Kämpfe vorstellen, die eine solche Situation in unzähligen ernsthaften Menschen hervorruft?[7] Sie stützen sich auf die Zusage Jesu: »Wenn nun ihr, die ihr arg seid, euren Kindern gute Gaben geben könnt, wieviel mehr wird der Vater im Himmel den Heiligen Geist geben denen, die ihn bitten!« (Luk. 11,13). Sie

---

[7] In *I once spoke in tongues* (152), läßt uns Wayne A. Robinson, Sohn eines pfingstlerischen Pastors und Schüler einer pfingstlerischen Bibelschule, mit einer ergreifenden Ernsthaftigkeit an seiner verzweifelten Suche im Verlaufe von Jahren nach diesem Zeichen teilnehmen und an seinem Enthusiasmus, nachdem er es endlich gefunden hat. Einige Jahre später analysiert er scharfsinnig, was ihm dieses Zungenreden für sein persönliches Leben und seinen Dienst gebracht hat, und er stellt fest, daß diese Unruhe seine Interessen auf ihn persönlich gelenkt hat, anstatt sie auf andere zu lenken; er wollte zu einer »geistlichen Aristokratie« gehören. »Ich wollte andere beeindrucken. Ich sagte ihnen tatsächlich: ›Seht, ich bin ein Christ, der in Zungen spricht, und ich kann es beweisen.‹« (S. 59).

erbitten ihn mit Beständigkeit, Ernsthaftigkeit und Glauben. Und dennoch können sie sich nicht auf diese andere Zusage stützen: »Alles, um was ihr auch betet und bittet, glaubt, daß ihr es empfangen habt, und es wird euch werden« (Mk. 11,24) – denn um zu glauben, daß sie den Heiligen Geist empfangen haben, müssen sie in Zungen gesprochen haben. Nur Diener Gottes, die sich mit Personen beschäftigen mußten, die während Monaten oder Jahren in dieser inneren Spannung gelebt und unter dieser Frustration gelitten haben, können all das Übel ermessen, das diese nichtbiblische Theorie bei ernsthaften Christen hervorrufen kann.

f) Diese Lehre öffnet bösen Geistern Tür und Tor

Evan Roberts und J. Penn-Lewis haben gezeigt, daß Passivität die notwendige und ausreichende Bedingung ist, die schlechten Geistern erlaubt, ihren unheilvollen Einfluß auf das innere Leben von ernsthaften Christen auszuüben.

Die Geschichte der Pfingstbewegung fließt über von Zeugnissen über dämonische Aktivitäten unter den Kindern Gottes: falsche Prophezeiungen, Lästerungen, Zuckungen, Heulen usw. Glaubwürdige Diener Gottes beschreiben häufig Fälle von satanischer Unterdrückung als Folge dieses Wartens auf die Geistestaufe in charismatischen Kreisen. Der Pastor Ian McDonald, Direktor der biblischen Schule in Epping in Australien, N.S.W., erwähnt Exorzismussitzungen, in deren Verlauf ausgetriebene Geister gestanden haben, in die Christen in dem Augenblick eingefahren zu sein, in dem ihnen ein charismatischer Führer zum Empfang der Geistestaufe die Hände aufgelegt habe.[8] »Wir wollten Verwirrung säen, gestehen die bösen Geister, sein Zeugnis für Christus beenden!« Einer der Dämonen gesteht, daß es seine Mission war, die Christen über die wirkliche Natur der Zungen zu täuschen.

Ähnliche Berichte gelangen zu uns aus allen Ecken der Welt. Ich selbst habe der Aufnahme einer Exorzismussitzung zugehört. Eine Christin spricht in Zungen in der Gegenwart eines Dieners Gottes. Dieser beschwört den Geist, der in ihr ist, sich in Englisch auszudrücken. Mitten im immer schneller werdenden Fluß der Glossolalie gibt der Geist seinen Namen preis; er gibt vor, gekommen zu sein, weil die Christin ihn gerufen habe: »Komm!« Er hatte ihr die Gabe des Zungenredens gewährt, sie hatte sie nicht abgelehnt, sich jedoch dafür bei Gott bedankt. Nun gab der Geist vor, das Recht zu haben, in ihr zu bleiben. Gegen Ende der Sitzung hört man einen langen Schrei, und das Zungenreden hört auf.

Wenn man den alarmierenden Statistiken derer Glauben schenken kann, die die Geister bei in Zungen redenden Christen nachgeprüft haben, kann

---

[8] Vervielfältigte Blätter der Bibelschule von Epping.

man sich fragen, wie viele ernsthafte Kinder Gottes, ohne es zu wissen, unter dämonischen Einflüssen leben, die ihr geistliches Leben und ihr Zeugnis untergraben. Infolgedessen erstaunt es wenig, daß Kreise, die großen Wert auf diese sichtbaren Offenbarungen legen, zu denen zählen, in denen die unter den Christen von Korinth aufgekommenen Sünden am stärksten verbreitet sind. Dies will – wohlverstanden – nicht sagen, daß die Christen, die dieser Lehre anhängen, notwendigerweise verführt sind, und daß sie zwangsweise die eine oder die andere ärgerliche Konsequenz tragen, die oben erwähnt wurden. Die Gnade Gottes ist stärker als unsere Verirrungen. Aber wenn wir trotz der Klarstellungen, die uns die Schrift gibt, fortfahren mit einer Lehre, die sie nicht lehrt, tragen wir allein die Verantwortung dieser bitteren Früchte, die dieser Irrtum in uns und in den anderen tragen kann.

Vielleicht sind wir genug in Christus und seinem Wort gegründet und bilden so eine Art Gegengewicht zu diesen schädlichen Wirkungen, die eine falsche Sicht in uns hervorrufen können; aber unser geistliches Leben und unser Zeugnis sind sehr in Gefahr, vom Gegner ausgenutzt zu werden, um eine Lehre zu verbreiten, aus der er bei weniger starken Seelen Nutzen zu ziehen hofft.

2. Eine sehr verbreitete Lehre

Warum hat diese Lehre, die nur sehr wenig sichere Stützen in der Bibel hat, in so kurzer Zeit einen so großen Anteil der christlichen Welt erobern können?

Erinnern wir uns zunächst, daß der Erfolg nichts beweist, auf alle Fälle beweist er nicht die Richtigkeit; der Erfolg ist kein Fingerzeig Gottes. Die Wahrheit sei im allgemeinen auf der Seite der Minoritäten gewesen, sagt M. Green, es sei nicht die Gewohnheit des Heiligen Geistes gewesen, sich zu biblischen Zeiten mit den Ansichten der Mehrheit zu identifizieren.[9]

Mehrere Gründe erklären diesen Erfolg:

a) Man kann zunächst eine gewisse *psychische und geistliche Unreife* der Kreise anführen, in denen sich diese Lehre ausgebreitet hat. Man hat das emotionale Klima der schwarzen Gemeinden betont, in denen das Pfingstlertum Fuß gefaßt hat, die spiritistische und synkretistische Atmosphäre in Los Angeles, in der die extravagantesten Sekten entstanden sind.

Man hat den Charakter der südamerikanischen Bevölkerung betont, die ein ritualisiertes und oberflächliches Christentum kaum dem Heidentum

---

[9] a.a.O. (72), S. 13.

entrissen hat. Bei diesen oberflächlich christianisierten Massen, die sozial deklassiert sind und die Bibel kaum kennen, zumal das Analphabetentum so verbreitet ist, hat die Pfingstbewegung die meisten eklatanten Erfolge gehabt und wie wir es von Prof. R. Mehl hörten, denen eine Stimme gegeben, die bis dahin nichts zu sagen hatten. Anstatt schweigende – und damit passive – Pfarrkinder eines Pastors zu sein, konnten sie nun frei am Gottesdienst teilnehmen, ohne aus Mangel an Kultur zu erröten.

In anderen Kontinenten richten sich die Pfingstkirchen im allgemeinen auch an sehr einfache Leute, die in Gemeinden heranwuchsen, in denen biblische Kenntnis kaum einen Platz hatte. Das Neo-Pfingstlertum dagegen berührt hauptsächlich historische Kirchen, in denen die durchschnittlichen Angehörigen ebenfalls kaum die Schrift zu lesen gewohnt waren. Evangelische Kreise hingegen, in denen eine solide biblische Unterweisung erteilt wurde, scheinen der charismatischen Bewegung gegenüber kritischer zu sein, wenigstens da, wo sie auf der Notwendigkeit einer zweiten Erfahrung besteht.

Die ersten Christen waren denselben Gefahren ausgesetzt. Die Apostel warnen in den meisten ihrer Briefe vor falschen Lehren. Die Gemeinden, die in einem gewissen geistlichen Infantilismus geblieben waren (1. Kor. 3,1; Gal. 4,1–11; Hebr. 5,11–14), waren zugänglicher als andere für die Verführung durch falsche Lehren (2. Kor. 11,3; Gal. 3,1; Hebr. 13,9). Die Apostel verlangten von ihnen, daß sie alle Mittel gebrauchten, die Gott ihnen zu ihrem Wachstum zur Verfügung gestellt hat, ». . . auf daß wir nicht mehr Kinder seien, und uns bewegen und wiegen lassen von allerlei Wind der Lehre« (Eph. 4,14).

Die geistliche Unreife erklärt also, warum eine nichtbiblische Lehre Christen hat einnehmen können. Sie haben oft nicht die notwendige intellektuelle Vorbereitung, und nehmen deshalb das Wort nicht so auf, wie die Juden in Beröa; die »nahmen mit aller Bereitwilligkeit das Wort auf *und untersuchten täglich die Schriften, ob dies sich so verhielte*« (Apg. 17,11).

b) Die Wichtigkeit der Lehre ist oft unterschätzt worden. Der Lehre folgt die Erfahrung, manchmal schafft sie die Erfahrung – besonders wenn diese Lehre auf einer Erfahrung beruht. Dieses Gesetz hat sich viele Male in der Geschichte der Kirche bewahrheitet.

Gewisse Gründer des deutschen Pietismus haben geistliche Kämpfe erlebt, die ihnen tiefe Demütigungen hinsichtlich ihrer Vergangenheit aufnötigten und Wochen des Gebets, um Vergebung zu erlangen. Sie haben verfügt, daß dieser *Buß- und Betkampf* unumgänglich wäre, um zur Gewißheit des Heils zu gelangen, und Tausende von Christen sind durch dieselben Kämpfe gegangen, bevor sie das Heil durch den Glauben ergriffen haben.

Im Fernen Osten haben Missionare geistliche Dürrezeiten von mehreren Monaten oder gar einigen Jahren nach der Anfangsfreude des Heils erlebt; sie haben in der Geschichte des Volkes Israel eine Rechtfertigung ihrer religiösen Entwicklung gefunden: Vor dem Einzug in das »Kanaan« eines blühenden geistlichen Lebens stand die Wüstenwanderung; sie haben ihre Erfahrung zum Dogma erhoben, und alle ihre Bekehrten durchqueren dieselbe Wüste.

Wie wir gesehen haben[10], definierten die großen katholischen Mystiker den geistlichen Weg mit mystischen Gnaden, Nacht der Sinne, Nacht des Geistes, theopathischem Zustand, und alle anderen Mystiker sind ihn treu gegangen.

In animistischen oder fetischistischen Ländern haben die Missionare festgestellt, daß die Heiden im allgemeinen eine Bekehrung in zwei Etappen erlebten: Bekehrung zu dem einen alleinigen Gott, dann einige Jahre später Bekehrung zu Jesus Christus. Obgleich sich diese Entwicklung bei diesen Voraussetzungen biblisch rechtfertigen ließe, wäre es falsch, daraus eine Lehre zu machen, nach der jedermann zwei durch eine Zeit getrennte Etappen zu durchlaufen hat.

Die Lehre hat also eine wesentliche Bedeutung für die geistliche Entwicklung der Unterwiesenen. Wenn man in einer Gemeinde die Notwendigkeit einer zweiten Erfahrung nach der Bekehrung predigt, wenn man auf den Segnungen besteht, die daraus hervorgehen (Sieg über die Sünde, Kraft für das Zeugnis, geistliche Gaben), warum sollten die Christen nicht danach streben? Haben sie nicht die Freude des Heils erfahren, als sie der Bekehrungsbotschaft gehorchten, die die gleichen Prediger brachten? Nun sollen sie in Zungen sprechen, um sicher zu sein, die zweite Segnung empfangen zu haben? Sie werden versuchen es zu tun, denn gleichzeitig lehrt man sie eine »Technik«, um diese Gabe zu erlangen: Lassen Sie Ihrer Zunge freien Lauf, sagen Sie irgend etwas, sprechen Sie Silben aus, die Ihnen in den Kopf kommen, wiederholen Sie sie, schalten Sie Ihre Intelligenz aus.[11]

---

[10] Siehe Kap. 1, S. 17–18.
[11] Wayne A. Robinson erzählt, wie einer seiner Kollegen, ein Pfingstpastor, die Christen, die die »Geistestaufe empfangen wollten« zum Zungensprechen führte: »Erinnert ihr euch an die Zeit, als ihr klein wart? Ihr hattet sicherlich die Gewohnheit zu wiederholen: Peter Piper picked ... (wir könnten sagen: Fischers Fritze fischt frische Fische ...) – Ja, aber ich hatte immer Schwierigkeiten, es zu wiederholen. Ich vermengte alles. Genau. Jetzt werde ich Ihnen einige ähnliche Worte sagen. Sie werden sie wiederholen. Sie werden sie auch durcheinanderbringen, aber das braucht Sie nicht zu bekümmern. Fahren Sie fort, sie mehrere dutzendmal zu wiederholen, und sie werden in Zungen sprechen. Okay?« Und hier die Wunderformel: »Blessed Jesus, suffering Jesus, save the sin-sick soul of sinful sinners. We wait willingly, wonderfully, wistfully right now!«. So in *I once spoke in tongues* (152), S. 79. Siehe auch D. u. R. Bennett, Der Hl. Geist und Sie (das Kapitel 5, das fast ausschließlich der Frage gewidmet ist: Wie komme ich dazu, in Zungen zu reden?) L. Christenson, *Die Gabe des Zungenredens in der Luth. Kirche* (39), S. 15f; A. Bittlinger, *Glossolalia* (14), S. 50f.

Wenn eine gewisse Unterweisung gewissen Leuten gegeben wird, die nicht die geistliche und biblische notwendige Reife besitzen, um sie zu widerlegen, erstaunt es konsequenterweise nicht, daß sie einen gewissen Erfahrungstypus hervorruft. Man muß indessen nicht glauben, daß diese Erfahrung von der Gesamtheit der Christen gemacht wird, die diese Lehre akzeptieren. Wenn gewisse Gemeinden soweit gehen, daß sie Statistiken über die Anzahl der »Geretteten« und der »im Geist Getauften« veröffentlichen, ist diese letzte Kategorie immer der ersteren untergeordnet. Trotz aller Techniken scheinen einige Temperamente dieser Art von Erfahrungen zu widerstehen.

c) *Die Sehnsucht der Christen* nach einem geheiligteren Leben, das ihrem Herrn nützlicher ist, erklärt den Erfolg einer Lehre, die diesem Wunsch zu entsprechen scheint. Eine solche Sehnsucht wird sicherlich in uns vom Geist Gottes hervorgerufen: Jeder glaubwürdige Christ leidet unter seinem Versagen, seiner geistlichen Lauheit, seinem Mangel an Eifer für den Dienst. Eine Lehre, die vorgibt, mit einem Schlag alle diese Unzulänglichkeiten zu heilen, bringt zwangsweise eine empfindsame Saite in jedem von uns zum Schwingen. Wer wollte nicht ein Leben kennen, das voll des Triumphes ist, eine erneuerte Liebe zum Meister und ein wirksameres Zeugnis?

Viele Evangelisationsbewegungen und Kirchen beantworten diese legitimen Sehnsüchte nicht durch eine solide biblische Unterweisung.

Die Bekehrung der Christen wird zugunsten der Heilspredigt – oder anderer Aufgaben vernachlässigt. Folglich wird die erste Unterweisung, die vom Geist selbst in diese Neubekehrten eingepflanzten Sehnsucht nach Wachstum antwortet, von denen gebracht, die eine »zweite Segnung« predigen in Form einer bestimmten Erfahrung. Diese Lehre stellt große sichtbare Vorteile dar: sie ist einfach, klar und präzise. Sie erscheint denen biblisch, die sich mit drei aus ihrem Zusammenhang gerissenen Zitaten begnügen, und überhaupt entspricht sie dem Wunsch, der in jedem Menschen schlummert: Das Geheimnis zu finden, um sofort die Fülle der Segnung zu empfangen.

Dieser Wunsch hat in vielen alten Legenden Ausdruck gefunden. Die Geschichte von Aladins Wunderlampe, so sagt A. R. Hay, illustriert die heidnische Auffassung von Gott und unserer Beziehung zu ihm: man muß die richtige Art und Weise finden, mit der man die Lampe reiben muß, damit der Geist erscheint und uns unseren Willen erfüllt. Es ist der Mensch, der die Initiative hat, der handelt und der dem Geist seinen Willen aufzwingt. Im Gegensatz dazu ist der Gott der Bibel der Souverän, der sich offenbart, »wie er will« (1. Kor. 12,11.18).[12]

---

[12] A. R. Hay, *What is wrong in the Church* (81), II, S. 73.

Es gibt viele Christen, besonders junge Christen von heute, die alles sofort wollen. Einige suchen nach einer Erfahrung, durch die sie augenblicklich den totalen Sieg über sich selbst haben. Sie wollen keinen Versuchungen mehr standhalten müssen, wollen Vollmacht und Weisheit besitzen, und glauben, auf dem abgekürzten Weg der Offenbarung schneller und umfassender zu Kenntnissen und Erkenntnissen zu kommen, als die sie haben, die die Bibel lehren, als ihre Pastoren![13] Der berühmte Professor Tobias Beck aus Tübingen äußerte sich schon zu diesem Thema: Man will die Perfektion, obgleich man selbst nicht ernsthaft die täglichen nächsten Aufgaben aufgreift, noch die, vor die uns die Wahrhaftigkeit oder der alltägliche Kampf gegen die Sünde stellt. Man verlangt ein wenig eilig von der Gnade, daß sie Wunder tut, obgleich sie wie die Landwirtschaft Arbeit und Geduld von uns verlangt und den Respekt vor den göttlichen Gesetzen des Wachstums und der Fruchtbarkeit. Und F. Rienecker: »Man will das Ziel ohne den Weg.«[14]

Diese Tendenz, die übrigens für den Menschen des XX. Jahrhunderts noch mehr als für den des XIX. Jahrhunderts zutrifft, erklärt den Erfolg einer Predigt, die eine Erfahrung zum Schlüssel für die wesentlichen Probleme des Christentums macht.

Eine der kräftigsten Lügen, die einen Gläubigen in das Gebiet dieser »Heiligung« zieht, ist nach Miles Stanford die betonte Möglichkeit augenblicklicher Erhörung als Antwort auf das Gebet für seine persönlichen Probleme. Kommt noch eine sensationelle Segnung für das praktische Leben und eine quasi wunderbare Kraft für den Dienst Gottes hinzu – sofort nimmt dies alles das Gesicht Christi an. Aber es ist antibiblisch und nicht realisierbar. Während der zwanzig Jahre seiner Seelsorge an zweifelnden Gläubigen sagt Stanford, habe er keinen einzigen Christen gekannt, der auf dem Wege der sogenannten Erfahrung zu einer glaubwürdigen geistlichen Reife gelangt wäre.[15]

H. Lindsey befürchtet sogar, ein »verführerischer Geist könne sich des Menschen bedienen, wenn dieser an eine Erfahrung zu glauben beginnt, die ihm sofortige Reife verspricht«.[16]

Wenn die geistlichen Sehnsüchte der Christen mit der Unwissenheit verbunden sind, profitiert der Gegner allemal, weil er sich den leeren Platz sichert, den eigentlich die gesunde Bibelkenntnis einnehmen sollte. Er bedient sich der Irrtümer in der Lehre, um sie auf seinem eigenen Terrain weiter zu entfalten. Die Gemeinde in Korinth hat uns dies bewiesen.

---

[13] Hal Lindsey, *Satan kämpft um diese Welt*, Wetzlar 1973.
[14] F. Rienecker, *Biblische Kritik am Pietismus*, Offenbach 1952, S. 64.
[15] a.a.O. (174), S. 44
[16] a.a.O. (Note 17), S. 134

Die Korinther waren »geheiligt in Christus Jesus« (1,2), sie hatten die Gnade Gottes in Christus Jesus empfangen (1,4) und »sie sind in allen Stükken reich gemacht worden, in aller Lehre und in aller Erkenntnis« (1,5); der Apostel sagt ihnen, daß sie »keinen Mangel« haben »an irgendeiner Gabe« (1,7). Die einzige Erfahrung, die sie zukünftig erwarten sollen, ist die »Offenbarung unseres Herrn Jesu Christi« (1,7). Ihre Sehnsüchte gehen dennoch »darüber hinaus«, der Ausdruck »darüber hinaus« oder »über« (hyper = super) taucht oft in diesen beiden Briefen auf, allein und auch als Vorsilbe, immer im Sinne einer Steigerung.[17] Sie wollen eine *höhere* Weisheit, *über* das hinaus, was geschrieben steht (1,17–4,16), einen *geistlicheren* Weg als die Ehe (Kap. 7), eine *ausgedehntere* Ethik (10,23), *Über*apostel (2. Kor. 11,5–15). Sie rühmen sich ihrer Leistungen (2. Kor. 10,8–18).[18] Deshalb schätzen sie auch über allem anderen die spektakulären Gaben (Heiligungen, Zungen, Auslegung der Zungen).

Nach einer neueren sehr plausiblen Auslegung waren es nur diese Gaben, die sie »geistliche« *(pneumatikos)* Gaben nannten. »Sehnt euch nach den geistlichen Gaben« (= nach diesen Gaben da) scheint ein Slogan in der Gemeinde von Korinth gewesen zu sein. Der Apostel korrigiert ihre Optik, indem er präzisiert, daß *diese* Gaben unter anderen existieren, er setzt sie selbst ans Ende der Liste, und jedesmal, wenn er den Terminus »*streben*« *(zeloo*: 1. Kor. 12,31; 14,1.12.39) benutzt, mäßigt er es, indem er dem Streben der Korinther eine andere, bessere Richtung weist.[19]

Um die Christen auf der Suche nach jenem *hyper* zu verführen, »verkleidet sich Satan selbst in einen Engel des Lichts« (2.Kor. 11,14), er schickt »Überapostel« (11,5), falsche Apostel, »unehrliche Arbeiter verkleiden sich als Apostel Christi« (11,13), und bringen einen »andern Jesus, als wir gepredigt haben . . ., einen anderen Geist . . . als ihr empfangen habt« (11,4). Dem Leben durch das Sehen und der Suche nach Kraft stellt Paulus das Leben aus dem Glauben (2. Kor. 5,7) und in Schwachheit (12,9) entgegen. Die Gnade Gottes genügt. Seine Kraft erfüllt sich in Schwachheit. »Jedes *hyper* (super, darüber hinaus) muß ein *hypo* (unter, darunter) werden« (Bruner).[20]

Die Lehre von der »Geistestaufe«, der »Krafttaufe«, die den fleischlichen Christen sofort in einen geistlichen Christen und Zeugen des Herrn verwan-

---

[17] A. Schlatter fand den Schlüssel für die falsche Theologie der Korinther in dem Wort *hyper*, besonders in der Tendenz zum »darüber hinaus« der Schriften (1. Kor. 4,6, wo Paulus zweimal das Wort benutzt). *Die Korinthische Theologie*, Gütersloh, 1914, S. 7–8, zit. v. Bruner (30), S. 285. Siehe ebs. 2. Kor. 10,5. 14–16; 11,5.23; 12,6.7.11.
[18] Siehe F. D. Bruner (30), S. 285–319: Huper, The relevant spiritual Problems in Corinth.
[19] V. D. L. Baker, The interpretation of 1. Kor. 12–14 in *Evangelical Quarterly*, Okt.–Dez. 1979, S. 224–234.
[20] a.a.O. (30), S. 306.

delt, beantwortet wunderbar die Sehnsucht des Menschen; aber der Wunsch, die Prüfung zu vermeiden, die »die Geduld hervorruft«, enthüllt unsere fleischliche Natur. Denn »*die Geduld soll* ihr Werk tun bis ans Ende, damit ihr *vollkommen* und ohne Tadel seid und keinen Mangel aufweist« (Jak. 1,4). »Die Zeit erspart nicht, was man ohne sie gemacht hat« (Fayolles)

3. Eine unnötige Lehre

Die »Geistestaufe« soll uns tiefere Frömmigkeit vermitteln, die reicher an Gewißheiten und Siegen ist[21], und mit Kraft für den Dienst ausstatten. Die Pfingstler schreiben dieser Lehre die außergewöhnliche Ausbreitung ihrer Bewegung in der Welt zu. Nun stellen wir fest, daß pfingstlerische Autoren diese Tugenden bei ihren im Geist getauften Mitgliedern vermissen, und sie bei anderen Christen, die nicht diese Taufe empfangen haben, wahrnehmen. Sie bedauern da ihre Mitglieder, die sich als Geistesgetaufte erklären, vielfach weit davon entfernt sind, das Verhalten aufzuweisen, das man von ihnen erwarten kann.[22] »Es ist irgend etwas radikal falsch an einer Erfahrung, die zwar Gaben gibt, nicht aber die Kraft, sie im Sinne des Gebers zu gebrauchen«, sagt der pfingstlerische Theologe D. Gee.[23] Deshalb fragt H. Lindsell: »Warum also eine Geistestaufe, wenn alles das, was die Geistestaufe mit Zungenreden hervorrufen soll, in dem Leben von Christen, die sie niemals empfangen haben, viel überzeugender zur Wirkung kommt?«[24]

Man muß tatsächlich von einem blinden Fanatismus besessen sein, wenn man meint, das nichtpfingstlerische Christentum der Vergangenheit und der Gegenwart, das keine Geistestaufen kennt, sei nicht fähig gewesen, gesunde und ausgeglichene christliche Persönlichkeiten hervorzubringen, oder daß sich die Kirchen der Pfingstbewegung besonders durch diese der Geistestaufe zugeschriebenen Eigenschaften auszeichneten.

Th. Brès führt als Gründe für die Schwäche der Geistesgetauften die mangelnde Unterweisung, den Mangel an Wachsamkeit, den Hochmut, die fehlende Unterordnung unter die Führer der Bewegung und die Vorschriften des Wortes an.[25] Wenn alles dieses außer der »Geistestaufe« notwendig ist, kann man sich ehrlich fragen, was sie sonst Besonderes bringt.

Was die Kraft für den Dienst betrifft, so genügt ein schneller Blick auf die Kirchengeschichte, um festzustellen, daß die Diener Gottes, die von der

---

[21] Thomas-Brés, *Le baptême du Saint-Esprit* (180), S. 3.
[22] a.a.O. S. 21.
[23] *Now that you 've been baptizes in the Spirit* (63), S. 28,30.
[24] Tests for Tongues Movement *Christianity Today*, 8.12.1972, S. 10.
[25] Thomas-Brès, a.a.O. (180), S. 22.

Notwendigkeit einer ständigen Erneuerung des geistlichen Lebens überzeugt waren, dieselbe geistliche Kraft hatten wie die, die an die zweite Segnung glaubten, daß weit mehr Gottesmänner in der Weltevangelisation tätig waren, die niemals in Zungen gesprochen haben – die nach der pfingstlerischen Lehre also niemals diese Krafttaufe empfangen hätten –, als diejenigen, die dieses Zeichen oder diese Gabe empfangen haben. Wer würde es wagen, tatsächlich zu behaupten, daß ein Luther, ein Calvin, ein Menno Simon oder ein Schwenckfeld nicht in der Kraft des Heiligen Geistes gepredigt hätten, oder daß Whitefield, Spurgeon, C. T. Studd oder B. Graham nichts von dieser Kraft gekannt haben, weil sie weder eine »zweite Erfahrung« gemacht haben, noch in Zungen gesprochen haben?

Kann also die Heiligung genauso wie die Kraft zum Dienst unabhängig von dieser Erfahrung erlangt werden, so stellt sich die Lehre von der Geistestaufe als eine unnötige Lehre heraus, sie bringt nichts, was nicht auf schlichten biblischen Wegen erreicht werden kann.

Ich kenne einen Diener Gottes, der durch viele Gemeinden kommt. Einige von diesen Gemeinden glauben an die Erfahrung der Geistestaufe pfingstlerischen Typs, und andere lehnen diese Lehre ab. Er stellt nun fest, daß Leben, Hingabe, Zeugnis und die Früchte dieser beiden Gattungen von Gemeinden beim genaueren Hinsehen zu dem Schluß führen, daß die zweiteren die ersteren um nichts zu beneiden hätten. Im Gegenteil – die, die keine zweite Erfahrung predigen, offenbaren eine Stabilität und eine Kontinuität, die den anderen oft fehlt.

Diese Lehre von der zweiten Erfahrung ist kein unbedingt notwendiges Element charismatischer oder pfingstlerischer Dogmas, denn wie wir gesehen haben, kommt der Mülheimer Zweig des deutschen Pfingstlertums sowie die deutsche charismatische Bewegung und das katholische Pfingstlertum ohne diese Lehre aus.[26] So könnte man im Gegensatz zu den Versicherungen der Pfingstler sagen, daß das dynamisierende Element der »dritten Kraft« des Christentums nicht ihre unbiblische, gefährliche und unnütze Lehre der Geistestaufe ist, sondern ihre biblische Verkündigung des Heils durch den Glauben, die Autorität der Schrift, der aktuellen Kraft des Heiligen Geistes und der Gemeinde als der Gemeinschaft der Gläubigen.

---

[26] Siehe Kap. X., S. 165 und *Die charismatische Bewegung* (104), S. 17ff.

B. Das wahre Problem

Die Lehre der »Geistestaufe« trennt die evangelische Christenheit in zwei Blöcke: die einen bestätigen, daß alle wahren Christen vom Heiligen Geist getauft sind, und daß von nun an ihnen alle geistlichen Segnungen wie die ganze Kraft für den Dienst zur Verfügung stehen; die anderen behaupten, daß uns nur eine zweite Erfahrung, die von sichtbaren Merkmalen gezeichnet ist, Zugang zur Geistesfülle verschaffe und mit der Kraft beschenke sowie mit den notwendigen Gaben für ein wirksames Zeugnis. Die einen stützen sich auf die Bibel, die anderen stützen sich auf ihre Erfahrungen und legen die Bibel danach aus.

Wo liegt der Kern des Problems? Wenn Sie unsere Untersuchung von Gottes Wort aufmerksam verfolgt haben, haben Sie feststellen können, daß die Lehre der ersteren biblisch gegründet ist: Wir sind alle von einem Geist getauft, wir haben keine »zweite Erfahrung« zu erwarten, und die Geistesfülle hat nichts mit dem momentalen Berauschtsein einer inneren Euphorie zu tun. Indessen ist das geistliche Leben bei den Verfechtern dieser orthodoxen Lehre häufig kraftlos, sie zeigen einen sehr mäßigen Eifer für die Evangelisation, ein lahmes Gemeindeleben, sind kalt und wenig anziehend. Andererseits findet man neben einer Lehre, die biblischer Prüfung nicht standhält, häufig ein intensives geistliches Leben, wirkliche Liebe zum Herrn, Eifer zum Zeugnis und ein beeindruckendes Wachstum lebendiger Gemeinden.

Wir könnten also mit J. Stott das Hauptargument gegen unsere Auslegung der Geistestaufe in zwei Sätzen zusammenfassen: 1. Wenn alle Christen im Geist getauft sind, so kann man es bei den meisten von ihnen nicht wahrnehmen. 2. Gewisse Christen geben vor, eine zusätzliche und unterschiedliche Erfahrung des Heiligen Geistes erlebt zu haben, und ihre Behauptung erscheint wahr.[27]

Und von der anderen Seite der Barrikade aus gesehen stellt sich das Problem so: Man hat eine geistliche Taufe empfangen, besitzt also die Geistesfülle und mit ihr die Liebe zum Herrn und den Haß auf die Sünde und befindet sich dennoch an derselben Stelle wie die, die diese Taufe nicht empfangen haben, das heißt, man muß jeden Tag kämpfen, um die Gemeinschaft mit Gott aufrechtzuerhalten und den Versuchungen zu widerstehen. Man sieht neben sich so viele Brüder und Schwestern, die trotz ihrer Geistestaufe in schlimme Sünden verfallen, denen die, die sich dieses Privilegs nicht erfreuen, anscheinend siegreich widerstehen. Diese Taufe, so scheint es, rüstet sie für den Dienst aus; aber die, die sie nicht empfangen haben, zeigen häufig

---

[27] a.a.O. (177), S. 23.

genauso viel Wirksamkeit und Frucht. Welches ist also der wirkliche Wert dieser Erfahrung?

Es verhält sich damit ein wenig wie mit der Verpflichtung zum Dienst des Herrn. Die einen glauben, es bedarf einer besonderen Berufung. Sie können sich auf zahlreiche biblische Präzedenzfälle stützen (1. Mose 12,1; 2. Mose 3,4; 4. Mose 27,18; Rich. 6,11; 1. Sam. 3,8; Amos 3,7,14; Jes. 6; Mt. 4,19; Röm. 1,1), sowie auf die Erfahrungen von Gottesmännern: Einige von ihnen haben Visionen gehabt, haben den Namen von Ländern gehört, in die sie gehen sollten, oder haben genaue übernatürliche Hinweise empfangen über die Art der Arbeit, zu der Gott sie berief.

Andere schätzen, daß alle Christen berufen sind, dem Herrn entsprechend den Gaben zu dienen, die sie empfangen haben, und daß sie keine besondere Offenbarung erwarten sollen. So haben sie sich sofort an die Arbeit begeben und ein fruchtbares Werk vollbracht. So finden wir Christen, die im Weinberg des Herrn engagiert sind, mit und ohne Erfahrung der »Berufung«. Andere, die ihren »Ruf« gehabt haben und nichts tun, und endlich wieder andere, die vergeblich auf die Berufung warten und deshalb nichts tun.

Wenn wir unsere Probleme mit einem physikalischen Problem vergleichen, so könnten wir sagen, daß die einen behaupten, daß ein Faktor A notwendig und ausreichend ist, um ein Resultat R zu erhalten, die anderen geben vor, daß zu A noch B hinzukommen muß, um dieses Resultat zu erhalten. Doch nun stellen die einen fest, daß, obgleich sie im Besitz des Faktors A sind, das Resultat R nicht immer da ist. Die anderen sind überrascht zu sehen, daß in zahlreichen Fällen B zwar fehlt, es aber zum Ergebnis R gekommen ist, und umgekehrt: wo A + B ist, ist es trotzdem nicht zu R gekommen. In der Physik würde man folgern, daß die Gleichung $A + B = R$ falsch ist, genauso wie $A = R$. Die Wahrheit wäre sicherlich in der Formel: $A + X = R$ zu suchen, das heißt: das Resultat hängt für die einen sowohl wie für die anderen von einem dritten Faktor ab.

Was ist X?

C. Einer Lösung entgegen

Biblische Imperative

Jeder Irrtum lebt von dem Stück Wahrheit, das er enthält. Alle, die die Notwendigkeit einer »zweiten Erfahrung« predigen, stellen dem Empfang der »Geistestaufe« eine gewisse Anzahl von Bedingungen entgegen: Bekenntnis jeder bekannten Sünde, Wunsch nach einer engeren Gemeinschaft mit dem Herrn, Hingabe, Gebet, Glauben . . . Es handelt sich da um ausgesprochen biblische Forderungen. Wer versucht, sie zu erfüllen, schlägt keinen falschen Weg ein. Diese ständig in der Bibel betonten Wahrheiten des Neuen Testaments werden unglücklicherweise zu oft mit Stillschweigen übergangen.

Wer diesen biblischen Imperativen gehorcht, gibt dem Heiligen Geist alle Freiheit, ihn umzuwandeln; er sieht, wie sich sein geistliches Leben weitet. Er fühlt sich nahe dem Herrn, zum Loben und Danken gedrängt. Lebt er nun in einer Umgebung, wo man von einer »zweiten Segnung« spricht, wird er einen solchen Augenblick des Erfülltseins seine Geistestaufe nennen. Wenn wir die genauen Berichte dieser Erfahrung analysieren, entdecken wir dort nichts anderes, als was die Mehrheit der Christen mehrfach in ihrem Leben erlebt hat: ein Gefühl der Euphorie, die der göttlichen Gegenwart, Freude, einen »Frieden, über allen Verstand«, die Liebe Gottes wird fast fühlbar, das Herz geht einem über vom unaussprechlichen Loben, eine Gewißheit erfüllt einen, die nichts erschüttern kann.

Wenn wir solche großen Erlebnisse nicht häufiger haben, dann einmal deshalb, weil auch das geistliche Leben Ebbe und Flut kennt. Auf und Ab wie das körperliche Leben und das der Natur. Der ewige Frühling findet hier unten nicht statt. Andererseits muß auch in diesem Zusammenhang festgestellt werden: Obwohl alle Christen wirklich vom Heiligen Geist getauft worden sind, leben viele von uns auf einer niedrigeren Ebene als der, zu der die Geistestaufe uns Zugang verschafft, und dies, weil wir nicht vom Geist erfüllt bleiben.

Wir wissen, daß wir seit unserer Wiedergeburt an seiner Fülle Anteil haben (Kol. 2,10), dennoch begnügen wir uns mit einem Existenzminimum, das uns gerade unser geistliches Überleben sichert. Anstatt auf den Geist Gottes zu zählen, der in uns wohnt, versuchen wir uns mit unseren eigenen Kräften herauszuziehen. Ist es erstaunlich, daß wir zu der gleichen Folgerung wie der Apostel Paulus kommen? »So diene ich nun mit dem Sinn dem Gesetz Gottes, mit dem Fleisch aber dem Gesetz der Sünde« (Röm. 7,25). In diesem Kapitel spielt der Apostel dreißigmal auf das Ich und achtundzwanzigmal auf das Gesetz an: Es ist das Bild des Christen, der mit eigenen Kräften den Forderungen des Gesetzes Gottes Genüge tun will. Der folgende Vers (8,1) ist ein Siegesschrei. Warum? Weil »das Gesetz des Geistes des Lebens in Christus Jesus mich frei gemacht hat vom Gesetz der Sünde und des Todes« (Röm. 8,2). In diesem 8. Kapitel spricht der Apostel vom Handeln des Heiligen Geistes im Leben des Gläubigen: achtundzwanzigmal spielt er darauf an – er hat ihn niemals im 7. Kapitel erwähnt.

Im Fleisch oder im Geist wandeln?

Um die unterschiedliche Perspektive dieser beiden Kapitel zu illustrieren – dem also zwischen einem christlichen Leben, das in eigener Kraft geführt, und einem Leben, das vom Geist bestimmt wird –, nimmt Ruth Paxson das Bild eines Alpinisten auf, der einen Gipfel von viertausend Metern besteigen will und sich nur auf seine eigenen Fähigkeiten verläßt. Nach Stunden der Anstrengung bricht er verzweifelt zusammen, ohne Kraft, verloren in Schnee und Eis. Er sendet ein S.O.S.: »Wer wird mich erlösen?« (Röm. 7,24). Ein unsichtbarer Führer hat den Verzweiflungsschrei gehört. Er wollte sich nicht aufdrängen, hielt sich aber bereit, im Augenblick einzugreifen, in dem er gerufen würde. Dieser Führer ist der Heilige Geist. Das Gebirge bleibt ein Viertausender, der Pfad ist schwierig, wo liegt der Unterschied? Ein Führer, der den Weg kennt, führt den Gläubigen und stärkt ihn.[28]

Das Leben des Geistes verwirklicht sich nicht automatisch im Gläubigen allein durch die Tatsache, daß der Heilige Geist in ihm wohnt. Wir können »im Fleische leben« oder »geistlich leben« (Röm. 8,5.9.12–13). Es genügt nicht, den Heiligen Geist zu empfangen, man muß seine Gesinnung haben (V. 5), »nach dem Geiste« (Gal. 5,16) oder »*durch* den Geist« (Elberfelder Übersetzung) leben – das heißt, indem man der Kraft des Geistes vertraut, die in uns wohnt.

». . . wenn ihr aber *durch den Geist* die Handlungen des Leibes tötet, so werdet ihr leben« (Röm. 8,13). Der Gläubige ähnelt oft einem Menschen, der mit der Hand eine Maschine bedient, die ganz von allein liefe, wenn er nur den Strom einschalten würde – für Strom ist sie gebaut – so wie der Christ wiedergeboren wurde, um *durch den Geist* zu leben.

Gott will uns »mit aller Freude und mit Frieden im Glauben« erfüllen, »daß ihr überströmt an Hoffnung *in der Kraft des Heiligen Geistes*« (Röm. 15,13). Er wünscht, daß wir »an Kraft zunehmen durch seinen Geist am inwendigen Menschen, daß Christus durch den Glauben in euren Herzen wohne . . .« Denn er vermag nach der Kraft, die in uns wirkt, weit mehr zu tun, als wir bitten oder verstehen (Eph. 3,17–20). Deshalb »erstarkt im Herrn und *in der Macht seiner Stärke*« (Eph. 6,10).

Unser Teil an der Heiligung

Alle diese Verse, die von der Kraft des Heiligen Geistes in uns sprechen, appellieren ebenfalls an unseren Willen und unseren Glauben. Unsere Um-

---

[28] R. Paxson, *Das Leben im Geist*, (138), S. 353f.

wandlung vollzieht sich nicht von selbst, sie ist nicht das Resultat von passiven Schwelgens in frommen Gefühlen, sie verlangt die Aktivität eines erneuerten Willens.

Die Gesamtheit der neutestamentlichen Briefe stellt uns die Heiligung und den wirksamen Dienst nicht als Produkt einer mehr oder weniger magisch wirkenden einmaligen Erfahrung vor, sondern als Resultat der täglichen Zusammenarbeit zwischen Geist Gottes und dem Gläubigen, als ein ständiges Wachstum zu voller Reife, als dauerhaften Gehorsam gegenüber den verschiedenen apostolischen Imperativen. Nichts wird passiv, nichts hier schon in Vollendung erlangt. »Auf geistlichem Gebiet gibt es nichts, was sich nicht ständig erneuern müßte. Was sich nicht heute erneuert, beginnt morgen sich zu zerstören« (F. Godet).[29]

»Es gibt keine Erfahrung im Leben eines Christen, die ihm unwandelbare Treue einbrächte, ein fehlerloses Leben nach dem Geist. Gäbe es das, hätte der Apostel die in die Unreinheit Gefallenen nicht daran erinnern müssen, daß der Geist in ihnen wohnt« (1. Kor. 3,16; 2. Kor. 12,20.21; 13,5; Eph. 4,17.30). Das Neue Testament würde nicht diese zahlreichen Appelle, auszuhalten (Hebr. 12,1; Apg. 14,23 . . .) und zu bleiben (Joh. 8,31; 15,4) enthalten. Diese Ermahnungen des Wortes richten sich an die einen wie an die anderen: mit oder ohne zweite Ermahnung sind wir aufgerufen zu wachen, zu kämpfen, in Christus zu bleiben, sind wir eingeladen, uns ständig mit allen Waffen Gottes auszurüsten, sich die Dienste der Gemeinde und die brüderlichen Ermahnungen zunutze zu machen.

»Wir wurden alle in dem einen Geist . . . getauft« (1. Kor. 12,13). Dies ist ein Faktum. Für alle wahren Christen ist diese geistliche Taufe ein Ereignis der Vergangenheit. Aber ziehen wir aus diesem Faktum auch praktisch die gleiche Konsequenz wie der Apostel, »um einen Leib zu bilden«? Leben wir unser Gemeindeleben als ein »Leib«, in brüderlicher Gemeinschaft miteinander?

Tägliche Gemeinschaft

Der Apostel fährt fort: »und wurden alle mit einem Geist getränkt«. Nach dem im zehnten Kapitel entwickelten Symbolismus (V. 2−4) spielt der Apostel, wie wir gesehen haben, auf die zwei Episoden des Auszugs aus Ägypten an: die Überquerung des Roten Meeres und dem wasserspendenden Felsen. Nach einer rabbinischen Tradition, auf die sich der Apostel zu beziehen scheint, folgte dieser Fels den Hebräern, um sie auf dem ganzen Weg ihrer

---

[29] *Kommentar zum Römerbrief*, T. II.

Pilgerschaft durch die Wüste zu »tränken«, »und dieser Fels war Christus«. Die Überquerung des Roten Meeres, die sich auf die Taufe bezieht, war einmalig – wie unsere Geistestaufe. Aber jeden Tag neu mußte man vom »geistlichen Felsen« trinken. Wenn wir alle ein für allemal getauft worden sind in einem Geist, müssen wir doch jeden Tag kommen, um von diesem selben Geist zu trinken, wollen wir das durch die Überquerung des Roten Meeres gerettete Leben erhalten.

Denn wir sind »zuvorbestimmt, dem Bilde seines Sohnes gleichgestaltet zu werden« (Röm. 8,29). Aber das werden wir nicht in einem Augenblick. Unsere Heiligung vollzieht sich in einem allmählichen Prozeß, der unser ganzes christliches Leben bestimmt, und alle unsere geistigen und psychischen Fähigkeiten aufruft: Glauben, Wissen, Willen, Gefühle, Beziehungen zu den anderen . . .

Wir werden verwandelt

Im zweiten Korintherbrief erwähnt der Apostel in einem einzigen Satz die verschiedenen Elemente, die unsere Umwandlung bewirken. Er nennt sie jenen Christen von Korinth, die so gierig nach *hyper* und Sensationellem waren. »Wir alle aber schauen (wie in einen Spiegel) mit aufgedecktem Angesicht die Herrlichkeit des Herrn an, werden so verwandelt in dasselbe Bild, von Herrlichkeit zu Herrlichkeit, wie es vom Herrn, dem Geist, geschieht« (2. Kor. 3,18).

Dieser Vers sagt uns, welches sind:

1. *Die Begünstigten* dieser Umwandlung: »*wir alle*« das heißt: Paulus und Timotheus und alle Korinther (vgl. 1. Kor. 12,13). Das heißt: wir werden alle zusammen im gemeinschaftlichen Leben umgewandelt.

2. *Das Privileg der Christen* in Beziehung zu den Gläubigen des Alten Bundes: »Mit *aufgedecktem* Angesicht schauen wir die Herrlichkeit des Herrn an« (vgl. V. 13). Außerdem haben wir in uns den »Geist, der der Herr ist«. Der Apostel benutzt hier einen Ausdruck, der ein vollkommenes Gleichsein zwischen dem Herrn und dem Geist herstellt.

3. *Das Mittel dieser Umwandlung:* Durch das *Anschauen* Seiner Herrlichkeit. Die Christen werden nicht automatisch durch den Geist umgewandelt, sondern nur die, die die Herrlichkeit des Herrn betrachten. Dieses Betrachten ist eine Handlung, die die ganze menschliche Person umfaßt: Willen, Verstand und Gefühl. Das Präsens dieses Verbes deutet auf ein bleibendes, anhaltendes Handeln hin.

4. *Das Werkzeug der Umwandlung:* Wir betrachten diese Herrlichkeit des Herrn *wie in einem Spiegel* (Luther): in seinem Wort (vgl. Joh. 5,39; Jak.

1,23-25). Solange wir in diesem Körper sind, »sehen wir wie durch einen Spiegel, undeutlich« (1. Kor. 13,12). Das von »Angesicht zu Angesicht« bleibt der Rückkehr des Herrn vorbehalten. Deshalb wird die Umwandlung erst dann vollendet, »wir wissen, daß wir ihm gleich sein werden; denn wir werden ihn sehen, wie er ist« (Joh. 6,40).

5. *Das Modell:* »umgewandelt nach demselben Bild«. Wenn der Jünger ist wie sein Meister, so ist er vollkommen (Luk. 6,40).

6. *Die Kraft der Umwandlung:* »Wir werden verwandelt . . . wie es vom Herrn, dem Geist geschieht« (oder: durch den Geist des Herrn). »Der Gedanke ist nicht der eines äußeren Modells, nach dem wir versuchen sollen, uns umzuwandeln; der Sinn ist, daß wir eine Umwandlung über uns ergehen lassen, durch die das in Frage kommende Bild unsere eigene Natur wird, unser eigenes moralisches Sein« (G. Godet).[30]

7. *Der Umwandlungsmodus:* »Wir werden umgewandelt von Herrlichkeit zu Herrlichkeit«. Das Präsens weist bereits auf den im Gang befindlichen allmählichen Charakter der Umwandlung hin; »von Herrlichkeit zu Herrlichkeit« unterstreicht diesen in Etappen sich vollziehenden Fortschritt. Es ist ein allmählicher Prozeß und keine sofortige Verklärung (wie die auf dem Berge). Diese Umwandlung findet in der Kontemplation statt; während wir ihn betrachten, vollzieht sich eine Lebensverbindung Christi mit uns . . . Es handelt sich um eine innere, geistliche, also dauerhafte, zur Gewohnheit gewordene Betrachtung, die nicht einen einfachen äußeren Reflex zeitigt, sondern eine wirkliche Erneuerung, die aus dem Inneren kommt und schließlich die ganze Person umfaßt . . . diese Umwandlung ist progressiv: sie kommt und führt von Herrlichkeit zu Herrlichkeit (G. Godet).[31]

Dieser Vers ist im Grunde nur eine andere Art, von einem vom Geist erfüllten Leben zu sprechen.

D. Ein doppelter Appell

Wir haben gesehen, daß die Lehre von der Geistestaufe eine Art Fels ist, gegen die die evangelikale Strömung stößt und an der sie sich teilt. In der ganzen Welt gibt es weder Zusammenarbeit, noch wirkliche Gemeinschaft zwischen denen, die glauben, daß alle wirklichen Christen vom Geist getauft worden sind, und denen, die in der Geistestaufe eine zweite Erfahrung sehen. Im Verlaufe der vergangenen fünfzig Jahre verlief die Grenze zwischen den

---

[30] *La seconde épître aux Corinthiens*, Neuchâtel 1914, S. 125.
[31] a.a.O., S. 125-127.

pfingstlerischen Gemeinden und den anderen Gemeinden. Infolge der außerordentlichen Entwicklung der jüngsten charismatischen Bewegung verläuft die Trennungslinie heute innerhalb aller historischen Kirchen und evangelikalen Gemeinden. Diese Spaltung kann die Gesamtheit der Christen in Mitleidenschaft ziehen, und die Geister und die Herzen trennen.

Ist es nicht tragisch festzustellen, daß es im Umfeld einer Lehre, die die Bedingungen christlicher Einheit definiert (Getaufte *in einem Geist, um einen Leib zu bilden*), dem Gegner gelungen ist, die tiefste Trennung zu verursachen?

Die einen wie die anderen erkennen die souveräne Autorität der Bibel an und wollen den Willen ihres Meisters erfüllen. Und dieser deutlich ausgedrückte Wille ist die Einheit aller wahren Kinder Gottes: »Daß alle eins seien . . . sie in uns . . . wie wir eins sind . . .« (Joh. 17,21–23).

Der Apostel Paulus hat seinerseits ständig diesen Appell an die Einheit unterstrichen. Es war die erste Ermahnung an die Römer (12,3–4), an die Korinther (1. Kor. 1,10), an die Epheser (4,1–6), an die Philipper (2,1–11), und er kommt oft darauf zurück.

Welches auch immer unsere Meinungsverschiedenheiten seien, wir sind dazu aufgerufen, als Gleichgesinnte zu leben (Phil. 3,15). Wir müssen also eine Brücke finden, um diesen Graben zu überwinden, den die Lehre von der Geistestaufe allgemein heute bildet. Um uns einer dem anderen zu nähern, müssen wir jeder von seiner Position aus bereit sein, einen Schritt auf den anderen zuzugehen, einen Gehorsamsschritt unter der Leitung von Gottes Wort.

Zu einem solchen konkreten Schritt wollen wir die Christen beider Ufer aufrufen.

Die Pfingstler und die Charismatiker, die an eine zweite, durch Zungenreden gezeichnete Erfahrung glauben, möchten wir aufrufen, wie die Christen zu Beröa (Apg. 17) treu nachzuprüfen, ob ihre in diesem Buch beschriebene Lehre mit der des Wortes Gottes übereinstimmt. Wenn sie unsere Ausführungen zur Schrift widersprüchlich finden, möchten sie uns bitte darauf hinweisen. Wir glauben sagen zu können, daß wir ohne Stellungnahme dieses Studium vorgenommen haben, daß wir ohne Voreingenommenheit die Argumente der anderen Seite untersucht und erwogen haben, daß wir offen geblieben sind – wie Apollos – dem gegenüber, der »genauer den Weg des Herrn auslegte« (Apg. 18,26).

Wenn sie jedoch diese Darstellung – wenigstens im wesentlichen – als unwiderlegbar erkennen, sollen sie den Mut haben, eine nichtbiblische, gefährliche und unnütze Lehre aufzugeben, so wie es die Pfingstler des Zweiges von Mülheim und gewisse Teile der charismatischen Erneuerung schon getan haben. Die biblische Lehre über die geistlichen, vom Pfingstlertum wieder ins Licht gebrachten Gaben ist nicht an die Lehre einer zweiten Erfahrung gebunden. Diese Lehre der Geistesgaben wird keine Chance haben, in evangelikalen Kreisen verbreitet zu werden, wenn sie an eine nichtbiblische Lehre gebunden ist, was offensichtlich der Fall ist. Andererseits können alle glaubwürdigen biblischen Entdeckungen in einer Sprache ausgedrückt werden, die zu keinem Mißverständnis Anlaß gibt. Wer vorgibt, vom Geist getauft zu sein, soll zeigen, daß er durch diese Taufe wirklich mit Christus seinen fleischlichen Neigungen Recht zu haben, andere zu führen und ihnen den eigenen Gesichtspunkt aufzudrängen, gestorben ist.

Sie sollten zeigen, daß der Geist, der auf den einen »Leib« hin tauft, sie durchdringt und mit Zartheit erfüllt, mit Demut und der Liebe Christi.

Die Christen, die diese pfingstlerische Lehre von der Geistestaufe ablehnen, bitten wir aufmerksam zu überlegen, was uns das Wort Gottes zum Thema der Geistesfülle sagt, zum Thema des ausgelieferten Lebens und der Heiligung, anstatt sich mit geistlicher Mittelmäßigkeit zu begnügen. Wenn wir überzeugt sind, daß wir keine »zweite Erfahrung« brauchen, um Zugang zur Fülle zu haben und alle geistlichen Segnungen zu besitzen, dann ist unsere beste Antwort an die, die einer anderen Meinung sind, keine exegetische stichhaltige Argumentation. Dann ist ein von den Früchten des Geistes erfülltes Leben, sowie die Gaben des Heiligen Geistes »ausgeteilt nach seinem Willen« (Hebr. 2,4), der »Erweis des Geistes und der Kraft« (1. Kor. 2,4).

Die Bauern, die den »biologischen« Getreide- und Gemüseanbau vertreten, beweisen nur dann, daß chemische Düngemittel überflüssig sind, wenn ihre Produkte genauso gut sind – oder besser – als die ihrer Nachbarn. Wenn ihre Kulturen dahinvegetieren, überzeugen sie niemand. Genauso verhält es sich mit uns: Wenn wir versichern, daß Gott uns mit seinem Geist erfüllen kann, ohne daß wir irgendeine besondere Erfahrung erlebt haben oder in Zungen gesprochen haben, muß sich unser Zeugnis, um glaubwürdig zu sein, auf ein vom Heiligen Geist erfülltes Leben voll Weisheit und Glauben stützen.

In dem Maße, in dem wir uns dem Handeln des Heiligen Geistes öffnen, damit er in uns das Leben Jesu Christi in seiner Fülle ausgestaltet, machen wir den überzeugendsten Schritt im Blick auf eine Annäherung der beiden Fraktionen in der evangelischen Welt. Wir werden gleichzeitig das Geheimnis eines Lebens in der bleibenden Fülle und eines fruchtbaren Zeugnisses für den Herrn entdecken.

Vielleicht müssen wir auch gewisse traditionelle Positionen revidieren, die wie die pfingstlerische Lehre der Geistestaufe ebenfalls auf menschlichen Überlegungen und Hypothesen beruhen, ohne ein Fundament in Gottes

Wort zu haben. Die Theorie vom Erlöschen der Wundergaben ist ein Beispiel einer solchen Schlußfolgerung: Wer den Römerbrief, dann den Korintherbrief liest und weitergeht zu den Gefangenschafts- und den Pastoralbriefen, der stellt fest, daß die auffälligen Gaben immer seltener vorkommen. Nun folgert man daraus, sie seien mit dem Tode der Apostel verschwunden. Ist das nun seriöser, als auf der Basis der drei Berichte in der Apostelgeschichte über das Zungenreden zu behaupten, daß alle Christen, die den Heiligen Geist empfangen, ebenfalls diese Gabe zeigen müssen? Man reißt einen Vers aus seinem Zusammenhang – »die Sprachen werden aufhören« – wie man einen anderen Vers aus seinem Zusammenhang reißt – »Ich möchte, daß ihr alle in Zungen redet« – beides mit demselben Resultat: daß man nur die schon Überzeugten überzeugt.

Wenn wir die Wahrheit wissen wollen, müssen wir bereit sein, treu dem nachzugehen, was wir vorfinden (Joh. 7,37), und ehrliche Verfahren zu benutzen, um sie zu entdecken. »Beenden wir den Kampf um das Thema Heiliger Geist« betitelt Guilchrist sein Buch.[32] Beenden wir den Kampf überhaupt gegen Ihn, indem wir die Barrieren unserer krummen Auslegungen und unserer Theorien, die voll von Trugschlüssen sind, die wir gegen seine Herrschaft in unserem Leben errichtet haben, abbauen.

Laßt uns keine Angst vor ihm haben: Er will unser Bestes, unser volles geistliches Wachstum, individuell und in der Gemeinde.

Was uns hindert, ist weder das Wort Gottes noch unsere biblische Auslegung. Es ist der Mangel an Konsequenz gegenüber dem, was wir im Blick auf das Thema Geistestaufe glauben. Wir behaupten, daß wir bei unserer Bekehrung alle in den Tod Christi getauft worden sind, daß wir selbst also gestorben sind, unser Hochmut und unser Ich, und daß der Heilige Geist uns durchdringt und erfüllt.

»Sicherlich«, so sagt A. B. Simpson, »ist der Geist von Pfingsten der Geist des Friedens, der Liebe und Einheit der Heiligen, und wenn wir seine Taufe empfangen, werden wir den ersten Jüngern ähnlich sein: ein Herz und eine Seele.[33]

---

[32] *Let's Quit Fighting about the Holy Spirit* (148).
[33] Jahresbericht des Präsidenten der christlichen und missionarischen Versammlung (1907–1908), Wiedergegeben in *Alliance Witness*, 1.5.1963.

Literatur

Die hier angegebenen Bücher werden teils direkt, teils indirekt zitiert. Die Tendenz der Werke wurden durch folgende Signaturen angedeutet:

ap	: anti-pfingstlerisch
C	: charismatisch
Cc	: katholisch-charismatisch
E	: evangelikal
H	: historische Studie
HB	: Tendenz Heilungsbewegung (siehe Kap. X)
P	: pfingstlerisch
T	: theolog. Studie

Viele Bücher haben eine doppelte Signatur, von denen die erste die jeweils dominierende Tendenz anzeigt.

1	E	H. E. Alexander, La mission temporaire du Saint-Esprit pendant la dispensation de la grâce, o.J.
2	E ap	ders., Pentecôtisme ou christianisme? Genf o.J.
3	E ap	R. Anderson, Spirit Manifestations and the Gift of Tongues, Neptune, N.J. o.J.
4	E	A. Arnal, Vers la plénitude de la vie, Ed. Lanra 1938.
5	E T	W. Barclay, The Promise of the Spirit, Philadelphia 1960.
6	P	T. B. Barratt, In the days of the Latter Rain, London 1928.
6	a	G. Beasley-Murray, Die christliche Taufe, Kassel 1968.
7	p	S. Beck, Le baptême du Saint-Esprit, Neuchâtel, o.J.
8	C	D. Bennett, In der dritten Stunde, Erzhausen 1975.
9	C	Dennis und Rita Bennett, Der Heilige Geist, Erzhausen o.J.
10	T	H. Berkhof, The Doctrine of the Holy Spirit, Richmond 1964.
11	H HB	J. Besson, Le Réveil d'Oxford ou le Mouvement de sanctification, Neuchâtel 1915.
12	H ap	ders. L'histoire du mouvement de Pentecôte en Allemagne, La Neuveville 1921.
13	C	A. Bittlinger: Im Kraftfeld des Hl. Geistes, Marburg 1968.
14	C	ders., Glossolalia, Schloß Craheim 1969.
15	C	ders., Und sie beten in anderen Sprachen, ebd. 1972.
16	C	ders., Gifts and Ministries, Grand Rapids 1973.
17	C	ders., Gifts and graces, ebd. 1974.
18	T H	Nils Bloch-Hoell, The Pentecostal Movement, Oslo 1964.
19	E T	Traugott Böker, Die Taufe im Hl. Geist, Basel 1973.
20	HB	W. de Boor, Die Frage nach dem Hl. Geist, Wuppertal 1974.
21	HB	W. Booth – Clibborn, Le baptême dans le Saint-Esprit, témoignage personnel, Vevey 1936.
22	HB	E. Boy, Filled with the Spirit, London 1883.

23 E T	H. Brandenburg, Ich glaube an den Hl. Geist, 2. A. Gladbeck o.J.
24 E	D. Bridge – P. Phypers, Spiritual Gifts and the Church, London 1973.
25 HB	B. Bright, Comment être rempli du Saint-Esprit? Villeurbanne.
26 HB	ders., Comment marcher selon l'Esprit? ebd.
27 T	U. Brockhaus, Charisma u. Amt, Wuppertal 1972.
28 P	C. Brumback, What Meaneth This? A Pentecostal Answer to a Pentecostal Question, Springfield, Mo. 1947.
29 E T	F. F. Bruce, Answers to Questions, Grand Rapids 1974.
30 T ap	Fred. Dale Bruner, A Theology of the Holy Spirit, London 1970.
31 T	G. Brunk, Encounter with the Holy Spirit, Pennsylvania 1972.
32 E	J. Buchanan, The office and work of the Holy Spirit, London 1966, 1. Aufl. 1943.
33 E ap	D. W. Burdick, Tongues – to speak or not to speak, Chicago 1972.
34 Cc	H. Caffarel, Faut-il parler d'un pentecôtisme catholique? Paris 1973.
35 E	L. S. Chafer, L'homme spirituel, Brüssel, o.J.
36 E ap	W. J. Chantry, Signs of the Apostles, An examination of the New Pentecostalism, London 1973.
37 T	M. A. Chevallier, Esprit de Dieu, Paroles d'hommes, Neuchâtel 1966.
38 C	L. Christenson, A message to the Charismatic Movement, Minneapolis 1972.
39 C	ders., Die Gabe des Zungenredens in der Luth. Kirche, Oek. Texte u. Studien, Heft 27, Marburg 1963.
40 E	Th. Cook, La sainteté dans le Nouv. Test. Vennes-Lausanne 1928.
41 H	R. Crayne, Early 20th Century Pentecost, Morristown, Tenn. 1960.
42 E	W. A. Criswell, The Baptism, Filling and Gifts of the Holy Spirit, Grand Rapids 1974.
43 Eé	J. H. McConkey, Le triple secret du Saint-Esprit, Le Bon Livre 1962.
44 T H	G. B. Cutten, Speaking with Tongues, New-Haven 1927.
45 E ap	H. Dallmeyer, Die Zungenbewegung, Langenthal o.J.
46 Eé	J. N. Darby, Sur le sceau du Saint-Esprit, 1882. Les opérations de l'Esprit, Vevey 1950.
47 E T	M. Desaedeleer, Le baptême du Saint-Esprit est-il subséquent à la conversion? Le parler en langues est-il son signe initial? Thèse présentée à la Fac. Théol. évang. de Vaux sur Seine en 1974.
48 T	J. P. Dietlé,»Réveil pentecôtiste dans les Eglises historiques« in Positions luthériennes, 22.4., oct. 1974, pp. 222–287.
49 E	R. Dubarry,»Les voies habituelles du Saint-Esprit« in Pour faire connaissance avec un idéal d'Eglise, Nimes 1953.
50 E	J. J. Dubois, Baptême et plénitude du Saint-Esprit, Genève 1975.
51 T	James D. G. Dunn, Baptism in the Holy Spirit, 3923,22,178 25,22 London 1970.
52 P	D. Duplessis, Glossolalia, Colombes o.J.
53 P	ders., Commando de l'Esprit, Evreux-Bevaix 1972.
54 E HB	R. Edman, Ils ont trouvé le secret. Ligue pr lect. Bible, 1969.

55 E H		E. von Eicken, Heiliger Geist, Menschengeist, Schwarmgeist, Wuppertal 1964.
56 P		L. Eisenlöffel, Ein Feuer auf Erden, Erzhausen 1965.
57 P		Howard M. Ervin, These are not Drunken as Ye Suppose, Plainfield 1968.
58 T		P. Evdokimov, L'Esprit-Saint dans la tradition orthodoxe, Paris 1969.
59 HB		C. Finney, Discours sur les réveils religieux. 3ᵉ éd.: M. Weber, Monnetier-Mornex 1951; siehe unter A. Mahan.
60 H ap		P. Fleisch, Die Zungenbewegung in Deutschland, Leipzig 1914.
61 H ap		ders., Die Pfingstbewegung in Deutschland, Hannover 1957 = Die moderne Gemeinschaftsbewegung in Dtld. II/2.
62 T		A. Gaillard, Expérience religieuse et révélation, Anduze 1930.
63 P		D. Gee, Now that you've been baptized in the Spirit. Gospel Publ. House 1972. ders., The Pentecostal Movement, Redemption Tidings-Bookman, 1941.
64 P		ders., Les dons spirituels, Chatenay-Malabry 1956.
65 P		ders., Le fruit de l'Esprit, ebd.
66 E ap		W. Geppert, Die Pfingstbewegung, Neuffen o.J.
67 HB		J. Goforth, Par mon Esprit, Nogent o.J.
68 E		M. Goodmann, The Comforter, Exeter 1938.
69 HB		A. J. Gordon, Simples entretiens sur la puissance spirituelle. Dieu le fit o.J.
70 HB		ders., The Ministry of the Spirit, Philadelphia 1949.
71 T		Louis Goumaz, Les conquêtes de l'Esprit, Lausanne 1947.
72 E T		M. Green, I believe in the Holy Spirit, London 1975.
73 T		A. Greiner, Le Saint-Esprit, ce méconnu, Paris 1965.
74 T		ders.»L'Esprit-Saint dans le N.T.« in Le mystère de l'Esprit-Saint, Mame 1968.
75 E		Michael Griffiths, Mit anderen Zungen, Gießen 1970.
76 E		E. Guers, Le Saint-Esprit, Genf 1865.
77 E ap		W. H. Guiton, Le »Mouvement de Pentecôte« et la Bible, Paris o.J.
78 HB		Reader Harris, The Gospel of the Comforter, London 1906.
79 E		N. B. Harrison, His Indwelling Presence, Chicago 1928.
80 HB		Markus Hauser, Kraft aus der Höhe, Zeugnisse für den Empfang des Hl. Geistes, Gießen 1965.
81 E ap		A. R. Hay, What is wrong in the Church? Vol. II: Counterfeit Speaking in Tongues, Temperley, Argentina 1968.
82 C		M. Harper, Une puissance pour le Corps de Christ, Maison-Laffitte 1974.
83 E		Roy Hession, Be filled now C. L. C., London 1970.
84 E		ders., Laßt euch jetzt erfüllen, Wuppertal 1968.
86 E		K. Hipp, Die Geistestaufe, Basel 1948.
87 E ap		Hoekema, What about Tongue-Speaking? Exeter 1966.
88 E ap		ders., Holy Spirit Baptism, Exeter 1972.
89 H T		W. J. Hollenweger, Enthusiastisches Christentum, Wuppertal und Zürich 1969.
90 HB		E. Hopkins, La vie sanctifiée, Lausanne 1876.

91 E	F. Horton, »Le Saint-Esprit et son action dans l'Eglise; in Semailles et Moissons, Janv.-avril 1973.
92 E	ders. La promesse de l'Esprit, Cours ronéographié, Saint-Légier.
93 P	Harold Horton, Les dons de l'Esprit, Yverdon 1947.
94 P	ders. A quoi bon parler en langues, Levallois, o.J.
95 E ap	W. F. Hubner, Zungenreden, Weissagung, umkämpfte Geistesgaben, Denkendorf 1972.
96 H T	Kurt Hutten, Seher, Grübler, Enthusiasten, Stuttgart 1962.
97 E	H. A. Ironside, Holiness: the false and the true, Loiseaux, N.Y 1944.
98 E ap	R. Ising, Kräftige Irrtümer, Berlin 1965.
99 E ap	Ising – Markmann, Gnadengaben, Berlin 1970.
100 E	H. H. Janzen, Von der Herrschaft des Geistes, Gießen 1968.
101 T	M. Kelsey, Zungenreden, Konstanz 1970.
102 T	J. Kildahl, The Psychology of Speaking in Tongues, London 1972.
103 T	E. Kinder, Zur Lehre vom Hl. Geist nach den Luth. Bekenntnisschriften, Berlin 1964.
104 E	A. Kuen, Die charismatische Bewegung, Wuppertal 1960.
105 E	ders., Le baptême, Paris o.J.
106 E	ders., Ihr müßt von neuem geboren werden Wuppertal 1969.
107 E T	H. Kuhn, The Holy Spirit in the Charismatic Life and Renewal ot the Church Today. Intern. Congress on World Evangelism, Lausanne 1974.
108 E P	W. Lachat, La réception et l'action du Saint Esprit dans la vie personnelle et communautaire, Neuchâtel 1959.
109 T	G. H. Lampe. The Seal of the Spirit, Longmans.
110 E	W. Law, The Power of the Spirit, Fort Washington, Penn. 1971.
111 P	R. Lebel, Le parler en langues: pourquoi? quand? comment? Ed. Combat de la Foi o.J.
112 P	C. Le Cossec, Le don du Saint Esprit, Série: Vérités à connaître, Rennes 1954.
113 T	F. J. Leenhardt, Le baptême chrétien, Neuchâtel 1944.
114 T	F. Leenhardt – P. Reymond – Fraenkel, Le Saint-Esprit, Genf 1963.
115 E	A. Lüscher, Der Triumph des Hl. Geistes über das Selbst, Langenthal o.J.
116 HB	Asa Mahan – C. Finney, Baptême de l'Esprit – Baptême de puissance, St. Bénézet 1925.
117 E	J. McNeil, Le Saint Esprit en nous, Neuchâtel 1897.
118 HB	J. C. Metcalfe, The Bible and the Spirit-filled Life. The Overcomer Trust, o.J.
119 E T	G. Millon, Les grâces de service, Mulhouse 1976.
120 E T	ders., La vie spirituelle et la grâce in: Etudes doctrinales VI, Mulhouse 68.
121 Cc	D. Mollat, L'expérience de l'Esprit-Saint selon le Nouv. Test., Paris 1973.
122 E	G. Campbell Morgan, The Spirit of God, London o.J.
123 E	ders., L'Esprit de Dieu, C.L.C. 1957.
124 E T	L. Morris, Spirit of the Living God, London 1972.
125 HB	C. G. Moule, Veni Creator, London o.J.

126 HB	G. H. Mundell, The Ministry of the Holy Spirit, Darby Pa. (U.S.A.).
127 HB	A. Murray, L'Esprit de Christ, Genf 1890.
128 HB	ders., La bénédiction de la Pentecôte dans sa plénitude, Privas 1933.
129 HB	ders., Le secret de la puissance d'En-Haut, Saint-Ouen 1956.
130 HB	W. Nee, Das normale Christenleben, Wuppertal 1979.
131 HB	ders., Der geistliche Christ, Herbruck 1975.
132 HB	ders., Freiheit für den Geist, Neuhausen o.J.
133 E	R. Pache, Der Heilige Geist – Person und Werk, Wuppertal 1978.
134 P	Percy G. Parker, The baptism of the Holy Spirit, London o.J.
135 P	J. Paul, Ihr werdet die Kraft des Hl. Geistes empfangen, Berlin 1923.
136 HB	R. Paxson, Fleuves d'eau vive, Nogent 1948.
137 HB	ders., Life on the Highest Plane, Chicago 1945.
138 HB	ders., Das Leben im Geist, Beatenberg 1954.
139 P	Pearlman, The Heavenly Gift: Studies in the Work of the Holy Spirit, Springfield 1935.
140 HB	J. Penn-Lewis, L'âme et l'esprit, Valence 1948.
141 HB	J. Penn-Lewis – Evan Roberts, La guerre aux saints, Nimes o.J.
142 E	J. D. Pentecost, The Divine Comforter, Old Tappan N.Y. 1963.
143 HB	B. de Perrot, Le baptême du Saint-Esprit, Faut-il l'attendre? Alençon o.J.
144 E	J. Philip, Christian Maturity, London 1964.
145 T	Th. Preiss, Le témoignage intérieur du Saint-Esprit, Neuchâtel 1946.
146 T	R. Prenter, le Saint-Esprit et le renouveau de l'Eglise, Neuchâtel 1949.
147 E	K. Prior, The way of Holiness, London 1974.
148 E	P. Guilchrist, Quit Fighting about the Holy Spirit, Grand Rapids 1974.
149 Cc	K. et D. Ranaghan, Le Retour de l'Esprit, Paris 1973.
150 E	P. Reymond, Le Saint-Esprit, Genf 1963.
151 C	Th. Roberts, Aperçus du Réveil charismatique.
152 E ap	Wayne A. Robinson, I once spoke in Tongues, Atlanta 1973.
153 HB	Chr. Röckle, Le baptême de l'Esprit, Leonberg 1976.
154 E	R. Rüegg, Dons et services spirituels.
155 E	ders., Zur Kritik an den Geistesgaben, Schiers 1973.
156 E	J. C. Ryle, Holiness, Cambridge 1952.
157 E	Ch. C. Ryrie, The Holy Spirit, Chicago 1972.
158 T	W. J. Samarin, Tongues of Men and Angels: The Religious Language of Pentecostalism, London N.Y. 1972.
159 E	O. Sanders, The Holy Spirit of Promise, London 1962.
160 C	ders. The Holy Spirit and His Gifts, Grand Rapids 1973.
161 E	J. W. Sanderson, The fruit of the Spirit, Grand Rapids 1973.
162 E	F. Schaeffer, Geistliches Leben – was ist das? Wuppertal 1975.
163 E	ders., The New Super Spirituality, London 1973.
166 E	W. Graham Scroggie, The Baptism of the Spirit and Speaking of Tongues, London, Pickering and Inglis, o.J.
167 E	R. Shallis, Si tu veux aller loin. Télos. O.M. France 1973.
168 C	S. Sherrill, Sie sprechen in anderen Zungen, Schorndorf 1967.

169 HB		A. B. Simpson, The Holy Spirit or Power on High. Christian All. Publ. Comp. 1924.
170 E		G. Smeaton, The Doctrine of the Holy Spirit, London 1958.
171 HB		H. W. Smith, Le secret d'une vie heureuse, Genf 1954.
172 Cc		P. Soubeyrand, Je crois en l'Esprit aujourd'hui, Strasbourg 1974.
173 E		E. Stahl, Habt ihr den Hl. Geist empfangen? Worms 1936.
174 E H		M. J. Stanford, Lettres de feu, Cannes.
175 P		L. Steiner, Mit folgenden Zeichen, Basel 1954.
176 E T		A. M. Stibbs – J. J. Packer, The Spirit within you, London 1957.
177 E T		J. Stott, The Baptism and Fullness of the Holy Spirit, London 1972.
178 E T		ders., Baptism and Fullness, London 1975.
179 Cc		J. Suenens, Une nouvelle Pentecôte? Brügge 1974.
180 P		Thomas-Brès, Le baptême du Saint-Esprit, Nizza 1952.
181 E		G. Tophel, L'oeuvre du Saint-Esprit dans l'homme, Lausanne 1879.
182 E		ders., Le Saint-Esprit, Vevey 1965.
183 HB		R. Torrey, The Baptism with the Holy Spirit.
184 HB		A. W. Tozer, La vie plus profonde, Carnets de Croire et Servir, Paris 1973.
185 HB		ders., Ten Sermons on the Ministry of the Holy Spirit, Harrisburg 1968.
186 E		E. Trachsel – Pauli, In andern Zungen, Frutigen 1972.
187 Cc		S. Tugwell, Did you receive the Holy Spirit? London 1972.
188 E ap		M. Unger, The Baptism and Gifts of the Holy Spirit, Chicago 1974.
189 E ap		ders., New Testament Teaching on Tongues, Grand Rapids 1973.
190 P H		C. P. Wagner, Look out: The Pentecostals are coming, Carol Stream, Illinois 1973.
191 E		J. F. Walvoord, The Doctrine of the Holy Spirit, Dallas 1945.
192 E		ders., The Holy Spirit at Work Today, Chicago 1973.
193 E ap		B. B. Warfield, Miracles Yesterday and Today, Grand Rapids 1953.
194 E T		P. Watson, One in the Spirit, London 1973.
195 HB		Th. Waugh, The Power of Pentecost, London o.J.
196 P C		R. Douglas Wead, Catholic Charismatics. Are they for real? Carol Stream Ill. 1972.
197 E		Octavius Winslow, The Work of the Holy Spirit, London 1961, 1. Aufl. 1843.
198 E		K. Wuest, La plénitude du Saint Esprit, Edit. de litt. bibl. B 1420 Braine-l'Alleud 1967.
200 E		Wuppertaler Studienbibel.
201 E ap		Flugfeuer fremden Geistes, Gnadauer Verlag, Offenbach a/Main 1958.
202 T ap		Les Mouvements de Pentecôte, Lettres past. du Synode gén. de l'Eglise réformée des Pays-Bas, Neuchâtel 1964.
203 E		Le Saint-Esprit, Messages donnés à la Convention de Dieu le fit, 1932, Brigade miss, de la Drôme.
204 Cc		Wiederentdeckung des Hl. Geistes (H. Meyer, K. McDonnel, V. Vatja, A. M. Aagaard) Otto Lembeck, Frankfurt 1974.

Vom gleichen Verfasser:

Ihr müßt von neuem geboren werden

192 Seiten, Paperback

Irgenwo in der Mitte zwischen Kadavergehorsam und Anarchie vermuten viele den schmalen Pfad des zur Freiheit berufenen Christen. A. Kuen weist mit dieser Arbeit nach, daß nicht die Erfüllung eines religiösen, sozialen oder politischen Solls zu dem glücklichen Leben der Liebe und des Dienstes für andere führt, das die Bibel dem Gläubigen verheißt, sondern Erneuerung als erste Etappe auf dem Wege christlicher Verwirklichung in dieser Welt. Um das Ausmaß und den Prozeß dieses Vorgangs zu beschreiben, spricht Jesus von der neuen Geburt. »Ihr müßt von neuem geboren werden!« Die menschliche Antwort auf diesen göttlichen Befehl bestimmt das Glück des einzelnen, die Struktur der Kirche und alle religiöse Aktivität.

A. Kuen zitiert Altes und Neues Testament, englisches, deutsches und französisches Schrifttum und führt Beispiele aus der Kirchengeschichte an, um Licht in das von vielen Mißverständnissen verdunkelte Geschehen zu bringen.

R. BROCKHAUS VERLAG WUPPERTAL